哲学において
マルクス主義者であること

ルイ・アルチュセール

訳：市田良彦

—

Être marxiste en philosophie

Louis Althusser

革命のアルケオロジー

6

航思社

哲学においてマルクス主義者であること

目次

【凡例】

・本書は一九七六年に執筆され生前は未刊であった、ルイ・アルチュセール Louis Althusser の *Être marxiste en philosophie*, PUF, 2015の翻訳である。

・原著編者による原注と訳者による注を特に区別することなく、傍注として付した。原注には日本語読者には特に必要ないと思われる、引用ならびに参考文献にかんする書誌情報が多数含まれているため、それらの多くを邦訳文献にかんする書誌情報に置き換えている。書誌情報以外で原注に補足や修正を施した箇所もある。

・原著に「本論」という括りはなく、本訳書独自のものである。

・目次はアルチュセール自身が作成したものであり、各章のタイトルではない。原著にも章タイトルはない。

・本文中の（ ）は原文のまま、〔 〕は訳者による補足である。原文のイタリック文字は傍点に置き換えた。

・本文中の引用文献は、邦訳のあるものも原則として本書原文から訳し直している。ただし「あとがきにかえて」のなかの引用は、基本的に既邦訳を用い、適宜修正を加えている。

・アルチュセールの著作のタイトル表記は、複数の邦訳が存在して異なる場合があるので、原タイトルから訳し直している。

哲学においてマルクス主義者であること

Louis Althusser
Être marxiste en philosophie

Japanese translation published by arrangement with
Presses Universitaires de France
through The English Agency (Japan) Ltd.

bellyband photo: Boris Spremo (Toronto Star)

序

G・M・ゴシュガリアン

I

一九八四年六月一一日、アルチュセールはメキシコ人哲学者フェルナンダ・ナヴァロに、自身の数多い未刊行著作の一つを読むよう勧めている。彼女はやがて八八年に、対談形式によりアルチュセール晩年の哲学への入門書を刊行することになるのだが、そのナヴァロに、アルチュセールはこう書き送っている。「未完の哲学教本を読み直した。けっこういいと思う。とにかく最後まで読めた。哲学の絶対的はじまりが問われている。『理性の秩序』にかんするデカルトのペテンも。君は読んだ？ 僕はこの教本を取り消さないね」。かつて自分を貶めることにかけては名人芸を誇った著作家が、自分を称えるようなことを書いている。ナヴァロは喜ぶ。「アルチュセールは私に、『非哲学者』のための哲学教本を見せてくれた。一九七六－七八年に書かれた未完のテキストである。私はそれを自分の企画に典拠として使うことができた。私はそれを夢中になって読みはじめた。むさぼりはじめた」[*1]。この誘導された発見のおかげで、彼女は『哲学とマルクス主義 *Filosofía y marxismo*』を編むことができた。同書は、妻のエレーヌ・リトゥマンを発作的に扼殺した一九八〇年の事件以来、唐突な死が訪れる九〇年までのあいだに、アルチュセールが刊行した唯一の哲学的著作である。

一九九四年にフランス語版が出版された『哲学とマルクス主義』は、同年秋に「出会いの唯物論の地下水脈」[*2]が公表されると、アルチュセール最後の哲学がそこに求められる同テキストへの緒論的地位を得ることになる。主要部分が一九八二－八三年に書かれた草稿群から抽出されたこの断章は、以来変わることなく、最後のアルチュセールへの幻惑をかき立てている。

計算のうえであったのか、それともたまたまであったのか、最後の手前にある多くの仕事が長く未刊のままであった。おそらくこの秘匿が、死後の復活に貢献したろう。一九七〇年代のアルチュセールの反時代的思想は、いまだに怯えた敵意を呼び起こし続けている。敵意は、その思想がほぼ完全にアクチュアリティを失ったと納得できてようやく、冷たい軽蔑に変わる。好意的な注釈者ですら、数少ない例外を除いては、出会いの哲学者になる前の哲学者に対しては、検疫線を維持することに一役買ってきた。七〇年代の「裏切られた教条主義者」からはマルクス主義の危機の表明だけを聞き取ろうとするのである。その危機が「アルチュセールの転回 *Kehre*」（アントニオ・ネグリ）をもたらしたのだ、と。「転回《ケーレ》」以前のテキストが提案する危機への処方箋については、ほぼ異口同音に別の時代のものだとされる。

『哲学とマルクス主義』には、最後のアルチュセールとこの別の時代のアルチュセール、つまりプロレタリア独裁に代表される無謀を擁護するアルチュセールとのあいだに引かれた分割線をかき乱すようなところがある。というのも実のところ、この対談はかなりの部分、一九六〇年代と七〇年代のアルチュセールのテキストからの抜粋ないしそれらの要約から成り立っているのである。著者はまるでこう言わんばかりだ。私の最後の哲学の中心にある概念、出会いの概念は、様々な呼ばれ方をして私の著作のほとんどどこにでもある。「蓄積 accumulation」、「結合 combinaison」、「連結 conjonction」、「状況 conjoncture」、「合致 concours」、「偶然の結び目」、さらには「出会い」さえ。アルチュセールの転回《ケーレ》なるものは、仮にそれがあったとして、過去に遡ることで生みだされた、と考えるべき指標の一つである。

なるほど、昔の著作にこうした語が出てくるというだけでは、その証明にはならない。出会いの唯物論ないし偶然性唯物論の根本原理は、新しい構造は諸要素のセリー全体が予期せぬ仕方で組み換えられた結果、突然の登場を果たす、ということではなかったか。さらに「諸要素の内的配置と意味はそれらの位置と役割の変化に応じて変化する」のではなかったか。たとえば一つの生産様式は、「異

＊1　ルイ・アルチュセール『哲学について』、今村仁司訳、ちくま学芸文庫、二〇一一年、一一七頁、一一一‐二二頁。〔F. Navarro, «Présentation», dans *Sur la philosophie*, Paris, Gallimard/ NRF, coll. « L'infini », 1994, p. 93, 22.〕

＊2　ルイ・アルチュセール『哲学・政治著作集』I（市田良彦他訳、藤原書店、一九九九年）に収録。〔*Écrits philosophiques et politiques*, éd. F. Matheron, t. I, Paris, Stock/ IMEC, 1994.〕

なりかつ独立した起源」を有する諸要素の「出会い」の結果として生起するが、諸要素は事後的に「構造に依存し、構造の効果となることで構造をなす〔…〕よう連結する」のである。ならば「アルチュセールの転回《ケーレ》」問題を解くためには、共著『資本論を読む』（一九六五年）に寄せた論考でアルチュセールとバリバールが与えたこれら二つの定式[3]に含まれる原理に照らして、偶然性唯物論の様々な要素が「凝固」する（アルチュセールが一九六六年に明示しているように、「マヨネーズが『凝固する』と言われる際の意味において[4]」）瞬間を見定めねばならないだろう。その瞬間には、凝固の結果が凝固の生成過程に跳ね返って、思考の構造が効果を生んだはずである。

少なくともそうした要素のうちの一つ、エピクロス派の原子論は、一九七〇年代の半ばまで、その不在こそが目立っている。件《くだん》の転回《ケーレ》は、エピクロス派哲学者のなかに偶然の偏りを発見することで突然起こった偶然の偏りによってはじまったのだろうか。そう考えることはできる。転回《ケーレ》に先立つ一〇年のあいだに、アルチュセールはエピクロスおよびルクレチウスと幾度も「相対的に偶発的な『短い出会い』」を果たしているものの、それらの邂逅のうちどれ一つとして「融合に達する」ことはなかったのである。アルチュセールがそう記したのは一九六九年三月に書かれ、六ヶ月後に公刊されることになるある同志に宛てた手紙においてである。その女性同志に対し、アルチュセールは別の私信でこう懇願せずにはいられない。「君の情熱、君の行動を、僕に対しては抑えてほしい[5]」。懇願は、凝固することのなかった二人の出会いの結果である。庭園の賢人〔エピクロス〕がユルム街の思想家のなかで輝かしい地位に上り詰める様子を見るには、七五年六月の「アミアンの提説」を待たねばならない。そこでのアルチュセールは、「マルクスの唯物論の諸前提」を、スピノザやヘーゲルとならびエピクロスに発見している。さらに七六年三月にグラナダ大学で行われた講演では、マキァヴェッリとエピクロスが、マルクスに先立って反哲学を実践した二人の哲学者として称えられている。最初の出会いの理論と、出会いが凝固したあとにその理論家となったエピクロスの読解とが融合する出会いは、アルチュセールになにをもたらしたのだろうか。

それは少なくとも、あるいはせいぜいかもしれないが、出会いの理論をエピクロス的言語に翻訳したことだ。そしてそこに、一九六〇年代のいくつかのキーワードを出会いの言語に翻訳することが加わった。たとえば「発達した偶然性概念」が「出会い」と言われる。状況 conjoncture とは「出会いを言い直した語句」である。出会いをただ「結合 jonction の形式で」言い直した語句である。こうした言い換えそのものが偶然性唯物論には組み込まれており、転回《ケール》からそれがはじまるにしても、以前

＊3 ルイ・アルチュセール他『資本論を読む』（上中下）、今村仁司訳、ちくま学芸文庫、一九九七年、上巻八四頁、下巻一八一頁。〔*Lire le Capital*, éd. É. Balibar, Paris, Puf, coll. « Quadrige », 1996, p. 46, 531-532.〕

＊4 「言説理論に関する三つのノート」、ルイ・アルチュセール『フロイトとラカン——精神分析論集』、石田靖夫他訳、人文書院、二〇〇一年、一五九頁。〔« Trois notes sur la théorie des discours », *Écrits sur la psychanalyse. Freud et Lacan*, éd. O. Corpet et F. Matheron, Paris, Stock/ IMEC, 1993, p. 143.〕

＊5 マリア・アントニエッタ・マッチオッキ『イタリア共産党内部からルイ・アルチュセールに宛てた手紙』、ルイ・アルチュセール『エレーヌへの手紙』（ともに未邦訳）。〔M. A. Macciocchi, *Lettere dall'interno del P.C.I. a Louis Althusser*, Milan, Feltrinelli, rééd. 1969, p. 344-345; L. Althusser, *Lettres à Hélène, 1947-1980*, éd. O. Corpet, Paris, Grasset/IMEC, 2011, p. 539.〕

の著作との比較に立ち会った読者は、むしろ持続的切断を見いだすだろう。直線的進化、あるいはたんなる繰り返しさえ認めるだろう。

比較を行うには必ずしも「地下水脈」に分け入る必要はない。語句のこうした再定義を伴う偶然性唯物論の展開を、読者は本書の第16章に見るだろう。アルチュセールが一九八四年になって彼のメキシコ人対話者に向かって勧める一九七六年の草稿に。転回期《ケーレ》のアルチュセールは、エピクロスとの出会いが転回《ケーレ》の到来を告げているにしても、別の時代のアルチュセールである。その点を強調するかのように、七六年七月に『哲学においてマルクス主義者であること』の初稿を完成させたマルクス主義哲学者は、その直後に、プロレタリア独裁に焦点を合わせた二〇〇頁の書物[*6]もまた仕上げているのである。

II

アルチュセールがいつ偶然性唯物論者になったのかという問いには答えがない。しかし彼と反哲学の蜜月のほうは、遅くとも一九五七年一〇月八日には、持続する物語の様相をすでにまとっていた。その日パリで、「オープンサークル」の主催により、「誰でも哲学することができるのか」というタイトルの討論会が行われた。議論はすぐにジャン゠フランソワ・ルヴェルの『なぜ哲学者か』[*7]という書物をめぐる舌戦に変わる。科学で武装した世界は哲学をお払い箱にできるし、哲学などとうの昔に悪しき文学になりはててている。そんな主張をもった書物である。ルヴェルには、ハイデッガー、ラカン、サルトル、メルロ＝ポンティといった詐欺師たちが、精神的深さを示すものとして繰り出すわけの分からない文章が我慢ならない。壇上での論争に続く全体討論で発言したアルチュセールは、友の書物を擁護し、その「本質的着想」を共有すると語っている〔発言は本書補遺に所収〕。

彼が実際に展開した擁護論は、しかしまったく異なる射程をもっていた。どんな哲学者もルヴェルのテーゼをつねに共有してきたと主張するのである。哲学はたしかに知を所有しているという「根本的主張」をもっている。普通の人間にはその秘密を摑むことができず、ゆえに哲学者に存在資格を与える、と哲学者の目に映っている知である。「哲学者はつねに多少とも、ものごとの根源的起源がどんなものか知っている。〔…〕他の人間たちが知っていることのほんとうの意味、〔…〕彼らが行う動作の意味を」。しかし、「より歴史的な射程」を取ってみると、哲学者はありのままの哲学に自らの存在資格を求めているようには見えない。むしろ、哲学との敵対的な出会いにそれを求めているように見える。偉大な哲学者たちは、「彼らが拒否する哲学との関係で」自らを定義しているのである。哲学とは「闘い」であり、そこで闘う者はみな「既存の哲学をお払い箱にする必要を感じている」。

つまり、哲学をお払い箱にしようと試みることが、哲学の本源的身振りである。あらゆる哲学者は、生まれついての反哲学者なのだ。

ならばしかし、いかにして、哲学者になることなく反哲学者になることができるのか。「世界に対

＊6　『黒牛――自己インタビュー』、近刊。〔*Les Vaches noires. Auto-interview*, à paraître PUF 2016.〕

＊7　Jean-François Revel, *Pourquoi des philosophes ?*, Julliard, 1957.

し」、哲学的ではない「一種の根源的距離を取る」ことはいかにして可能なのか。いかにして「一つの哲学を創設することなく哲学なるものを拒否する」のか。

若きアルチュセールにとり（彼は八日後に三九歳の誕生日を迎える）、答えは若きマルクスのかたわらに求めるべきものであった。歴史の科学を創設するや、創設者はこの科学を、同時代の哲学の後衛基地を攻囲するために動員した。支配的イデオロギーである。彼はいわば、マルクス主義哲学者にならずに哲学においてマルクス主義者である仕方を示したのである。哲学的ではないやり方で哲学を打ち負かす仕方を。哲学の科学を作ればよいのだ。

一九六〇年代初頭のアルチュセールは、哲学にまた別のアプローチをしている。哲学そのものを科学にするというアプローチである。当時の彼にとってのマルクスは、青年期に初歩的な――経験主義的な――反哲学に迷い込んだあと、一つの哲学を創設することで哲学を拒否した。創設された哲学は、哲学であることに加えて、科学である哲学である。歴史の科学である史的唯物論の首にぶら下がるペンダント、弁証法的唯物論である。より正確に言えば、マルクスは権利上、この科学的哲学をとりわけ『資本論』において創設したが、それを事実上練り上げることはしなかった。ゆえにマルクスのために『資本論』を読まねばならない。『資本論』に「実践状態で」存在している哲学を浮上させるために。それこそが我らの時代のマルクス主義哲学者に存在資格を与える歴史的任務であり、マルクス主義哲学者は人々が知りかつ行うことの、意味とは言わないまでも本質を、当人たちよりもよく知っている。『マルクスのために』にははっきりそう書かれている、と言っていいはずである。同書は弁証法的唯物論を、理論的実践一般の本質の一般理論にほかならないものにしようとするのだから。同時にスピノザの助けを借りつつ、実践一般の本質の一般理論にしようとする。つまり、ものごと一般の生成の一般理論にしようとするのである。[*8]

アルチュセールが本書において脱構築しようとする、すべてとその反対物の本質についての観念論哲学を、これ以上みごとに、また簡潔に要約することはできないだろう。プラトンからカントを経由してレヴィ＝ストロースにいたる観念論哲学であり、そこにはアルチュセールその人もまた含まれている。ゆえに自らへのもう一つ別の、自己批判的な回帰が生まれるだろう。歴史の科学を創設することで、マルクスは一つの哲学を創設したという「間違った考え」についての考察に、この回帰ははっきり見て取れる。より正確に言えば、回帰への回帰である。というのも一九七六年の自己批判は、七二年六月の自己批判[*9]を反復しており、こちらの自己批判は六六－六七年の詳細な自己批判の反復なのである。この最初の自己批判について、著者はその断片しか公表していない。

＊8　「唯物弁証法について」、ルイ・アルチュセール『マルクスのために』、河野健二他訳、平凡社ライブラリー、一九九四年、二九三頁。〔« Sur la dialectique matérialiste » (1963), dans *Pour Marx*, Paris, Maspero, coll. « Théorie », 1965, p. 169-170.〕

＊9　「ジョン・ルイスへの回答」、ルイ・アルチュセール『歴史・階級・人間』、西川長夫訳、福村出版、一九七四年、五二頁、七〇－七七頁。ルイ・アルチュセール『自己批判――マルクス主義と階級闘争』、西川長夫訳、福村出版、一九七八年（のちに「自己批判の要素」として『マキャヴェリの孤独』、福井和美訳、藤原書店、二〇〇一年に収録）。〔*Réponse à John Lewis*, Paris, Maspero, coll. « Théorie », 1973, p.41-42, 55-60 ; *Éléments d'autocritique*, Paris, Hachette littérature, coll. « Analyse », 1974.〕

一九六〇年代半ばの自己批判は、アルチュセールの目に脅威に晒されていると映った歴史の科学を擁護する闘いの結果として、行われた。この科学を脅威に晒していたのは、マルクスの革命的理論をブルジョワ・ヒューマニズム・イデオロギーの高次段階に変えようとする改革派イデオロギーである。唯物論の哲学的擁護をめぐる論戦は、ある政治的賭金をもっていた。フランス共産党の基本路線である。アルチュセールはそれを「左翼反スターリン主義」へと転換させようとしたのだが、それに失敗することで、自分の唯物論の胎内に宿った観念論のトロイの木馬に気づく。先に少しだけ見た考え方を「理論主義」として退けるのである。

一九七〇年代半ばの転回《ケーレ》はこの自己批判に背を押された結果である。それはアルチュセールの思考を、こう言ってよければ一〇年前に開かれた反哲学へと逸れる道に、あらためて置き直す。持続的な自己批判が、一〇年後に『哲学においてマルクス主義者であること』において承認される反哲学を導いてきたわけである。それは同時に、この逸れる哲学（共産主義は「道を外れさせる」、と一九七二年のアルチュセールは書いている。「共産主義は人を辿っている道から外れさせる」[*10]）を、出会いの唯物論と出会わせ－融合させる結果をもたらした。出会いの唯物論の中心部には、偶然がうまく働いて、七六年のアルチュセールがクリナメンの「偏差－偏向」と呼ぶものが鎮座している。すると転回《ケーレ》は事後的に、六一年から六五年にかけて見られた、生まれたての偶然性唯物論と「理論主義的偏向」が非難される観念論とのつかの間の出会いを、相対的に偶然のものにしてしまう。しかし理論主義的偏向は、しだいに理解されていくように、たんなる偏向ではなかった。それはアルチュセールが五七年に「大いなる伝統」と呼んだ正統教義にまっすぐつながっていた。

アルチュセール流新しい哲学の諸要素は「非哲学者向け哲学入門講義」[*11]（とりわけ科学者向け）を通じて定置された。一九六七年一一－一二月に五回行われた講演である[*12]。しかし、それらの諸要素が理念として結晶するには、六八年二月の「レーニンと哲学」[*13]――哲学者向けのレーニン哲学入門講演――を待たねばならない。そこでようやく、哲学とは別の手段による政治の継続である、という理念が固まった。別の手段のなかでとりわけ重要となるのが、諸科学の帰結の搾取である。

新しいものはなにもない、とも言える。理論主義哲学もまた、歴史の科学を搾取する政治を行って

＊10 ルイ・アルチュセール「共産主義についての書」、未刊。〔« Livre sur le communisme » (inédit).〕

＊11 ピエール・マシュレーによる表現。彼の講義草稿「アルチュセールと〈学者の自然発生的哲学〉という概念」を参照。リール第三大学のマシュレーのウェブページに収録されている。〔«Althusser et le concept de philosophie spontanée des savants», http://stl.recherche.univ-lille3.fr/seminaires/philosophie/macherey/macherey20072008/macherey21052008.html〕

＊12 ルイ・アルチュセール『科学者のための哲学講義』、西川長夫他訳、福村書店、一九七七年。原著は同講義の最初の四回分を収録している。第五講義は「哲学のほうへ」として『哲学・政治著作集』Ⅱに収録（市田良彦他訳、一九九九年）。〔*Philosophie et philosophie spontanée des savants (1967)*, Paris, Maspero, coll. « Théorie », 1974 (les quatre premiers cours) ; « Du côté de la philosophie », *Écrits philosophiques…*, *op. cit.*, t. II, 1995 (le cinquième cours).〕

＊13 ルイ・アルチュセール『レーニンと哲学』、西川長夫訳、人文書院、一九七〇年（のちに『マキャヴェリの孤独』、福井和美訳、藤原書店、二〇〇一年、に収録）。〔« Lénine et la philosophie », dans *Solitude de Machiavel et autres textes*, éd. Yves Sintomer, Paris, Puf, coll. « Actuel Marx confrontation », 1998.〕

いたからである。とにもかくにも、様々な政治的効果を生みだした。理論主義哲学のおかげで、左翼反スターリン主義はフランス共産党内部で一定の影響力をもつことができた。しかしこの哲学が提示した哲学についての理論は、それが実際なにをしているのか説明することを、当の哲学には許さなかったのである。一つの科学に——さらに科学の科学に——なろうとする哲学は、アルチュセールによれば、現実の対象とは区別される対象にしか働きかけない。つまり、それが理論化する世界によっては変容されえないと自ら認めてしまった。当然、世界を変容することもできない。それは世界を認識することができるだけである。

この袋小路から抜け出るため、アルチュセールは方針転換する。彼はマルクス主義哲学がイデオロギーに従属して働いていることを認める。プロレタリア・イデオロギーに、である。そして、その哲学が政治と「有機的結びつき」をもっている、と承認する。哲学者の「圧倒的多数」もまた政治と結びついていると認定し、「ただそのことを強く否定している」だけだと確認する。そして主張する。マルクス主義哲学はこの「否認を諦める[14]」。

この否認はなんの役に立つのか。

答えは二重である。「支配階級は、支配していることを否認する」。「哲学は階級闘争を代理 représenter する。すなわち政治を[15]」。支配的哲学はしたがってこの否認を表現 représenter するだろう。支配者の政治の本質的構成要素である否認を、科学に向かって表現するだろう。そうしなければ、科学は否認を告発するかもしれないので。

哲学は、政治による哲学の支配と科学による哲学の決定とをごまかすことにより、否認を表現する。

否認が否認を呼び、哲学は科学を「隷属状態」に置く。加えて「搾取される状態」に置き、「搾取は護教論的に、科学外の価値に奉仕して行われる」。哲学が「科学に対する現実的関係」において維持している否認関係は、支配者の政治と哲学との共犯関係の条件にして効果である。[*16] この現実的関係という承認されざる場所を、「ものごとの根源」を知るという哲学の自負が埋めるのである。

哲学的否認を告発するとは、したがって、哲学が現実的諸条件と結んでいる「哲学的」関係を暴露することであり、その結果、哲学が従僕となっている科学外的な、つまりイデオロギー的な価値を問いただす道を開くことである。

哲学と支配者の政治の共犯関係をいかにして拒否するか。哲学が科学に命じる整列行進をいかにして拒否するか。

「レーニンと哲学」においてアルチュセールは答えている。哲学についての「客観的（したがって科学的）認識」、つまり「哲学についての理論」を作ることによってである。[*17] しかし、彼が前年の哲学入門講義で述べていたように、「哲学を根本的に逃れうる哲学の定義＝認識を提供しうる、などとい

＊14 『科学者のための哲学講義』一一一‐一一二頁。『レーニンと哲学』七七頁、八一頁。〔*Philosophie et philosophie spontanée...*, *op. cit.*, p. 96-97 ; « Lénine et la philosophie », *op. cit.*, p. 133, 135.〕

＊15 『レーニンと哲学』八〇‐八一頁。〔*Ibid.*, p. 134-135.〕

＊16 「哲学のほうへ」八六一頁。〔« Du côté de la philosophie », *op. cit.*, p. 265.〕

＊17 『レーニンと哲学』二八頁、七九頁。〔« Lénine et la philosophie », *op. cit.*, p. 113, 134.〕

う幻想を抱いてはならない。〔…〕哲学の円環から根本的に逃れることはできない。哲学についてのどんな認識も、実際には、同時に哲学のなかの立場である[18]。とはいえ「マルクス主義は新しい哲学である、などとけっして（！）言ってはならない[19]」。「レーニンと哲学」が宣言するところでは、マルクス主義とは「哲学の新しい実践」であり、「哲学を変えることのできる」実践なのである。

一方において政治と関係し、他方において科学と関係するという二重の関係が、あらゆる哲学の存在条件をなし、「哲学の円環」から脱出する道を整える。「オープンサークル」の討論会でアルチュセールがすでに指摘していた「哲学の円環」を、『哲学においてマルクス主義者であること』は「地獄の円環」と呼ぶだろう。そこから「根本的に脱する」ことができなくとも、ましてイデオロギーを免れることができなくとも、歴史の科学から出発して、哲学についての非哲学的理論を作ることはできる。科学を武器として用い、哲学‐政治的に、哲学のなかで闘うことはできる。哲学においてマルクス主義者であるとは、哲学の闘技場に入り、哲学に向かって哲学の科学を代理‐表現することだ。最終審級においては政治の、したがってイデオロギーの理論形態にほかならないことが分かっている哲学に向かって、である。

『哲学においてマルクス主義者であること』において、アルチュセールは攻撃に移る。「レーニンと哲学」で用いられた隠喩が示す道に沿って、観念論哲学の巨大な伝統を、その哲学が世界に対して取ると主張している距離に対し距離を取ることで、脱構築しようとする。理論で武装したマルクス主義哲学者の歴史的任務は次のとおりである。神秘的な「本源的距離」を、「取られた距離の空虚[20]」に変えること。この空虚は一九七六年以降、過剰な充満である「空虚」しか存在しないところに生起した

「本源的偏り」のあとを受けて生起する空虚となるだろう。「レーニンと哲学」流に言い換えれば、哲学においてマルクス主義者であるとは、「世界の本源的意味」であらかじめ満たされた偽の空虚を空虚にすることだ。科学的認識の哲学的代理物に場を与えるために。

いかにしてそれに取りかかるか。先の隠喩に劣らず知られたもう一つの隠喩が告げている。哲学の領野の過剰な充満／偽の充満に、「分割線[*21]」を引くことによってである。よいタイミングでうまく引かれた分割線は、哲学の領野を戦場に変え、出会いに場を与えるだろう。出会いの賭金は科学的実践の命運であり、この賭金の賭金は、すでに見たように、階級支配である。哲学において起きることはしたがって、根本的には、空虚の生産／除去の果てしない繰り返しにすぎない。新たな空虚を際限なく打ち立てていくわけだ。用いられる哲学の武具一式は、距離と差異が設定された痕跡にすぎず、設定自体をなかったことにしてしまう。テーゼ、アンチテーゼ、カテゴリー、その他の「哲学的対象」は「哲学的無」にほかならない。しかしこれら非客体的対象は、決定的な目標に実体を与えるのである。観念論哲学とイデオロギーによる搾取から、科学を防衛するという目標である。

その意味において哲学は歴史をもたない。より正確に言えば、哲学の歴史は最終審級においては、

＊18　『科学者のための哲学講義』六二頁。〔*Philosophie et philosophie spontanée…*, *op. cit.*, p. 56.〕
＊19　『レーニンと哲学』八二頁。〔« Lénine et la philosophie », *op. cit.*, p. 136.〕
＊20　同七四頁。〔*Ibid.*, p. 132.〕
＊21　同七二頁〔*Ibid.*, p. 131.〕。レーニンの『唯物論と経験批判論』第二部五章に由来する表現。

同じ分割線を永続的に再記入していく歴史である。分割線は哲学の二大党派のあいだを通っている。その一つである唯物論は、支配された党派であり、もう一つの党派の潜在的立場——それを取ることで唯物論党派を支配する立場——を告発することで自らの立場を設定する。

一九六七－六八年に現れる「哲学の新しい実践」は、その実践的効果としては、六五年に言及された古い反哲学の実践を思い起こさせずにはいない。昔のアルチュセールのものであろう、ナイーヴな反哲学者の肖像を通じて描かれた実践である。哲学に「科学の失われかけている批判的意識」の代わりを演じさせようとする反哲学者。その任務は、科学を包囲する「イデオロギー的幻想の脅威をたえず批判的に減らす」ことにあった。このナイーヴさは、科学の「そとの意識」を、歴史に科学の「持続的な死」をもたらすものとして断罪していた。[*22] とはいえ哲学の新しい実践を、反哲学の否定の否定にすることは誤っているだろう。それは、六七－六八年に導入されたもう一つの反理論主義的理念を引いて言えば、[*23] あらゆる科学が「持続的切断」によって進化するのを忘れることだ。理論主義は、哲学の科学がある出会いを果たさないうちは断罪され続けねばならない。プロレタリア独裁との出会いである。『哲学においてマルクス主義者であること』の最初のバージョンに従えば、哲学の科学はその内的論理によりデリダ的脱構築に似たところをもっており、両者が向かう先にはプロレタリア独裁が待っている。

テキストの系譜としては、『哲学においてマルクス主義者であること』は、「レーニンと哲学」の最後で告げられた「哲学の変容」プログラムを、一九七六年三月のグラナダ大学における講演「哲学の変容」へと結ぶ系譜のなかに位置づけられる。後者の講演原稿を、本書はかなり組み入れている。六七年の哲学入門講義の第五講もまた、本書には組み入れられている。デカルト以降の認識の理論にかかわる分析である。七六年の本書は「哲学についての科学的理論の素描のようなもの」と自己規定しているが、これは「レーニンと哲学」がその「たどたどしいはじまり」[*24]を語った「理論」であろう。本書は明示的にも、六八年の講演で著者が願望を込めて「哲学の新しい実践」と呼んだものを実行すると述べている。つまり『哲学においてマルクス主義者であること』は、六七－六八年の転換を直接引き継ぐものとしてある。

しかし本書は、結局書物にはならなかった一冊の「書物」のやり直しでもある。

＊22 『マルクスのために』「今日的時点」四一－四三頁。〔*Pour Marx*, *op. cit.*, p. 19-20.〕

＊23 「ヒューマニズム論争」、『哲学・政治著作集』Ⅱ、一〇六四－一〇六五頁。『レーニンと哲学』三五頁。〔« La querelle de l'humanisme », *Écrits philosophiques et politiques*, *op. cit.*, t. II, p. 487 sq. ; « Lénine et la philosophie », *op. cit.*, p. 116.〕

＊24 『レーニンと哲学』七九頁。〔« Lénine et la philosophie », *op. cit.*, p. 134.〕

一九六八年四月にはじまる長い抑鬱期——七二年四月の書簡によれば、四年間「ほぼ間断なく続いた大病」であり、「六九年春の晴れ間」だけが例外だった——の「晴れ間」に書かれた、『マルクス＝レーニン主義哲学とはなにか』というタイトルをもつ草稿である。草稿はその春の講義で『生産関係の再生産について』と命名し直されて用いられ、そこから抜き出された一部が七〇年刊の有名な論文「イデオロギーと国家のイデオロギー装置」になる。『再生産について』は、著者の死後に出版されることになった。

『再生産について』の第一章は哲学史を一つの問いから出発して描いている。本書第1章においても新たに取り上げられる問いである。「すべての人間が哲学者である」と述べるグラムシは正しいのか。もはや驚くべきことでもないだろうが、「オープンサークル」の討論を開いた問い、「誰でも哲学することができるのか」と同じである。一九五七年のアルチュセールは、問いそのものを言わば機知により退け、答えることをしなかった。しかし二〇年後、彼はイタリア人哲学者を先駆者として扱い、賛意を表しているように見える。「哲学は職業的哲学者の専有物ではない」。彼は実際、イタリア人哲学者に自分のテーゼを帰している。すべての人間が哲学者であるのは、「哲学の影響を受けたイデオロギーのもとで」暮らしているからである。言い換えれば、人それぞれの「自然発生的」哲学は、現実には、哲学がその完成に寄与したイデオロギーによって「叩き込まれた」ものなのである。[*25]

『再生産について』の第一章は「哲学の科学的定義を生産する」という約束で終わっている。一方では「階級関係および国家」と、他方では科学と結びつくという二重の関係を顧慮して与えられる定義である。同書の序言（「読者へのまえがき」）はこの定義を著作全体の「目標」に掲げている。アルチュセールは第一章の最後で、第一巻はこの目標にいたる「長い迂回」となるだろう、と述べている。なぜこの一〇頁からはじめたのだろうか。提出した問いをすぐさま「宙づり」にしてしまうというのに。「非常に重要な理論的かつ政治的理由による。それについては第二巻の終わりで明らかになるであろう」、と序言は記している。

『哲学においてマルクス主義者であること』は、この書かれなかった第二巻の代わりをなすものと位置づけられるだろう。こうした位置づけはある程度まで、第一巻によってすでに与えられている。したがって、アルチュセールに代わってこう仮説的に述べてもよさそうである。本書は、一九六七－六八年の転換のあと、哲学にかんする彼の思索がどのような方向に進んだかを示しているのである。

一九六七年の入門講義第五講と、イデオロギーにかんする六九－七〇年の論文のよく知られた一文を比べてみよう。講義によれば、哲学はその現実的存在条件と「哲学的」関係を結ぶ。論文のほうには、こう書かれている。「イデオロギーとは、諸個人がその現実的存在条件と想像的に結ぶ関係の『表象』である」[*26]。

二つの関係――論文における想像的関係と講義における「哲学的」関係――のあいだにどのような関係が設定されているかを、いわば点線で示している一文が『再生産について』にはある。大文字の

＊25　本書において展開される答えの要約が、自伝的テキスト「事実」に見られる。ルイ・アルチュセール『未来は長く続く』、宮林寛訳、河出書房新社、二〇〇二年、四九一－四九三頁。〔*Les Faits*, dans *L'avenir dure longtemps suivi de Les Faits*, éd. O. Corpet et Y. M. Boutang, Paris, Flammarion, coll. « Champs essais », rééd. 2013, p. 402-403.〕

主体による主体への呼びかけという有名な場面へのプロローグをなす一文であり、呼びかけ論の第一バージョンと言っていい。神によるモーゼへの呼びかけであり、そこには論文にはない次の文章が含まれている。「証明については、哲学について再論できるようになった段階で、再度はっきり行おう」[27]。主体との関係において、第一巻の神は第二巻における哲学の代わりをしているのだ。

こう考えてもよさそうである。第二巻では、哲学によるすべての人間への呼びかけが扱われていたはずである。哲学はいわば「自らを二重化して」、神をかたどった主体になる。「神のイメージを主体に反転させるという恐ろしい所業」。哲学のこうした想像的主体の本性は、第五講義によれば、時代を経て変化していくが、変化は「諸科学において支配的な合理性」を哲学がどのように表象するかということと相関的である。ディアノイア、思惟実体、観察する理性、実験する理性、等々である[28]。第二巻はしたがって、人間の哲学的表象を、それぞれの時代において科学の主体がどう想像的に表象されていたかを通して論じることになったはずである。

もう一歩踏み込んでみよう。『再生産について』のなかで、アルチュセールはこう書いている。「国家のイデオロギー装置が奏でる「オーケストラ曲」には「間違った音」も含まれているものの、全体としては「たった一つのパート〔…〕」、国家のイデオロギーというパート」に「主調音」を決められている。すなわち支配階級のイデオロギーに、である。イデオロギー諸装置はそれぞれ自分の持ち場で、この主調音を課すことを任務とする。より正確に言えば、「国家装置の全体からなるシステムの全般的統一性は、国家権力を所有する階級の階級的政治と、権力の座にある階級（ないし諸階級）の根本的利害に応える国家イデオロギーとの統一性によって保証されている」[29]。この「全般的統一性」

は、人間を主体にする哲学からの呼びかけによって、もっとうまく保証されないだろうか。哲学の自己表象に従えば、哲学一般は国家イデオロギーに上から被さるはずなのである。保証の任務が、哲学には負わされているのではないだろうか。「すべて」がものごとの本源的意味と統一されていることを保証するのが、哲学が己に与える役割である。この役割は、哲学の現実的実在諸条件に対する哲学的‐想像的な関係を二重化して、主体が自らの現実的実在諸条件にかかわる関係も規定しようとするのではないか。

＊＊＊

そうであろうとなかろうと、こうした思弁は我々を哲学の現実的実在諸条件をめぐる問いへと連れ戻す。諸条件は、第一巻第一章が言っているように、果たして第二巻の終わりで、一方において「階

＊26 「哲学のほうへ」八六〇頁。「イデオロギーと国家のイデオロギー諸装置」、ルイ・アルチュセール『再生産について』（上下）、西川長夫他訳、平凡社ライブラリー、二〇一〇年、下巻二一四‐二一五頁。〔«Du côté de la philosophie», *op. cit.*, p. 265; «Idéologie et appareils idéologiques d'État (notes pour une recherche)», dans *Sur la reproduction*, éd. J. Bidet, Paris, Puf, coll. « Actuel Marx confrontation », rééd. 2011, p. 288.〕

＊27 『再生産について』下巻九五頁（同書中の「イデオロギーと国家のイデオロギー諸装置」二三七頁と比べよ）。〔*Sur la reproduction, op. cit.*, p. 227 (cf. « Idéologie et Appareils... », *op. cit.*, p. 300).〕

＊28 同二四〇頁。「哲学のほうへ」八七六頁。〔*Ibid.*, p. 301 ; « Du côté de la philosophie », *op. cit.*, p. 282.〕

＊29 『再生産について』上巻二〇三頁、二九二頁。〔*Sur la reproduction, op. cit.*, p. 178, 128.〕

級関係および国家」に、他方において「科学史上の重大事件」に、本質的に限定されることになっただろうか。

その点についても、第五講義が我々の注意を引く。アルチュセールは講義のあとしばらく、それを『哲学教育雑誌』に載せるつもりだった。保管文書に残されている校正済みゲラ[30]が示すとおりである。しかし最終的に、彼は出版を断念する。理由は分からない。それでも同講義が「レーニンと哲学」の中心的テーゼと齟齬を来していることは、容易に確認できる。そのテーゼによれば、エンゲルスの哲学史観には「本質的なもの」が欠けている。彼は哲学が根本的には傾向——唯物論と観念論——のあいだの闘争であるとは認めていた。同時に、反復性の哲学史に区切りをつける変容は、科学革命との関連で決定される、とも認めていた。では欠けている要素とはなにか。哲学は科学との関係を通して「階級闘争を代表する」[31]、というレーニン的テーゼである。

第五講義にも同じものが欠けている。この講義は認識の理論の歴史に対し、科学史との関係という視点からしかアプローチしていないのである[32]。

アルチュセールはこの理由により一九六八年の講義を出版しなかった、と考えることができる。そして照準を修正するために、『マルクス＝レーニン主義哲学とはなにか／再生産について』を書きはじめた、と。同書の第一章は哲学史を図式的に俯瞰しているが、哲学の進化における科学と政治それぞれの役割に、同等の注意を払っている。

『再生産について』の執筆をいつまで続けていたにせよ、それを「終えて」間もなく、アルチュセールは自分が科学に意味を与えすぎていたという結論に達する。一九七〇年七月、彼はこう主張している。歴史の科学の成立に決定的役割を果たしたのは、マルクスの「過激化」、つまるところ政治である。それを哲学的に翻訳することが、科学の成立には「不可欠」であった[*33]。その二年後には、自己批判においてこう宣言することになる。マルクスの哲学的「革命」が、史的唯物論の創設を「命じた」のである。「哲学は政治と科学にだけ『かかわる』のではない。それはすべての社会的実践にかかわる」。この主張は、その見た目にもかかわらず、広義の政治の役割を強めることになる。というのも、そこには次のような宣言がともなっていたのである。一九六七年以来、哲学とは「理論における政治」であると言ってきたが、「もっと正確に言うと、最終審級においては、理論における階級闘争である」[*34]。

新しい定義に従えば、理論的階級闘争を遂行する哲学は、すべての社会的実践を支配秩序に隷属－搾取される状態に置こうとする。そのことの否認が哲学を特徴づけるが、否認は実践に対する理論の

---

*30 これが「哲学のほうへ」（前出）として一九九五年にはじめて刊行される。

*31 『レーニンと哲学』六九－七〇頁、七八頁。〔« Lénine et la philosophie », *op. cit.*, p. 130, 134.〕

*32 同三六－三七頁。〔*Ibid.*, p. 117.〕

*33 「若きマルクスの発展について」。一九七四年に単行本として刊行された『自己批判の諸要素』に収録されている（邦訳は『自己批判――マルクス主義と階級闘争』に収録）。この論文は一九六九年の未刊草稿「『レーニンと哲学』へのあとがき」を発展させたもの。〔« Sur l'évolution du jeune Marx », dans *Éléments d'autocritique*, *op. cit.*〕

*34 「ジョン・ルイスへの回答」七一頁、九二頁（原注17）。〔*Réponse à John Lewis*, *op. cit.*, p. 56 et p. 41, note 17.〕

優位という主張のかたちを取る。さらに理論に対する哲学の優位を主張し、結局、非哲学的なものをすべて哲学に吸収しようとする。それゆえに、唯物論と観念論のあいだの根本的分割線は、哲学内部における非哲学的外部の役割やいかにという問いをめぐってのものとなる。

そしてこの点が、さらに新しい定義を要請することになる。分割線を引く二つのやり方を区別する定義である。

＊
＊＊

「レーニンと哲学」が提出する哲学の二大陣営という考え方（「根本的には観念論者と唯物論者しかいない」[*35]と考えた、レーニンだけの考え方かもしれない）は、それが標的とする理論主義に染まったところを実はもっている。次のような主張に還元されてしまうからである。哲学における二つの傾向それぞれは、「自らの陣営、自らの実在諸条件のなかに」すでに実在しており、「あるとき出会い、衝突する」[*36]という主張である。闘う者を闘いの効果とは考えないような出会いの概念である。アルチュセールはすでに長く、それをこそ批判してきたのではなかったか。はっきりそう書いてこなかったか[*37]。

一九七二年の自己批判の別の章（第五章「哲学における傾向」）で、アルチュセールはその点に立ち返っている。広義の階級闘争にかんする章である。理論における階級闘争は、階級闘争としての階級闘争の原理に従うはずである。哲学においても然り。闘いが闘う者を作るのだ。相まみえる党派の一方、観念論が、獰猛な熱意で闘っていながら、闘いを求めないだけにいっそう、そういうことになる。彼らの戦略は、語の二つの意味において敵を contenir する（内に含む／抑止する）ことにある。唯物論はしたがって、観念論の外部を内部に探らねばならない。実際、マルクスは――アルチュセールの助けを借りはしたものの――「主体なき過程」という唯物論の根本概念を、ヘーゲル観念論の懐中から引きずり出したのではなかったか。[*38] そのうえなお、外部を探るとは唯物論にとっては己を探ることである。というのも、観念論は内なる敵の主張のうち、搾取可能なものを守ることに利を見いだす（敵を追放してしまえば、どうやって搾取するというのか）が、唯物論もまた内なる敵と闘っているからである。それは哲学戦争の必然性が要求することでもある。三〇年にわたるアルチュセールのマルクス的観念論との戦争が、その点を証言しているだろう。それを認識しているからこそ、アルチュセールは、出会いが生起するためには解《ほど》かれねばならない唯物論と観念論のもつれを描こうとする。「一つの『哲学』とは、真か偽かを裁かれるべき同質の命題からなる全体ではない。〔…〕同質の正しい者の陣営と同質の悪い者の陣営が、分かれて存在するのではない。〔…〕敵対する者どうしの命題は、ほとんどすべての場合、入り混じっている。〔…〕哲学者の闘いを通して戦場で衝突する唯物論的傾向と観念論的傾向は、けっして純粋状態で『哲学』として実現されることがない」。[*39]

＊35　『レーニンと哲学』六三頁。〔« Lénine et la philosophie », *op. cit.*, p. 128.〕

＊36　「ジョン・ルイスへの回答」三五頁。〔*Réponse à John Lewis*, *op. cit.*, p. 28 sq.〕

＊37　「〈社会契約〉について」、『マキャヴェリの孤独』八九頁。「最初にあるのは対立である」。〔*Sur le Contrat social* (1967), éd. P. Hochart, Paris, Manucius, coll. « Le marteau sans maître », 2008, p. 40.〕

＊38　「ヒューマニズム論争」一〇二八－一〇二九頁。〔« La querelle de l'humanisme (1967) », *Écrits philosophiques et politiques*, t. II, *op. cit.*, p. 453.〕

しかし、観念論と唯物論の錯綜した出会いをこのように指摘しただけでは、まだ本質的なものが欠けている、と晩年のアルチュセールは理解することになるだろう。唯物論陣営が戦場そのものに対して遂行しなければならない戦闘である。このテーゼはまっすぐにプロレタリア独裁に通じている。我々にはそれが少し見えなくなってしまっているものの、それはこのテーゼが、我々が長きにわたり歩んできた土地だからである。

IV

アルチュセールは『哲学においてマルクス主義者であること』を、フランス共産党がプロレタリア独裁の概念を放棄したことへの反対キャンペーンのさなかに書き上げている。放棄が党指導部により告げられたのは、一九七六年のはじめである。偶然の成り行きであった。「プロレタリア独裁はマルクス主義の理論的かつ政治的な歴史全体にとって死活的な点をなす」[*40]と、アルチュセールは六六年に書いている。一〇年後であろうと一〇年前であろうと、彼は同じ主張をしたろう。アルチュセールのマルクス主義は、マルクス主義の伝統のなかで不幸にも「独裁」の名をもって語られる概念に基礎を置いている。

彼のマルクス主義は、社会階級とは搾取の効果であるというテーゼに集約される。その再生産は、したがってその実在もまた（「実在するとは、再生産されることである」[*41]）、イデオロギー的、政治的、法的等々といった支配関係の構造によって保証される。この構造を統べるのが、支配者の掌中にある国家である。

最初の単行本『モンテスキュー 政治と歴史』（一九五九年）以来、アルチュセールは、搾取という力関係に基礎づけられたこうした構造の永続性を、数々の偶然の巡り合わせ conjonctures が結合 combinaison したことの効果であると考えている。状況 conjonctures は相互に合致 concours することで必然になる。さらに彼は国家を、搾取階級がもつ力の超過分の結晶であると考えている。その階級の支配すなわち「独裁」に服する社会において、すべてのレベルで生じる超過分の結晶である。彼が一九六〇年代から練り上げる、空虚、出会い、凝固といった用語系は、このように把握された階級社会の生起をめぐる用語系に容易に翻訳することができるだろう。前者の用語系は後者の用語系の写し以上のものなのだろうか、と問うことができるほどだ。

しかしプロレタリア独裁に適用するには、用語系を修正しなければならない。

マルクス／アルチュセールの仮説は、被支配階級は支配階級になったとき、歴史上例外なく、社会構造のすべてのレベルで闘わねばならない、というものだ。支配階級として自己主張するためにであ

＊39 『自己批判』七三頁以下。〔*Éléments d'autocritique, op. cit.*, p. 88 sq.〕
＊40 「イデオロギー的社会主義と科学的社会主義」、未刊。〔« Socialisme idéologique et socialisme scientifique » (1966-1967, inédit).〕
＊41 「ＡＩＥにかんする注記（一九七六年）」、『再生産について』下巻一四〇頁。〔« Note sur les AIE » (1976), dans *Sur la reproduction, op. cit.*, p. 250.〕

る（だからであろう、アルチュセールは一九七二年ごろ、社会主義的生産様式など不条理でしかないと確信する。資本主義後の社会は、資本主義と共産主義という二つの生産様式の敵対的共存と特徴づけられるようになっていく）。新たに支配階級となった階級は、それゆえ、自らの支配の道具として国家を樹立しなければならない。例外なし、否認なしにである。

しかし、他の支配階級と異なり、プロレタリアートは搾取階級ではない。国家の本質的機能は、国家が統べるあらゆる支配機構同様、搾取関係の再生産を保証することである。プロレタリアートはしたがって、自らに固有の国家を終わらせる準備をすることに利を見いだす。ブルジョワ独裁の研究に当てられた一九七六年のある「ノート」で、アルチュセールは次のように主張するまでに至る。すなわち、共産党は「ブルジョワ国家の政府に参画して」、その事業を「管理する」べきではないし、それどころか「プロレタリア独裁の政府」にさえ参画すべきではない。党の任務は国家の死滅を監視することであって、国家を管理することではないのだ[*42]。

共産主義の仮説によれば階級に終止符を打つはずの階級独裁は、「半国家」ないし「国家ならざる国家」（エンゲルス）を樹立せねばならない。

一九六七-六八年の転換期のテキストと『哲学においてマルクス主義者であること』のあいだにある持続的切断は、その最終段階でこの独裁概念に依存しているのである。アルチュセールの偶然性唯物論が進化するうえでこの概念がもった重要性については、哲学の新しい実践を告げる「レーニンと哲学」の結論と、その具体的適用を接近させてみるとよく分かる。具体化された哲学の新しい実践は、『資本論』から百年経っても「マルクス主義哲学の偉大な書物」が現れない理由をこう説明する。「哲学は遅れてしか存在しない」。科学上の大きな出来事に対して、である。哲学上の大転換は、そうした出来事に誘発されて起きるのだ。ゆえにマルクスは哲学について沈黙した。しかし一九六八年、黄昏時は近づいていた。「マルクス主義哲学」のミネルバの梟が、やがて飛び立つはずである。[*43]

一九七三年から七六年までのあいだ、理論における階級闘争はミネルバの梟だったのである。

この転換中の転換の前後で、アルチュセールの観念論哲学にかんする理解は変わっていない。この哲学はあらゆる実践とそれらが生むイデオロギーに対して、哲学的に覇権を握っている。観念論哲学流に統一され、ヒエラルキー化された秩序に、諸実践とイデオロギーを従属させるために、それらを歪めて覇権を握っている。このとき観念論哲学は、理論体系の合理性と証明形式を科学から借りている。そしてこの哲学的な秩序化は、支配階級によるイデオロギー闘争がイデオロギー装置を動員してイデオロギーと諸実践に課そうとする秩序と、一致しないまでも似ている。つまり支配的哲学は、国家が統べる支配階級の独裁に奉仕するのである。支配的哲学は固有の抽象的次元で、階級独裁が闘争のなかで遭遇する矛盾を解決する。この闘争がやり遂げられることは滅多にないが、それでも、搾取が生みださずにはいない抵抗に対するイデオロギー的ヘゲモニーを確立するために、矛盾を解決しようとする。観念論哲学はその意味において、最終的には国家の哲学なのである。

マルクス主義哲学はしたがって、「レーニンと哲学」で指摘された遅れを取り戻しつつ、哲学－国

*42 同一五二頁。〔*Ibid.*, p. 257.〕

*43 『レーニンと哲学』四〇－四一頁。〔« Lénine et la philosophie », *op. cit.*, p. 118-119.〕

家的な秩序化とは逆方向に舵を切るよう求められていた。それは、イデオロギーの諸要素を統一し、被支配者のイデオロギー的かつ政治的闘争に役立つ概念化作業へと結び合せることを任務としていた。

哲学的な対抗秩序化というこの考え方が、ミネルバの梟とともに消えるのである。それはプロレタリア独裁／出会いの唯物論の概念とは両立不可能であると判明するのだ。最後の自己批判がそこから生まれる。哲学の遅れをめぐる理論主義的理論は、哲学に対する警戒に満ちたマルクスの沈黙とは齟齬を来すものとして、捨てられる。アルチュセールはこの沈黙が意味するところを理解していなかったわけである。哲学秩序を哲学的に拒否することは必ず別の哲学を作ってしまう、ということを。哲学としての哲学は、その体系性と様態において、支配階級の国家と共犯関係にあるのである。

彼にそのことを理解させた哲学、やがて偶然性唯物論となっていく――もとからそうでなかったとしてだが――哲学は、したがって、彼が理論主義的偏向の頃から課そうとしてきた形式をまとうことができない。被支配階級の闘争に役立ち、彼らが自分たちの国家を樹立することに役立ち、同時にその国家を厄介払いすることに役立つ哲学には、偏った形式を与えねばならない。この哲学もまた哲学的たらざるをえない以上、この形式は自分自身からも偏った形式でなければならない。この脱構築的で自己脱構築的な思考、哲学的－反哲学的な思考にもっとも相応しい名前は、そのはじまりからすでに与えられている。哲学ならざる哲学を発明しなければならないのだ。

そのモデルはどこに見つかるのだろうか。グラナダ大学での講演において、アルチュセールはこう答えている。「私としては、エピクロスとマキァヴェッリのかたわらにそれを探るつもりです。さしあたって、彼らの名前だけを引いておきますが」。

この哲学の実定的任務について、彼はこう述べるにとどめている。それは形成途上の共産主義イデオロギーの諸要素に「窮屈なイデオロギー的統一」を課すことではない。そうではなく、「社会的実践と人間的思想の解放と自由な行使に寄与すること」、したがって必然的に、「国家を余分なものにしてしまうような共同性の新たな形態[*44]」を探ること。

それは、若干古びたマルクス主義言語においてプロレタリア独裁と呼ばれるものの任務でもある。その意味において、出会いの唯物論のアルチュセールは別の時代のアルチュセールでもあった。別の時代とは過去なのか未来なのか、問いは開かれたままである。

我々はようやく『哲学においてマルクス主義者であること』の扉の前に立ったことになる。

V

一九七六年八月一二日、アルチュセールはピエール・マシュレーに宛てた手紙でこう告げている。「非哲学者のための哲学であろうとするものへの入門書」を書き終えた。「しかしそれは、書きぶりにおいては哲学者向けであることが分かった。これ以外の書き方はほぼ考えられないと固く信じているが、歯が立たなかった」。当時『哲学入門 *Introduction*』と題されていたテキストである。アルチュ

＊44 「哲学の変革――グラナダ講演（一九七六）」、『哲学について』二二六頁、二二四‐二二五頁。〔« La transformation de la philosophie. Conférence de Grenade, 1976 », dans *Sur la philosophie*, *op. cit.*, p. 176-177, 172.〕

セールはマシュレーにタイプ原稿のコピーを渡し、ついで、秋にかけてテキストに軽く手を入れ、七七‐七八年にかけて全面的に書き直した。おそらく、非専門家により読みやすくするためであったろう。この新版は実際には新しい書物となり、アルチュセールはそれに『非哲学者のための哲学入門 *Initiation*』というタイトルを与える。『入門 *Introduction*』のほうは、学位申請時の口頭弁論「哲学においてマルクス主義者であることは単純なことか」[*45]に因み、『哲学においてマルクス主義者であること』というタイトルに変更された。

『哲学においてマルクス主義者であること』も『非哲学者のための哲学入門』も著者の生前には刊行されなかった。後者は二〇一四年に出版される。前者はここに刊行される運びとなったが、そのイントロ部だけは、すでに一九九三年、『ディグラフ』誌に「哲学的対話」というタイトルで発表されている。このタイトルも本書における同部のタイトルも、アルチュセールが付したものではない。

＊45 「アミアンの提説」、『マキャヴェリの孤独』に収録。「哲学においてマルクス主義者であることは単純なことか」は同「提説」が『パンセ』誌一八三号（一九七五年一〇月）に掲載されたときのタイトル。

哲学においてマルクス主義者であること

グルーチャのロバ

ことは独りでになった。それでも打ち明け話をしておかねばならない。寒々しい広大な屋敷があった。夜のとばりが下りるころには、広い庭が夜会にお誂え向き。木々のてっぺんでは風が音を立て、いくつもある泉からは水の音が聞こえる。夏だった。哲学者である友人たちが、月明かりのなかを集まってくる。つまりあらゆる哲学者たちが。知られた人もそうでない人も、人の匂いに誘われ、おしゃべりがしたくなり。冷気が木の葉からしみ出ていた。無人のテーブルの上にはフルーツがおいてある。砂漠の砂にまみれたお菓子もある。囓ればじゃりじゃりいうだろう。彼らは次々にやってきた。誰かと一緒に、あるいは一人で。まだ生きている人たちに、死んだ人が混じっている。しかし、誰が死人で誰が生きているのか分からない。ソクラテスはだらしなく笑っているが、彼がもう毒ニンジンを飲んだのか、分かりようもない。小柄なメノンは真理の冷水を浴びて震えているが、果たしてもう二直角を見つけたのか。デカルトはもう松果体を見つけたのか、カント、コペルニクスは……。マルクスがすでにヘーゲルをひっくり返したのかどうか（同じことであろう！）、ベルクソンが逆さ円錐の類を発見したのかどうか、ヴィトゲンシュタインが、なにも言うことがないなら黙っていればいい、とすでに結論づけたのか。彼らは年齢をもたず、時代も歴史もなくそこにいた。彼らの未来は彼らの後ろにあるのか、過去は前にあるのか。イチジクの袋を提げるようにそれを首の後ろに担いでいるのか、胸を支えるように盆に乗せているのか、そしてそれを意識しているのか。よき哲学者として、しかしよき哲学者とはなんのことやら、彼らは概念の永遠に住んでいる。「永遠」の哲学に住んでいる。過去と未来の感覚をまったく失うぐらい長くそこに暮らしてきた。だから（聖）アウグスティヌスが説明したように、現在の感覚も失っている。だから年齢を超えた同志愛をもち、それが彼らを互いの同時代人にしている。観念の無秩序のなかの、時間の大いなる無秩序！　互いの代わりにしゃべったり黙ったり、ということもしばしば。それほど思想の家族性は大きかった。彼らにも驚きであったが、彼らは自分たちが家族であることを熟知していた。なにもかもがすでになされ、言われており、したがってなにもかもをやり直し、言い直さねばならず、古い思想ほど新しいものはなく、若い思想ほど老いていた。永遠。もちろん、女性は足りない。アリストテレスはいつもポケットに「自然」を入れていたが、自然は女を哲学向きには作らなかったと説いている。それでも女性も招かれていた。カントは不満たらたらであったが、ＭＬＦ（「女性解放運動」）から抗議されないように。ことは成り行きまかせであった。空では星が、黙りこくっていた。

少しずつ、交わされた話題の流れで、口々に言いあった。ここは一つ、生きている者も死んでいる者も、各自の哲学観を即興で述べあい、我々のあいだで巨大交響曲のようなものを奏でてみてはどうだろう。立場はどうあれ、既知の対立はさておき、めいめいが思うところを語ってはどうか。少なくとも、どんな具合になっているかよく分かるんじゃないか。真理のレトリックをもてあそんでも真理を揺るがせる新しいものなど見つからない、とどうして言える？　この考えも独りでに生まれた。それもいい取っかかりかもしれない、と全員が賛成する。哲学とは戦場だと言い放つカントでさえ。とはいえ彼は、自分用に永遠平和計画をもっている――両面作戦に勝つつもりだ。

こんなふうにはじまった。最初の夜、いきなり、一人の外国人が全員に不意打ちを食らわせた。大声でこう言ったのである。「発言を求めます！」。一同黙って彼を見つめた。どうやら予定になかったことらしい。彼が強い調子で繰り返すので、みなは発言を禁止されたかのように黙り込んでしまった。例外はカントであった。男にこう言った。「ここはジャコバン・クラブではない！」。それでも男は語気を強めて繰り返す。するとソクラテスが髭のあいだから口を開き、厳かに応える。「友よ、発言を求める必要はない。もう発言しているではないか。（沈黙）むしろ、その発言がどれほど奇妙か考えてみたまえ。この世のどんな動物も権力者も、そんなことは言わない。発言してから発言を求めるかね？　我々のうち誰が君に発言を許可する権限をもっているのかね？」。ソクラテスは話しはじめる。いつもどおり矢継ぎ早に問いを繰り出して。発言権とはもつものなのか、与えるものなのか。受け取るものなのか、すでにもっているものなのか。失うことがあるのか。発言の源は声と同じか、声の源は言語と同じか。そして外国人は罠にはまる。答えるけれども、答えに窮して質問する。全員が応答する。真理と誤謬、真理と嘘、約束と裏切り。カントは当然のことながら、「嘘を言う権利」にかんする彼の十八番を差し挟む。ソクラテスという男は、こんなふうに君たちに無意味な考察を売りつけるんだ。彼が口を開くと、他人は黙る。考え、語り、真理を引き出す。人、これを対話と称す。他人の代わりに話すことで、他人が話しているかのように話すやり口だ。結果、件の外国人は黙った。しかし、議長なしで熱心に考察は行われた。

一者についての夜会もあった。パルメニデスが特等席に座っている（しかしたいそう老人であるから、彼の話は周知のものであった。同じ話をくどくど語るので、勝手に言わせておくだけ）。しかし、みなは感じていた。スピノザ、ヘーゲル、マルクス、フロイトは同意すまい。陰険なヒュームも。しかし敬意を表する空気は漂っていた。この古い親殺しの話にはプラトンが絡んでおり（彼は言う。哲学者になるには哲学上の父を殺さねばならない。しかし母は殺せない！）、話はやがて追悼に変わった。哲学においてさえ、しばしば黙ることを知らねばならない。

反対に奴隷についての会では、アリストテレスとプラトンが激しく言い争った。奴隷は理性をもっているのか、「本性により」欠いているのか、話すことのできる動物にすぎないのか。アリストテレスは、私の信念ではときに検討の余地ありだ、と認め、プラトンを追い詰める。プラトンにとっては、『メノン』が語るように、議論の余地はなかった。君の若くて美しい奴隷に、君は少なからぬ理性を認めていなかったかね。「ユークリッド！」、アリストテレスは自らの優位をさらに固めようと、未来の話で締めくくる。将来、奴隷は必要なくなるだろう。「機織りの杼《ひ》は一人で動くようになる」から。彼は目でマルクスを探す。なにを言うか確信して。しかしマルクスはいなかった。別の会議があったのだ。あのインターナショナルの。遠く離れたロンドンだ！

読者の興味を引くにちがいないとんでもない会もあった。マルブランシュ神父が、メルシエ・ド・ラ・リヴィエールと彼の重農主義者の友人たちの口から、神父様はいささかも神学者ではありません、私たち重農主義者の経済学における師です、と言われるのを聞いたときだった。マルブランシュは、自分は生涯、神の存在と栄光と恩寵の話しかしたことがない、それですべてを語ったことになる、と信じていた人である。彼が経済学の師であるのは、世界は法則に統べられており、その法則たるやもっとも一般的、もっともシンプル、要するにもっとも「経済的」でもっとも「収益性」がある、と言ったも同然だからである。裏を返せば、彼は経済学的省察を突き詰め、神についてこう証明したことになる。神はあらゆる地主のように、我はこの世を管理するもっとも優れた農業経営者なり、もっとも有能な経理係なり、と仰せになった。大天使聖ミカエル。神父が捧げる神への賛辞は、ジョレスが言ったこととほぼ変わらないだろう。「宗教は少しだけだと俗世から離れるが、たくさんだと俗世に近づく」。神父は操縦不能に陥ったようなものだ。裏に賭けたつもりが表に賭けた人！ 自分の哲学の本性について、困惑しきってゲームを終えた。とりわけマルクスとヴェーバーによる介入のあとでは、自問せざるをえなかった。「神の栄光のために」と祈る人々が知らないうちにすべてをかくも堕落させる哲学とは、いったいなんなのか。宗教さえ堕落させてしまう。この会は、場の空気を奇妙なものにした。哲学と宗教のあいだには転倒された関係があるのかもしれない、と発見したかのようであった。両者の結びつきの背後には、哲学に不可欠ながら非哲学的な現実があるのかもしれない。政治経済学はそれを語っているのかもしれない。同時に、「永遠」の哲学にも出来事があるのかもしれない。沈黙。空では星が、黙りこくっていた。

その少しあとであったと思う。ある夜、話が荒れた。ヴォルフがカントに食ってかかり、こう言ったのである。「君は僕やほかの人にお世辞を並べたててきたが、それは君のうぬぼれた主張で僕らをぺしゃんこにするためだろう」。カントが言う、「僕ぐらい穏やかな人間はこの世にいない。人間にとって最大のよきことを述べた人間中の人間ではないかね」。ヴォルフが言う、「我々はみな形而上学者であると君は書いたじゃないか。我々哲学者はそれゆえ人間にとって狼のようなもので、互いに永遠の戦争状態にある、とね。君は僕たちを庭でいがみ合う犬扱いしている。いちばんひどいのは、君が哲学を偶発的な争いと一緒くたにしていることだ。黒を白と言いくるめて、哲学は戦場にすぎない、と」。

「それは完全に正しい」、とレーニンが言う。「あらゆる哲学者は戦争している。そして哲学的闘争の背後には、階級闘争がある」。

「階級闘争であるかどうかはだね」、とヴォルフが言う。「我々を怒れる犬扱いしているこのお方（とカントを指さして言う）の頭のなかにある問題にすぎない。彼の頭のなかにだけ、永遠平和の鍵はある。政治におけるのみならず、哲学における永遠平和の鍵も！　彼の作品集が出れば分かることだ。このお方は心得ておられる。他人には戦争を、自分には平和を。彼が口を開けば兵隊たちは黙る！彼がスピノザ主義を偽装して、最悪の戦争の火蓋を切りつつあるとは思えないほど。無神論戦争である。とはいえ、まもなくフィヒテ、シェリング、ヘーゲルが、この戦争がなにをもたらすか、哲学的平和とはなにかを教えてくれた」。

カントは動揺していた。一座はざわめいた。というのも、レーニンが支持した以上、闘いは最終的にレーニンのものだ。「君は書いてるじゃないか。哲学者はブルジョワジーの下僕だ、と」。これはまた違った意味で深刻な問題だった。というのも、ヴォルフとカントのあいだでは、ことは最終的に道徳問題にとどまっていたけれども、レーニンにとっては政治問題だったからである。おまけに社会階級が記憶か忘却の地平に現れると、様々な情念が解き放たれてしまう。しかし人々が信じるのとは反対に、レーニンは孤立していなかった。大マキァヴェッリの登場である。歴史は彼に、真実を述べた廉で呪いの言葉を浴びせてきた。その彼が下層民を擁護して、その場の誰にというわけではないが、権力が階級闘争以外のものに依拠していると証明してみよ、と挑発したのである。するとホッブズも発言し、自分は誰からも忌み嫌われてきたが、それは『リヴァイアサン』でブルジョワ独裁の理論を作ろうとしたからである、と述べる。次はスピノザの番である。魚は共食いをする。いちばん大きい魚がまずそうする。悲しみの情念に支配された人間もまた、一種の魚であろう。マキァヴェッリとホッブズという先人のおかげでものの分かったスピノザは、単刀直入に言う。「同類を嫌うのはつねに同類であるということに、みなさんはお気づきでないのでしょうか。哲学においても同じでしょう。はじめるのはいつも同類です。憎しみのなかで語っているのは政治です。有力者と金持ちたちに対する憎しみです」。ルソーも発言した。彼もまた好ましからざる人である。社会の起源に言及する。さらに、金持ちが貧乏人にサインさせて、貧乏人を服従させる詐欺的契約の話をする。「哲学者はなにをしているのか。彼らは権力の司祭だ」。ヘーゲルがようやく口を開き、指摘した。当然のことながら『法哲学の原理』を引き合いにだす。ご存じかね、富の膨大な蓄積には、貧困の蓄積がともなうのだよ。

勝負がついたわけでもなかろうに、一同再び沈黙せざるをえなかった。すると、誰もが驚いたことに、レーニンが話しはじめた。

一つ小話をさせてもらいたい。なんでもない話、ロシアの農民の話だ。舞台は黒土ステップ地帯のありふれた寒村、掘っ立て小屋に住む貧農たちの話。冬の長い夜のこと、彼らはみな眠っていた。年老いたアントンだけが、小屋の扉をがんがん叩く音で目が覚め、飛び起きた。夜の靄に薄明かりが射しはじめたころである。アントンがありったけの言葉で毒づきながらベッドから出て、ようやく扉を開けると、知恵遅れの青年グルーチャが、我を失った様子で立っている。「来てくれ、とにかく来てくれ！」。それ以上言おうとしない。アントンが仕方なくついていくと、雪の積もった道を畑まで行く。そこには一帯でいちばん美しいナラの巨木が立っている。泥棒たちが吊されていた。「こいつらが俺になにをしたか見てくれ」、そう言ってグルーチャは唸りだす。アントンは見た。ナラの木、長い綱、その端には一頭のおとなしいロバがつながれている。ロバは霧氷で覆われ、凍え死ぬのを待つばかり。「こん畜生どもが、俺様のナラをロバにつなぎやがった。綱を解いてナラをロバから放してやれないんだ……」。アントンは落ち着いて木に近づき、ロバを放してやった。「この阿呆めが。簡単なことだろ。放してやるのはお前のナラじゃなくて、ロバだ」。

レーニンはなにを言いたいのか、と一同訝る。

「僕にはおもしろい」、と外国人。しばし考え込み、語りだす。「問題を解決するには、ときに項を変えないといけない、ということじゃないだろうか。レーニンと彼に賛成する人は、それをやっているんじゃないだろうか。僕は外国人だから、君たちにこう言える。君たちの西洋哲学における約束事は変だ。僕には引っかかるのに、君たちは額面どおりに受け取っている。レーニンたちは問題の項を変えているんだよ」。

「馬鹿め」、とソクラテス。

要するに、とりたてて問題はなかったわけだ。話がどこへ向かうのか誰にも分かっていなかったが、どこかへは向かっていたし、どこへも向かっていなかった。だからディーツゲンは言った。「哲学とはどこにも行き着かぬ杣道《そまみち》である」。的外れではなかった。全員がハイデッガーのほうを見た。この自称農民は不満そうであった。「君たちは僕の話をよく理解していない」。そして、付いていけない難しい説明をはじめる。際限なく繰り返す。一同とうとう、彼は「西洋的」理性の運命としての哲学についてなにか重要なことを言っている、という気がしてくる。とりたてて問題はなかったわけだ。厄介と言えば、議論が終わるまえに、中断したタイミングで帰ってしまった人たちである。問題中の問題はまだ解決されていないが、「あと一歩」だというタイミングで。残るか去るかの瞬間である。神にとって気の毒なことに、そうした瞬間にほとんどの宗教家が席を立ち、祈りへと戻っていった。政治家たちも、集会に参加するために。カントも逃げ出す隙を見つけた。理性のいかなる必要のためにかは分からないが。ヘーゲルは顎にチックが出はじめる。明らかに、なにか言うべき重要なことがある印である。しかしそれもまた、立ち去るためであった。なにしろ「ヘーゲル夫人が家でお待ちです」。

こうした帰った人々なしで、なにをしようというのか。進め方を変えねばならなかった。

はじめたときには、それぞれの夜会が終わればすべて報告書を作る約束になっていた。記録を取るために優秀な秘書も雇い入れた。すべてをマスペロに渡せば、彼がなんとか出版してくれるだろう、と。そんなわけはなかった。現れては消えていく人たち（私は適当な例を挙げたにすぎない。哲学者も一人の人間であるということを、忘れてもらっては困る）がいたために、別のやり方が必要だった。確実により分析的でないやり方が。しかし、それでなにをお望みか。テキストがあっても脈略はないだろう。

だから討論のうち熱を帯びたところは、すべて省くことにした。個人的な発言もいっさい。会話の展開も。挑発、突発事、庭にいたすべての人（出入り自由だったので、有名人も無名の人も、数え切れないぐらいいいた）も省いて、言われたことの要約を作成する仕事を秘書に任せた。ばらばらの線をよせ集め、言外の統一性を復元することになったかもしれない。ランダムに会話するという当初の計画を、うまく伝えられなかったかもしれない。

判断は読者に委ねられる。ときに固有の哲学神話どおりに哲学を扱う言説の反時代的芸当にも、なにかは残っているだろう。哲学をもっともまじめに受け取る仕方である。すなわち、その必然性を。

本論

I [*1]

経験は我々を一挙に一つの予備的な問いの前に立たせる。哲学をいかに叙述‐提示すればいいのか。哲学には固有の叙述形式が要請されるのか。

周知のとおり、哲学者は自らの思考に多様な叙述形式を与えてきた。対話（プラトン、バークリー等）をはじめとして、寓話（ヴォルテール）や小説（トマス・モアの『ユートピア』）さえあり、その多様性はほぼ文学ジャンル全体と重なる。しかしこれも周知のとおり、大部分の哲学者、わけても偉大な哲学者たちは、それらとは非常に異なる叙述形式を選んできた。幾何学的スタイルの証明（『エチカ』におけるスピノザ）、テーゼの演繹（『神学大全』における聖トマス、『純粋理性批判』におけるカント）、「理性の秩序（＝順序）」[*2]に厳密に従う省察（デカルト）などである。そうした場合にはもはや文学ジャンルではなく、極力形式的かつ科学的な叙述形式が目指される。

このブレは哲学的に意味のないものではない。というのも、選択の賭金の一つは、カントが哲学の大衆的叙述形式の可能性と呼んだものだからである。カント自身、三批判書においてテーゼを厳密に提示する形式を選んだあと、大衆的哲学というジャンルを試みた。しかし首尾よく行かず、哲学は大衆的叙述に対し特殊な抵抗を示すと結論づけることになるだろう。[*3]

＊1　校訂方針として、元原稿の綴り字を極力尊重するようにした。明らかな間違いについては修正したが、それ以外の特殊な綴り方はそのまま採録している。例えば、「神 dieu」のDは大文字で現れたり小文字で現れたりする。

＊2　「言っておかねばなりませんが、私は素材の秩序＝順序には従わず、ただ理性の秩序＝順序にのみ従って書いていきます」。デカルト「メルセンヌ宛書簡一六四〇年一二月二四日」。

＊3　カント『人倫の形而上学の基礎づけ』、「まず純粋理性の原理にまで首尾よく上りつめたなら、その後、大衆的概念に下りてくることも文句なしに称賛に値する。そのように進めるということは、まず教義を打ち立て〔…〕、次に、その打ち固められた教義を通俗化して手が届くようにする、ということだ。〔…〕思考の深さをすべて諦めさえすれば、人間にとって共通のものを理解してもらうことになんの困難もない。しかしそのときには、雑然とした観察と半ば筋道だった原理が綯《な》い交ぜになった反発を生む。空っぽの頭の持ち主どもがそれを餌食にする。なぜなら、そこには日々のおしゃべりのたねになるものがあるからだ。洞察力のある人々には混乱しか見いだせないだろうが〔…〕」。

この結論は逆説含みである。というのも、真に貴族主義的な思想家を除くすべての哲学者は、多かれ少なかれ、「すべての人間は哲学者である」（グラムシ）[*4]と考えるからである。言い換えれば、最高度に抽象的な哲学も、読み書きのできるふつうの人間に手が届くものでありうるし、そうでなければならない、と。大衆的哲学の企て[*5]はしたがって矛盾のなかにあるわけである。哲学は一方において、考える人間すべてに対し叙述‐提示されえなくてはならず、他方において、哲学を裏切らずに哲学をすべての人間の手に届くようにすることは困難なのである。

さしあたりこう言えるだろう。この困難は幻想ではなく、すぐれて哲学的な問いを構成する。それはまじめに受け取るべき問題であり、ときが来れば、正しい答えを与えねばならないだろう。

とはいえ、現段階でもその答えを先取り的に述べておかねばならない。これから行う哲学の叙述‐提示には、普通の読者なら現実的に手が届く形式を与えたいと思う。我々の叙述‐提示に最低限の注意を払い、そこで言われることにほんとうの省察を充てたいと読者が望みさえすれば、手が届くようにしたい。したがって、やがて与えられる理論的解答を、実践によって先取りする必要がある。そして現段階ですでにこう言える。この先取りこそ哲学に固有のものである。哲学はつねに自らの先を行くのだ。この点もまた、ときが来れば説明できるはずである。

いま述べばかりのことには、もちろん、一定の哲学言語観が含まれている。哲学者とは、哲学のそとではまったく使われない抽象的術語を発明し、駆使する人間なのである。一つだけ例を挙げれば（数は多いが）、カントとフッサールは「超越論的主体」について語る。彼らがそれによってなにを理解しているかと言うと、あなたや私のような主体ではない。心理学的、法的、道徳的、政治的、経験的、すなわち有限で死すべき主体ではない。そうではなくて、主体という形式をもっているものの、あらゆる経験的規定を逃れる一種の現実性である。より適切な言い方をすれば、あらゆる経験的統一性（知覚的その他なんらかの統一性）のアプリオリ（これも哲学に固有の術語だ！）な可能性の条件である。哲学者はなぜ自分たちにしか帰属しないこうした術語をあみ出す必要を感じるのか、これもまた問われねばならないだろう。

とはいえ同じ哲学者も、言語学的には日常言語と重なる哲学術語を駆使する（両者の綴りは同じである）。神、主体、道徳、科学、魂、身体、などである。この言語学的同一性にまどわされてはいけない。それらの語が哲学者によって彼らに特有の言説のなかで用いられるときにはほとんど、日常言語におけるのと厳密に同じ意味内容をもっていない。それらは異なる意味をもっている。我々はこの点に、哲学言語の非常に重要な性質を窺うことができる。哲学者が駆使する語は（固有の術語であれ、日常言語に属していようと）、その意味を通常の用法よりもむしろ、固有に哲学的な用法から引き出すのである。より正確に言えば、彼らは語に固有の哲学的意味を、それらが「働く」哲学的言説の文脈

＊4　グラムシ「人間とはなにか」（『獄中ノート』）。「知識人、ヘゲモニー、政治」（同）も参照。「すべての人間は『哲学者』であり、芸術家であり、趣味人である。彼はなんらかの世界観を分有し、モラルにかんして意識的な行動原則をもっている。それゆえに、なんらかの世界観を支持したり修正したりすることに寄与する。つまり、新しい思考様式を生むことに寄与する」。

＊5　「ゆえにこの哲学入門プロジェクトもまた」というフレーズが削除されている。

から引き出す。もっと正確に言えば、哲学的思考の内部で様々な術語のあいだに存在する必然的関係から引き出す。つまりあらゆる哲学には、それぞれの術語の意味を他の術語総体に必然的に関係させる厳密な体系のようなものが存在している。

　当然のことながら、我々はここで、任意の語、任意の補助的な語の話をしているのではない。問題となる哲学的思考体系の構成に本質的な語について語っている。叙述を明晰なものとするため、そうした術語ないし語をカテゴリーと呼ぶことにしよう。「裁く－罰を科す」を意味するギリシャ語に由来する表現である。次のような術語をカテゴリーとみなしてよいだろう。神、魂、身体、実体、時間、場所、空間、物質、精神、主体、自我、世界、宇宙、知覚、認識、美、善、道徳、実践、尊重、権力、政治、経済、意識、自己意識、無意識、等々である。繰り返しておけば、こうした術語については固有に哲学的な捉え方をしようと努めねばならない。すなわち、一つの哲学的思考のなかでそれらが他の術語に対し必然的にもっている関係によって課される意味に、それらの術語は解されねばならない。

　必ずしも簡単ではないこの条件のもとで、哲学的カテゴリーの用語系は職業的哲学者でない人々にとってアクセス可能なものとなり、哲学への大衆的な入門も可能になる。語の通常の意味とカテゴリーの哲学的意味のあいだの「移行」を確実にするため、我々としては、それぞれの場合ごとに「移行」の最終的な根拠を明示するつもりである。「移行」すなわち差異の、そして差異のなかの類似性の根拠を。しかし読者に対しては、この企てが読者の協力と省察を求めるものであることをお断りしておきたい。そうした協力と省察がなければ、最高に丁寧に行われる我々の説明も「空転する」、ないし「宙に浮いたまま」であろう。これを互いの契約として、我々の主題へと駒を進めることができる。

2

我々としては、哲学についての見解表明をどんなテーマからはじめてもよい。この点には、まったく恣意的なところのない深く哲学的な決断がある。とはいえ、哲学をなにからはじめてもよいといきなり宣言すると、様々な哲学的合理性が口を開きはじめ、哲学者たちはたちどころに分裂し、相互に対立することになる。哲学者たちはとても怒りっぽいと疑わせる最初の兆候である。

実際、哲学史には、なにから哲学をはじめてもよいどころか、哲学は、その絶対的はじまりを権利にもとづき構成する対象ないし術語からはじめねばならない、という理念を強硬に主張する伝統がある。

一つだけ例を挙げよう。何百と異なる様相をもって繰り返されてきた周知の例である。デカルトは、真理を獲得するには絶対的に厳格な順序に従わねばならない、と求めた。この順序は一見したところ、誰にとっても真理であるものからはじまるように見える。見解（プラトンが「ドクサ」と述べた）の真理であり、スピノザはそれを詳述し、伝聞および漠とした経験によって得られる真理であると語っている。[*1] しかしそれは、それらの真理が我々をたえず誤らせる（意味の誤謬）と指摘するため、つまり退けるためである。デカルトがそれらからはじめるのは、それらからはじめることを禁じるためなの

*1　スピノザ『知性改善論』一九節、『エチカ』第二部・定理四〇・注解二。

である。そのうちのどれかが真理でないかもしれないからではない。それらがつねに真理であるという絶対的確証が得られないため、懐疑論を避けようとすれば、それらはすべて疑わしいと想定しなければならない。すなわち、いかなる間違いも避けさせてくれる、体系的、誇張的（＝過剰な）懐疑というやり方を採用しなければならない。この最初の懐疑の帰結は、疑いえないものを真理として残すということである。「合成」真理ではだめである。絶対的に単純な真理、「単純な本性」だけを真理として受け取らねばならない。それらは、要素が偽であるかもしれない合成による混乱を回避し、直観の透明性のなかで与えられる。具体的には数学的真理であるが、数理物理学の真理であってもよい。これらの単純な真理は夢にさえまどわされない。真理が単純かつ明晰でありさえすれば、幾何学者は眠っていても真理を発明しうるのである。

こう言われるであろう。ならばそれがデカルトにとって哲学の絶対的はじまりであろう。数学の単純な観念がそのはじまりであろう。しかしこれは見せかけである。単純な自明性は哲学者に正しいと認められるには十分でないのである。デカルトは「正しさ」の見かけではだめだとするため、「悪霊」の仮説を作り上げる。私がまったき自明性をもって知覚することについてさえ、私を欺くことのできる強力な神である。ほんとうは2＋2＝5であるのに4だということにしたり、身体は私の精神中の観念のなかにあるだけであるのに、私に身体の実在を信じさせたりする神である。誇張懐疑はこのとき形而上学となる。私は懐疑の範囲を、自分が真だと思うものにまで広げねばならないのである。すなわち、数学的本質の真理性や、私が数理物理学で認識する物体の実在性まで疑わねばならない。もし絶対になにも疑わしいところがないなら、私はいったいなにを確信できるだろうか。疑いそのものを可能にする絶対条件を確信できる。すなわち、疑うためには私は考えねばならず、考えるためには存在していなくてはならない。「私は疑う、ゆえに私は考えている。私は考えている、ゆえに私は存在している」。これが、到達したように見える絶対的はじまりである。

しかし私がコギトの牢獄から出なければ、このはじまりは終わりになってしまう。ゆえに私は神に遡り、その存在を証明し、その完全性を発見しなければならない。仮定された意地悪さが私にユニークな確信をもたせてくれた神に、私が神についてもっている観念から出発し、またその観念の作用を受けた思惟実体である私の存在から出発して、遡らねばならない。遡って神の存在を証明し、完全性を発見することができれば、私は、欺くことが神には帰属しえず、神の欺きは純粋な無にすぎないしている数学的真理はすべて真であり、私がその延長について単純な観念をもっている外的物体は実〔＝存在しない〕、と保証される。完璧に存在し、完全である神が私を欺くことはない、と。私が所有在する、ということを疑いえなくなる。私が取り扱う数学的な科学は真であり、かつ、すぐれて物体世界の科学である、と保証される。

数学的確実さと形而上学的確実さ〔神の完全性の確実さ〕のこの区別は決定的である。というのもそれこそがデカルトに、次の二つの主張を同時に可能にしたのである。まず、幾何学的真理は真であるのだから、子どもでもそのすべてを認識できる〔子どもがそれらを誇張懐疑ないし形而上学的懐疑に従わせなくとも〕という主張。そして、「無神論者は幾何学者になれない」[*2]という主張。その理由は、

＊2　デカルト『省察』「第五省察」。「第二答弁」、「第六答弁」も参照。

幾何学的真理の有効性を形而上学的意味で絶対的に確信するには、神の存在とその全能、完全を同時に認めねばならないからである。したがって、すべての人間に到達可能な自然状態の真理と、悪霊を経由してそれら自然の真理すべてを基礎づける哲学的真理があることになる。しかし後者の真理は、哲学者にしか到達可能ではない。理性の秩序＝順序に従い、たえず更新され、たえず記憶し直される省察によって、あらゆる真理の絶対的基礎に到達した哲学者にしか到達可能ではない。

　これらは自明のことのように思える。とはいえ、哲学に絶対的はじまりを課すこうした要請に含まれるまったき逆説に留意すべきだろう。デカルトの歩みをよく考えてみると、この絶対的はじまりはその要請そのものをかわし続けている、ということが分かる。はじまりはもっとも広く共有される真理であったが、それらからはじめるのは、それらを疑うため、疑って数学的真理だけを残すためであった。単純であるがゆえに絶対的に確実な真理だけを。しかし、自明であるという「事実」そのもの（さらに、既存の科学の実践にとって実り多いという「事実」さえ）が疑われる。それではまだ保証が足りない、と言わんばかりに。そこで、自明性そのものを通じて我々を騙しているかもしれない全能かつ腹黒い神、という仮説が立てられ、自明性が疑われる。その結果、「我思う、ゆえに我あり」という絶対的確信、思惟実体の実在性にかんする絶対的確信が手に入るのだが、思惟実体は自らの確信の囚人となっており、「あなたが有しているのは客観的科学ですよ」と思惟実体に保証してやるため、もう一度絶対的はじまりを移動させ、コギトから神へと移行しなければならない。

　省察を通じて、哲学の絶対的はじまりはたえず後退を続け、最終的に神のなかに発見される。絶対的はじまりの要請と、哲学（書かれた哲学）が実際にはじまる仕方のあいだには、不可避の移動という逆説があるわけである。そしてこの最初の逆説は、第二の逆説を発見することになる。偽のはじまりの背後にようやく見いだされた神は、効力の保証しかしてくれないのである。なにが有効かの内容をなにも変えないのである。効力が保証されるのは第一のはじまり（誰しもの考え）ではなく、第二のはじまり（数学の客観的真理と、数理物理学の対象の実在）である。第一のはじまりでさえある（というのも、身体が実在するのであれば、身体を世界に結びつける感情はなにがしかの真理を含んでいる）。ガッサンディがすでにデカルトにかんして非難していた「大仕掛け」の機能を、[*3] 我々もやがて見ることになるだろう。形式的には、この仕掛けは純然たる手管とも見える。文字どおり、なにも生産しない機械である。この哲学的な無は、それでも、ある種の観念の擁護に重要な役目を果たす。それらの観念が、まったく別の観念に支配される世界——たまたまであるかのように神の観念に支配される世界——に課されることを保証する役目である。

　絶対的はじまりの要請が哲学に真理の排他的所有権を割り振るわけではない、ということにも留意すべきだろう。絶対的はじまりをもちだす様々な哲学は、それどころか、誰でも直接到達しうる共通

＊3　ガッサンディ『反デカルト的探求』（未邦訳）、「あなたの『省察』をはじめて読み、この一文に触れたとき、私はなんらかの未知の真理を見いだせるのではと期待していたのですが、こう書きとめてしまいました。かくも大がかりな仕掛けとたいへんな努力をもって探求せねばならない新しさが、なんと、あなたが存在しているということだったとは！」。〔P. Gassendi, *Disquisitio metaphysica/Recherches métaphysiques, ou doutes et instances contre la métaphysique de R. Descartes et ses réponses*, bilingue, éd. et trad. B. Rochot, Paris, Vrin, 1962, p. 80.〕

の真理の実在を承認する。歴史、伝統、習慣、感覚的実践から受け取った真理の実在を。ちなみに、大文字の真理の排他的所有を主張しないことは、あらゆる哲学学派に共通する性格である。そんな主張をすれば、普通の人間からはいかなる認識も奪われてしまう。普通の人間には卑俗な認識であれ、共通認識であれ、前科学的認識であれ、科学的認識であれ、さらに哲学的認識までできないことになってしまう。あらゆる哲学は、現実世界の現実性とそこに住む人間の実践を、さらに彼らが所有する真理を、たとえそれらを捨象するときでも考慮に入れる。見た目は奇妙なこの事実が、やがて我々の注意を引くはずである。さらに我々は、多くの哲学が世界からの追放者のように振る舞う理由もまた探らねばならないだろう。それらの哲学は実はみな、世界の実在と様々な人間的実践を最大限に考慮に入れているのである。

一つだけ例を挙げよう。とはいえ多くのことを語る例である。プラトン哲学は、感覚世界から極力身を引こうとする部類の哲学であるが、想像しうるかぎり多くの実践をその対話篇に登場させる哲学である。火を扱う鍛冶屋、職人、漕手、航海士、釣り人、修辞家、政治家、奴隷、神官、芸術家、等々の実践である。この奇妙な逆説についても、ときが来れば説明しよう。絶対的はじまりがあろうとなかろうと、哲学には人々が住んでいる。

3

哲学が絶対的はじまりをもつことを要求する伝統に真っ向から対立して、哲学は絶対的はじまりをもたない、したがってなにからはじまってもよいし、なにからでもはじめるべきでさえある、と宣言するもう一つの伝統がある。

それがヘーゲルの哲学原理である。それは任意のものから出発して哲学しはじめ、究極的には、『大論理学』のはじまりに見て取れるように、もっとも漠然としてもっとも空虚な観念である存在からはじめている。存在はヘーゲルの示すところでは、無媒介に無と一致することを自ら明らかにする。存在はなにものでもない。つまり哲学においては、虚無から、無からはじめることができるし、はじめなくてはならない。ヘーゲルは同じ操作を『精神現象学』において繰り返している。彼はそこで、私に現前するもの、私が知覚するもの、なんでもよいもの、「これ」、私が今ここで見ている「これ」からはじめている。その上でヘーゲルは、そのように今ここで知覚されるものは抽象的一般性にすぎないことを証明していく。それはなんでもよいのだから、なんでもない、というわけだ。再び、哲学は無からはじまる。この考え方を、レーニンは『哲学ノート』で取り上げている。ヘーゲルを注釈しつつ、レーニンは書いている[*1]。なんでもよいもの、一粒の砂、一枚の葉、一つの商品、要するに「もっとも単純なもの」が哲学全体と弁証法全体を含んでいる。すなわち全世界の最終的真理を少なくとも潜在的に含んでいる。レーニンはそこから、『資本論』におけるマルクスの叙述様式について、私の考えでは間違った結論を引き出している。『資本論』は実際のところ、こう（間違って）宣言している（第一巻）。商品からはじめることで、私は「もっとも単純なもの」、社会の「原基」からはじめる。第一巻第一編の商品「理論」である。マルクスはそこでこう書いている（そう述べるのは偶然ではない）。あらゆる科学同様、「はじまりは険しい」*2。なんでもよいものから、すなわち無から、あるいは誰にでも接近可能なものからはじめるこの哲学が、はじまりは険しいと認めざるをえないのはなんとも奇妙である。ここでは対象選択の難しさが問題になっているわけではないし（なにからはじめてもよいのだから）、哲学的抽象の難しさも問題になっていない。はじまりをなすなんでもよいものは、ヘーゲルとレーニンの認めるところでさえ、本性により抽象的である。別の本性をもった難しさが問題なのである。それについても、ときが来れば論じなくてはならないだろう。

そうしなければならないのは、マルクスに戻って言えば、またより一般的に唯物論哲学について言えば（物質からはじめる俗流唯物論のことはさておき）、この哲学のもっとも深い要請もまたなんでもよいものからはじめることであるものの、そこにプラスアルファの要請が加わっている点が目を引くからである。なんでもよいものが、動いていなければならないのだ。対比としてこう言ってよいだろう。他の哲学は始発駅で列車に乗る。そこで乗り込み、終点に着くまで乗っている。ところが唯物論哲学はつねに、走っている列車に乗るのである。

　譬《たと》え話のようなこの対比は、深い哲学的意味をもっている。というのもそれは、他の哲学にとって哲学のはじまりは実際には見かけだけのはじまりにすぎない、と言っているからである。絶対的とされるはじまり（コギト、感覚的なもの、理念、等々）は、それに先行するカテゴリー体系のなかにあらかじめすでに書き込まれているのである。そしてそれらのカテゴリーはなんでもよいというわけではない。始発駅と終点という言い方をした。哲学的には、この表現は起源と目的というカテゴリーに翻訳しうる。それらの哲学にとり、哲学はつねに起源からはじまり、その哲学の目的地へと向かわねばならないのである。かくて次のことが分かる。起源と目的のカテゴリーは相補的な対をなし、哲学においては非常にしばしば、この「対をなす」ということが生みだされる（カテゴリーは二つ一組で進む）。さらに次のことさえ発見できる。この対において、二つのカテゴリーのそれぞれは相手の意味を所有している。目的がなければ起源はなく、起源がなければ目的はない。ある起源からある目的への移行を司るプロセスを、哲学は終わりを意味するギリシャ語の *télos* を用いて、目的論的プロセス、*processus téléologique* と呼ぶ。方向づけられたプロセス、なにかを目指すプロセス、目的、目的地に向かうプロセス、そして目的の追求は意識に固有のことであろうから、意識的プロセス、意識的になにか

＊1　レーニン『哲学ノート』、「出発点としてのもっとも単純でありふれた〈存在〉〔…〕、すなわち個々の商品（政治経済学における〈存在〉をなす）。それを社会関係として分析すること。演繹的かつ帰納的な二重の分析である——論理的かつ歴史的（価値形態）」。

＊2　『資本論』ドイツ語版初版への「序文」。アルチュセール「資本論第一巻の読者へのまえがき」（邦訳は前出『歴史・階級・人間』に収録）も参照のこと。「マルクスはこのとき、『あらゆる科学において、はじまりは険しい』と考えていた。実際、第一巻第一編の叙述順序は、このヘーゲル的偏見に少なからず由来する難解さを備えている」。〔Althusser, « Avertissement aux lecteurs du Livre I du Capital » dans *Le Capital*, Livre I, trad. J. Roy, Paris, Garnier-Flammarion, 1969, p. 19.〕

を目指すプロセス。こうした点からどんな帰結を引き出せるのか、ときが来れば分かるだろう。

翻って唯物論哲学を考えてみれば、我々はさきほどこの哲学は走っている列車に乗ると述べたが、この譬えを哲学のカテゴリーに翻訳すればこう言わねばならないだろう。この哲学にとり、哲学のはじまりは始発駅も終点も、したがって起源も目的も想定しない。その場合、先ほど挙げたもの（起源‐目的の対、目的論、方向づけ、なにかを目指すこと、プロセスの意識）はすべて、哲学的有効性を欠くカテゴリーとして消える。代わりに現れるのは、一見したところ奇妙な新しいカテゴリーである。奇妙ではあるが、走っている列車の譬えにおいて問題になっていることをうまく説明してくれる。そのカテゴリーは過程 procès（列車の走行）である。起源も目的もない（始発駅も終点もない）過程、したがって意識のない過程。そして、意識はほとんどつねに「私」と言うことのできる主体に関係づけられるので、このカテゴリーを「主体なき過程[*3]」と言っていいだろう。

　具体的にはなにを意味しているのだろうか。実に多くのことを意味しているのだが、ここではそれを数え上げることも検討することも問題ではない。しかしおおよそを摑んでもらうために、いくつかの例を挙げよう。まず、コギト（「我思う」と主張すること）や感覚や理念等々からはじめることができると考えている哲学者は、実際にはつねに、彼を待ってはじまるわけではない観念、それ自体として過去をもっている観念からはじめている、ということである。その過去は哲学的であるだけでなく（聖アウグスティヌスはデカルトのはるか以前にコギトを発見していた）[*4]、歴史的でもある（人類はつねに感覚を体験してきたし、感覚を基礎に実践的数学を、ついで理論的数学を打ち立てた。それはプラトンやデカルトといった哲学者が「真なる観念からはじめる」と決心するはるか以前のことである）。そういうやり方でことを運ぶ哲学者は、我々に対し偽装に励んでいるわけだ。彼は、自分がそこから哲学をはじめるはじまりを絶対的であると信じるふりをしているのである。それに対し我々は、そのはじまりが相対的であると知っている（驚くべきことだが、彼もまたそれを知っている）。哲学、少なくともこの種の哲学（観念論哲学）は、なぜ偽装を必要とするのだろうか。我々はその点を少しあとで検討するだろう。

＊3　アルチュセール「ヒューマニズム論争」一〇二九頁、「マルクスはヘーゲルに過程という決定的な哲学的カテゴリーを負っている。マルクスはヘーゲルにほかにも借りがある。〔…〕主体なき過程という概念を負っているのである」〔« La querelle de l'humanisme », *op.cit.*, p. 453. Cf. « Avertissement aux lecteurs du Livre I... », p. 21.〕。「資本論第一巻の読者へのまえがき」も参照のこと。

＊4　アウグスティヌス『三位一体論』（『アウグスティヌス著作集』第二八巻、泉治典訳、教文館、二〇〇四年）。

4

しかしこれがすべてではない。実際、観念論哲学者たちが自分たちの哲学をなにからはじめるかだけが問題なのではない。哲学を書く以前に、彼らは哲学者である。彼らは哲学者として、なにか重要なものからはじめると考えている。彼らがなにを考えているのかを知るためには、これまでの術語を移し替えてみればよい。彼らは、哲学としての哲学が絶対的はじまりである、絶対的なものである、と考えているのである。その結果、彼らは世界を二つに分割する。一方には非哲学的なものの全体、他方には哲学。一方には、絶対的はじまりである哲学、絶対的である哲学、絶対的意味、絶対的起源、絶対的目的である哲学があり、他方には、すべての非哲学的なもの、すなわち人間の具体的、物質的、科学的、社会的、情動的、宗教的、等々の存在がある。

こういう言い方をすると、とんでもない命題を口にしているように見えるかもしれない。しかし、観念論哲学を実践してきた者たち（俗流唯物論者も含まれる。彼らはその点では観念論哲学の側にいる）はすべて、この命題が真であると知っているし、観念論哲学の固有性が、ものごとの真理ばかりか存在するすべての真理を所有しているつもりになっている点にある、と知っている。この所有は、多様なかたちを取りうるものの、普遍的である。ユニークな例を一つだけ挙げれば、観念論哲学にとり、哲学は科学の真理を所有しているのである。それも、あらゆる科学の上に聳《そび》え立つ大文字の上級科学（ギリシャ語の *épistémè* やドイツ語の *Wissenschaft* がそれをうまく表現している）の真理である。この上級科学は科学の真理ばかりか存在までも基礎づける。その点はプラトンによく見て取れる。プラトンでは、哲学は無仮説的、すなわち仮説なしということになっており、仮説を必要とする科学（数学）の上に聳え立っている。科学のほうは、いかに合理的で抽象的であっても、存在するために仮説を必要としており、しかし自分では仮説そのものを基礎づけることができずに、哲学が科学の代わりにそれをやってくれるのである。またデカルトにも見て取れる。彼はプラトンとは異なる比喩を用い、形而上学は木の幹のようなもので、その様々な枝が多様な科学であると言っている。ヘーゲルにも見て取れる。彼は哲学が理性（*Vernunft*）の科学であると宣言し、哲学は様々な既知の科学に対象と方法の両方を割り当てると言う。それらの科学は単純に所与である対象からはじめるが、それらの対象は基礎づけられていないし、科学は自分が悟性（*Verstand*）の抽象作用のなかにいることに気づいていない。

駒を進め、観念論が哲学に委ねる絶対的はじまりの機能について考えてみよう。この哲学と具体的、現実的な歴史との関係について考えてみよう。すると、同じ論法が反復されていることが分かる。観念論は非常にまじめに、歴史が哲学からはじまると考える。そして、哲学と歴史はこの考えのなかでたえず反復されるので、観念論は非常にまじめに、哲学はつねに、歴史に到来するあらゆることとの絶対的真理を所有していると考える。科学の歴史のみならず、あらゆる人間的実践の歴史、経済的生産、イデオロギー的（宗教的、道徳的、等々の）衝突、政治的階級闘争に到来するすべての絶対的真理である。観念論哲学はそのことをつねにはっきり書くとはかぎらないが、そうした主張をつねに前提している。はっきり記したうえで、作品を通じてさらに展開するところまで進む哲学者もいた。一人だけ例を挙げれば、ヘーゲルである。彼は『歴史哲学』のなかで長々と、かなりはっきり（手の内を見せて）こう説いている。すぐれて哲学が、ただ哲学だけが、歴史の真理を所有するのであって、異なる時代（普遍史の契機）は「論理」の実現、「論理」的契機の化肉にすぎず、この「論理」そのものが哲学に一致する。その点では先ほどの偽装についてのように、ことはたんなる手管にすぎず、観念論は現実には自分が言うことを信じていない、と主張することはもはやできない（その可能性が完全に排除されるわけではないが）。人間が労働し、争い、愛し合い、死ぬ、という具体的歴史が哲学的真理の化肉であるなどと信じるのは狂気だ、とは言えないわけである。だが、そう信じるには狂人か宗教家である必要がある。宗教家であるとは、世界の創造、キリストの化肉と復活、罪の許しによる世界の贖《あがな》い、といった教義を文字どおりに受け取る信者であるという意味である。そういう意味の宗教家であれば、カトリックであれルター派であれ、世界のそとかなかはともかく、歴史のそとかなかかもともかく、どこかに神の絶対的意識が存在すると想定する。すべてを創造した神、歴史が贖いという神の計画を細部にいたるまでなぞるようすべてを案配した神（ボシュエはそれを証明しようとした）[*1]である。とはいえ我々はここで、重要な問いに行き当たる。哲学と宗教の関係やいかに、という問いである。その検討もときが来れば行われるだろう。

　このように足早に振り返ったカテゴリー装置を非観念論哲学者、唯物論哲学者は一切合切捨てる。そのときなにが問題になっているのか、読者はすでにお気づきであろう。哲学に絶対的はじまりがあると信じることを拒む唯物論哲学は、もちろん同時に、哲学としての哲学が絶対的はじまりであり、ゆえに絶対的真理であるとみなすことを拒む。哲学が科学の絶対的真理であり、かつ歴史に到来するあらゆることの絶対的真理である、とみなすことを。反対に唯物論哲学は、起源（すなわち、一つあるいはむしろ複数の原因と結果）をもち、傾向をもって歴史に生じるあらゆることには、起源（絶対的はじまり、絶対的主体、絶対的意味）も目的（絶対的目的、絶対的主体、絶対的目的地）もないと考える。唯物論哲学はしたがって、歴史に生起することを認識するためには、あらゆる幻想的カテゴリーから解放され、「経験的事実の具体的研究に取りかかる」（マルクス）[*2]必要があるとみなす。そしてその結果、具体的プロセスの合理的な論理を発見する必要がある、と。唯物論哲学は同時に、その都度異なり独自であるこの具体的プロセスの科学的認識は、「主体なき過程」（起源も目的もない）のカテゴリーに依拠しなければ不可能であると示す。哲学が哲学とはなにかを自分で考えようとするとき、哲学にはこのカテゴリーが不可欠なのである。というのも、哲学はものごとの真理、科学と歴史両方の真理を所有している、と考えるのを拒むだけでは話がすまないからである。拒絶は同時に、世界と歴史は哲学的真理の実現かつ化肉であると宣言することにも及ぶ。事実、歴史や哲学に起源も絶対的目的も存在しないのであれば、哲学に世界を創造する法外な権力（ヘーゲルにおけるように論理の真理性であれ、神と名づけられる全能の存在であれ）を授けても意味がない。歴史を創造する権力についても

＊1　ボシュエ『普遍史論』（未邦訳）第八章「これまでの議論すべてに見られる混乱：すべてを神の摂理に帰さねばならないことを示す」。〔*Discours sur l'histoire universelle*, dans J.-B. Bossuet, *Œuvres*, éd. B. Velat et Y. Champailler, Paris, Gallimard, coll. «Bibliothèque de la Pléiade», 1961, chap. VIII: Conclusion de tout le discours précédent, où l'on montre qu'il faut tout rapporter à une providence, p. 1024-1027.〕

＊2　マルクス『ドイツ・イデオロギー』、「『哲学を脇に置く』必要がある。〔…〕ふつうの人間のような現実の研究に取りかからねばならない。哲学と現実世界の関係は、自慰行為と性行為の関係に等しい」。

同様である。細部にいたるまで組織された計画に従い、人間の救済や破滅を保証するような権力である。それゆえ唯物論は必然的に無神論である。

ここまで述べてきたことに異を唱えることが困難だとすると、そこからこう結論づけねばならない。哲学は我々に逆説的形式を取って現れる。一方において、あらゆる哲学は共通して一定数の本質的特徴をもつ。それらは哲学言語の本性に由来し、カテゴリー等々の抽象的術語のあいだに存在する体系的関係にかかわる。しかし他方において、哲学は少なくとも一次近似としては二つの陣営に分かれる。観念論陣営と唯物論陣営であり、それらは本質的な論点でことごとく対立する。すべてはまるで、哲学内部では敵どうしが争っているものの、争いはどちらにも共通する現実を土俵にしているかのようだ。その同じ哲学が、ヘーゲル以来、とりわけマルクスとレーニン以来、哲学的弁証法として知られ、反対物の統一と呼ばれてきたものになるかのようである。

5

とはいえ我々の主題にさらに深く入っていくため、また、唯物論者としてはなにからはじめてもよいのであるから、しばし問うてみよう。哲学の諸問題であったにせよ、哲学をめぐる様々な問いであったにせよ、それらを指して我々が用いてきた語についてである。順番に、問題という語と問いという語を使った。ある語を別の語の代わりに選ぶ際には、ある程度の恣意性がつきものである。特に二つの語の意味が近いときにはそうである。そこでこれからは、哲学の問いという言い方をすることにし、哲学の問題とは言わないようにしよう（私はこれが相当恣意的な決定であることを認める）。

問題という語を捨てても、我々の小さな言語世界において、その語が誰からも失われてしまうわけではない。この選択は実際には哲学的決定、哲学的テーゼを含意している。我々が哲学の問いという言い方をするのは、問題という語を科学に取っておくためである。そこで、こういうふうに言うことにしよう。哲学には問いと答えがあり、科学には問題と解決がある。

たしかにより明確にすべきだろうが、私はこの区別を哲学の理解にとって本質的であると考えている。哲学に入門しようとするなら、なによりまず、哲学とは科学ではないということを知るべきである。哲学は科学のようには問題を立てない。問題に対し解決を発見することもしない。科学の場合には、それらの解決が認識である。それに対し哲学はまったく別の実践であり、問いを立て、それに対し答えを与えるが、答えが科学的認識のような認識であることはないのである。

この点を説明することは単純でも容易でもなく、それゆえ私は読者の注意を求めるのだが、繰り返しておけば、これはまったく本質的な点である。この点を把握しなければ、哲学において道に迷ってしまう[*1]。

そこで私としては、これまでにも用いたことのある表現[*2]を使って、ことがらを別様に述べてみようと思う。

私は哲学が科学ではないと言う。哲学は、科学が対象をもつという意味では、対象をもたない（外的対象、客観的対象、物質的に存在する対象。その存在様態が数学におけるように抽象的であっても）。どうひねくり回してみても、これらのテーゼに異を唱えることは難しい。

科学は対象をもつと私は述べた。付け加えておかねばならないが、科学の対象は限定されている。科学が対象をもつということは、誰でも承認するだろう。しかし、科学が限定された対象をもつということは、はるかに認められていない命題である。とはいえそれは、科学と科学史の理解にとって本質的である。私はかつて、新しい科学の創設は「科学的認識に新しい大陸を開く」と述べたことがある。その例として、ギリシャ人たちのもとでタレスの名で知られるおそらく神話上の人物により開かれた、数学の大陸を挙げた。ガリレオが開いた物理学の大陸、マルクスが開いた歴史の大陸、フロイトが開いた無意識の大陸[*3]を挙げた。大陸という言い方をすることで、私は、数学、物理学、歴史、無意識の対象が有限の土地であることを示唆した。それは、それらの特性（＝所有権）の探求が無限であることを意味せず（実のところ、あらゆる科学は実践において、対象の深化において無限である。「原子は無限である」――レーニン）、それらの対象が有限であり、限界をもつこと、そうした限界が対象を別の科学の別の対象から区別する、ということを意味する。

この命題は一見して無意味であるが、その哲学的かつ科学的帰結は無視しえない。というのも、科

＊1　アルチュセール自身が「この点を把握する」のは、一九六〇年代前半にマルクス主義哲学の科学性テーゼを擁護したあとのことにすぎない。一九六六年六月二六日のある講演において、アルチュセールはこのテーゼを若干修正し、マルクス主義哲学は「科学的性質を有するにもかかわらず、哲学であって、厳密な意味での科学ではない」と特徴づけている〔「哲学の状況とマルクス主義の理論研究」、『哲学・政治著作集』II、九八七頁〔« Conjoncture philosophique et recherche théorique marxiste », *Écrits philosophiques...*, t. II, *op.cit.*, p. 406〕〕。そして『マルクス主義哲学の歴史的任務』（一九六七年五月）〔*La Tâche historique de la philosophie marxiste* (mai 1967)〕において、このテーゼを放棄することになる。「〔…〕政治との内奥の有機的関係が、哲学をあらゆる科学から区別する」。同書はフランスでは未刊であるが、ハンガリーで部分的に（結論部を除いたかたちで）出版された――『マルクス――革命の理論』〔*Marx – az elmélet forradalma*, trad. E. Gerö, Budapest, Kossuth, 1968, p. 272-306〕。さらに英語版が死後出版されている〔« The Historical Task of Marxist Philosophy », dans *The Humanist Controversy and Other Writings*, éd. F. Matheron, trad. G. M. Goshgarian, Londres, Verso, 2003〕。

＊2　本書が取り上げ直し、練り上げる諸テーゼを、アルチュセールは一九六七年のテキストや講演で提出している。とりわけ『科学者のための哲学講義』を参照のこと。

＊3　アルチュセールがここで念頭に置いているのは、おそらく一九六八年二月二四日の講演「レーニンと哲学」である。しかし、そこでの彼は、精神分析の出発を新しい科学の創設とみなすことには慎重な姿勢を示している〔訳者補――具体的には、アルチュセールは「おそらくvraisemblable」と記している。『レーニンと哲学』二四頁〕。

学史においてなにが見られるのだろうか。固有の意味における科学「なるもの」（対象の特性について証明する学知）がどこかで数学として生まれ、かくて科学的認識に有限の大陸を開くことを見るのである。ついで別の大陸がよそで、のちに生まれる。物理学である。たしかにこの物理学は数学的である――数学的に扱われる――が、純粋数学ではなく、重力の作用を、したがって速度と加速度の作用を受ける運動にかかわる。この運動はデカルトの解析幾何学には還元されえない。物理学はつまり物質的自然を対象とし、この自然は原理的に、幾何学と代数学における空間や数とはまったく異なる対象である。そして、以下同様である。とはいえ、なにを見たことになるのだろうか。構成された大陸の内部で、相対的に自律している地帯が次第に輪郭をはっきりさせてくる。同じ大陸の外部で、人間的無知の海のなかから新しい未開地が浮上し、学者がそれを開墾し、読み解き、少しずつ空間を広げ、最終的に既存の旧い大陸と緊密に結びつくのである。

このようにして、物理学とは別個に生まれた化学が、物理学の大陸に結びついた。数学とは別個に生まれた確率計算が解析学と結びついた。そして現代では、印象深い結末であるが、物理学とも化学とも別個に生まれた生物学が、生化学に結びついた。こうしたことだけが科学の動向であるわけではないという点に注意願いたい。形式論理学はこの五〇年で数学の一分野になったが、同様のことは心理学、言語学については言えない[*4]。賞賛に値する努力にもかかわらず、である。では史的唯物論についてはどうか。それを物理学（利潤率の傾向的低下法則がエネルギー低下の傾向法則、つまり熱力学第二法則に近寄せられる）や数学（経済モデルの数学化）、生物学（ダーウィン的進化論）、心理学（機能主義）、社会学（構造主義）等々に結びつけようとする努力の一切にもかかわらず、この大陸は今日なお孤立したままである。おそらく精神分析において生じている事態を除いては、史的唯物論をその強いられた孤立から抜け出させるためになにがどのように可能なのか、分からないままである。しかし、この孤立にはおそらく理由があるということを、我々はやがて見るだろう。

とにかく、科学の対象は有限であるという性格規定からは、様々な帰結が生まれる。それは科学について哲学するある種のやり方を鮮明に見せてくれる。哲学は実際、少なくとも観念論哲学の場合、科学について哲学することがこのうえなく好きである。そして、それほど情熱を傾ける理由を、科学の対象は有限ではなく無限であるという幻想に見いだしている。これが具体的に意味するのは、観念論は科学から――科学の理論、概念、結果から――実在する対象全体に例外なく自らを広げる野望を汲みだす、ということである。この野望がはじめて表明されたのが一七世紀初頭、物理学者ガリレオによってであったという点を見ておく必要があるだろう。彼は「自然の大いなる書物は数学の記号で書かれている」[*5]と書いた。デカルトはこのテーゼを反復し、そこに、あらゆる現実にかんする一般機

＊4　次の文章が抹消されている。「同様に、精神分析が神経学－化学－生物学とようやく関係を結ぶにいたった、とは言えない。精神分析がそれらに依存することは明白であるにもかかわらず、である。さらに、精神分析はその『隣接領域』であるはずの史的唯物論における国家のイデオロギー装置論とも関係を結ぶにいたっていない。他の科学の大陸と結合することができずに精神分析はいまだ宙に浮いている、とさえ言わねばならないだろう。たしかに土地は非常に開拓されているのだが、そのやり方は科学的というより、はるかに職人的である。結局のところ、祖父の代での開墾が人参、トマト、チャービルの生産を可能にしているわけである」。

械論の形式を与えた。すなわち、あらゆるものは部分に分割できるように作られているというのである。物質的な部分（物理学の物体）であれ、精神的な部分（観念と知覚）であれ。そして諸部分の関係は単純かつ機械的である。周知のように、デカルトはそこから動物機械の理論を引き出した[*6]。当時作られていた自動機械をイメージしながらである。彼はさらに、機械論を一般化させれば医学と道徳にかんする決定的な帰結が生みだせると期待していた。道徳は彼の目には医学の一分野であった。これらのことはこの哲学者の想像力を語って余りあるだろう。ライプニッツはこの想像力を批判して[*7]、デカルトの物理学は「小説」であると言ったが、その同じライプニッツもデカルトの機械論に、神々しい形式主義によって尾ヒレをつけた。精神を、デカルトの「考える魂」よりはるかに完成されたなにかに仕立てたのである。ライプニッツの定義によれば、精神が「自動機械」のようなものである。

科学を実在する現実一切の真理として描き出して搾取する（まったくもって恣意的な搾取である）最初の例についてはこれくらいにし、早急に他の例に移ることにしよう。これが最初の例であったとしても、残念なことに最後の例ではない。哲学と科学の歴史には、こうした本性の例が満ちあふれている。ニュートンの実験的方法と理論を基礎に一八世紀を席巻した物理学的実験主義。同じ世紀のもう少しあとには、パスカル、フェルマー、ベルヌーイの仕事に触発された確率論が現れ、未来の「人間科学」（政治経済学、人口論、ゲーム理論等）の核をなすはずのものに適用された（コンドルセ）。一九世紀初頭に現れた精神主義心理学は、労働者階級の反乱に対する武器となった。コントとデュルケームの社会学はそこに援軍を求めた。政治経済学の影響は世紀を通じて甚大であり、フロイトにさえモデルを提供した。言うまでもないが、物理学、化学、生物学もまた政治経済学に浸透されている。オストヴァルトのエネルギー論はすべてをエネルギー概念で捉えた。なによりも物質を、しかし社会関係もまた(当然だろう!)、この概念で説明しようとした。さらに、科学的発見と科学的詐術(いわゆる「人文科学」である。政治経済学、社会学、社会心理学、心理学)が増えるにつれ、多くの科学が世界の認識をそれらの理論のもとに統合しうると考えた。数理論理学、言語学、心理学、社会学、精神分析学、物理学、化学、数学、政治経済学、さらにマルクス主義さえ、一つの壮大なバレエを踊って全員同時に普遍たろうとしている。

実際、史的唯物論さえ普遍的感染を免れていない。史的唯物論にそんな役を演じさせるのは、たいていの場合、非マルクス主義者である。彼らはマルクスが創設した科学を、すべてを説明する哲学だと受け取っている。とはいえマルクス主義者のなかにも、この詐術に手を貸す者はいる。結末は二重

*5 ガリレオ『偽金鑑識官』(山田慶兒他訳、中公クラッシックス、二〇〇九年)、「我々の目の前に開かれたままになっているこの巨大な書物、すなわち宇宙は、数学的言語で書かれている。その文字は三角形、円、その他の幾何学的図形である」。

*6 デカルト『方法序説』第二部、「猿か他の理性なき動物の身体器官と外見をもった機械があったとすれば、我々には、その機械がそれでも当の動物と本性を異にする、と識別する手段はないだろう」。

*7 ライプニッツ、日付のない宛先不明の手紙(一六七九年?、未邦訳)、「彼(デカルト)が我々に残した美しい物理学小説のことなど、まもなく忘れられてしまうだろう」。〔G. W. Leibniz, *Sämtliche Schriften und Briefe*, éd. la Berlin-Brandenburgische Akademie der Wissenschaften et l'Akademie der Wissenschaften de Göttingen, IIe série: *Philosophischer Briefwechsel*, éd. Leibniz- Forschungsstelle de l'université de Münster, t. I, Berlin, Akademie, rééd. 2006〕

である。一方において、自称マルクス主義がすべての説明を企てる。無意識の現象（ライヒ）、美的現象（ルカーチ）、哲学（プレハーノフ）、数学（カサノヴァ）、物理学、言語学（ニコライ・マル、彼の生きているうちにスターリンが厳格に採用した）[*8]、さらに医学。他方、その同じマルクス主義が史的唯物論から離れ、そんな科学は「消えた」と当然のごとくに語る（二〇世紀初頭のある物理学者が、物質は「消えた」と言ったように）[*9]。結末は諸科学の全般的混同である。対象、理論、方法、言語が渾然と混じり合う。どの科学もが他の科学の言語で語る。ほんもののバベルの塔であり、どれも見分けがつかない。もちろん、なかには混戦を突破して、流行になるという結果を手にする哲学者はいる。彼らは科学を席巻する混乱、科学を次第にどんなイデオロギーとも渾然一体にする混乱を、哲学により裏打ちしているのである。バベルの塔が建てられ、崩れ落ちるときはつねにそうだが、勝ちを収めるのは神である。その預言者たちの声が高くなってきていないだろうか。クラベル[*10]、ブータン[*11]、様々な教権論者たち。不幸なことに、これらの預言者たちは砂漠で絶叫しているのではない。彼らの説く見解は混乱に魅了されており、彼らはその混乱から道徳的おしゃべりを引き出しているのである。ただ唯物論者と真の信者だけが、それぞれの理由によりそんな神を望んでいない。人類史の汚穢に育った神を。

　我々の主題に戻ろう。あらゆる科学は対象をもち、その対象は限定されている。これは曖昧な言明ではないし、誰あるいはなにに対しても妥当する言明でもなく、非常に厳格な条件を述べている。あらゆる科学が特有の限定された対象をもつ、とは、科学は対象を同定する、ということを意味する。この同定は技術的で物質的な実験装置と一体をなす。この装置が科学に対し、対象を現実的に捉まえることを可能にするのである（ドイツ語はその点をうまく述べる。概念、対象や現実の真なる観念は *Begriff*

と言われる。凝固＝プラグ prise である。フランス語では同じことを、そこまではっきりとではないが、現実を「捉まえる saisir」、「分かる＝内に含む concevoir」と言う)。この装置はさらに、対象をその「内的」現実にかんする理論的仮説に従わせ、そうした仮説を論証ないし証拠により——どちらでもよいが——確証する(あるいは無効にする)。[*12]

私はここで、無効にされたり否定されたりする仮説の能力を強調しておきたい。実験装置のなかで検証される仮説の能力である。いかなる学者といえども、自分が検証過程に委ねる仮説がやがて確証されるのかどうか、否定され、無効にされるのかどうかをあらかじめ知ることはできない。仮説が無効とされたり否定されたりする可能性は、あらゆる科学的実践の、したがって科学理論の一部をなし

＊8　スターリン『マルクス主義と言語学の諸問題』(邦訳、田中克彦『「スターリン言語学」精読』、岩波現代文庫、に収録)。

＊9　レーニンが『唯物論と経験批判論』で引いている、ルイ・ハウルヴィーグの『科学の進化』。

＊10　モーリス・クラヴェル(一九二〇–一九七九)、キリスト教哲学者・作家。著書に『私の信ずるもの』(一九七五年、未邦訳)、『神は神であるのだ!』(一九七六年、未邦訳)。〔Maurice Clavel, *Ce que je crois* (1975) et *Dieu est Dieu, nom de Dieu !* (1976).〕

＊11　ピエール・ブータン(一九一六–一九八八)、王党派にしてキリスト教徒の作家、翻訳家、哲学者。著書に『権力を取り戻す』(一九七七年、未邦訳)〔Pierre Boutang, *Reprendre le pouvoir*, *Sagittaire*, 1977.〕。「マルクス主義は真の思考からの逸脱、正統性の否定にすぎない。それはなにも創造せず、もっぱら破壊を旨とした」。

＊12　スピノザ『知性改善論』九五節、「定義が完全であると言われるためには、定義は事物の内的本質を説明していなければならない」。

ている。確証と無効化ないし否定の「基準」なしですませるのは、非科学的理論（理論的イデオロギー）である。それらは現実を認識することを目的とはしておらず、それらが語る真理を現実に課すことを目指すのである。その真理がその現実の真理であるべきだ、と。

　この単純な区別、ありていに言って貧弱な区別にもとづき、この四〇年間、一つの哲学が打ち立てられ、今日、科学者と一部の哲学者から大きな賛同を得ている。[13] カール・ポパーの哲学である。ポパーは実験による無効化ないし否定という特徴を正しくも手放さないが（彼はそれを「反証可能性基準」と呼ぶ）[14]、ある科学が科学的であって（反証可能性基準を認めるから）、別の科学が非科学的である（同基準を認めないから）とあらかじめ決めることができる、と宣言する間違いを犯している（理論に内的などのような原理によって、理論の最終的本性をあらかじめ言えるのだろうか。神でもなければ）。歴史的経験は反対に（その例はいくらでもある）、ある理論が科学的かどうか、すなわち実験によって確証されるか無効にされるか（否定されるか）どうかは、あらかじめ決めることができないと示している。

　実験による確証ないし否定という「基準」を一見して免れている理論が存在する、という考えを支持することさえできる。たとえばマルクス主義と精神分析である。ポパーの敵役であり、[15] 彼はそれらと闘うために哲学的著作を書いてきた。たしかに、マルクス主義や精神分析で実践されている経験は、絶対的同一条件のもとで再生産されることができない。まったくそのとおりである。精神分析の実験条件（オフィスのなかで精神分析家と患者が孤独に向き合う）も階級闘争の実験条件（状況次第で完全に変わる）も、古典的実験モデルには当てはまらない。数学、物理学、あるいは化学における古典的実験モデルはいつでもどこでも再生産可能であり、どんな学者でもつねに同じ結果を出すことができる

（パラメータを無視しなければ）。

しかしなにゆえ、実験条件が再生産可能でなければならない、すなわちどこでもつねに同じでなければならない、と我々は信じるのだろうか。我々はすでにずいぶん以前から、数学的証明の諸条件は実験的検証条件に還元できない、と知っている。数学的「対象」が物質的ではないから、数学的証明装置が書字記号でしかないからである。さらに、「自分がなんであり、なにを語り、なにについて語っているのかを知らない科学」である数学には、この科学は対象をもつのかもたないのかという問いがつきまとう。とはいえ最近ピエール・レイモンが説明したように[*16]、数学は、数学の過去の実践が生みだした数学的帰結を対象としてもつ、ということは分かる。数学はつまり自分に働きかけるわけ

＊13　そうした一人に、フランソワ・ジャコブとともにメッセンジャーRNAを発見した生化学者にして哲学者であるジャック・モノーがいる。彼はカール・ポパーの『科学的発見の論理』仏訳に熱烈な序文を寄せ、そこではポパーにならい、マルクス主義と精神分析を「反証可能ではない」理論の例として挙げている。アルチュセールは『科学者のための哲学講義』でモノーの「自然発生的」哲学を分析している。

＊14　ポパー『推測と反駁——科学的知識の発展』（藤本隆志他訳、法政大学出版局、二〇〇九年）。

＊15　例えば彼の『開かれた社会とその敵 第二部 予言の大潮 ヘーゲル、マルクスとその余波』（内田詔夫他訳、未來社、一九八〇年）を見よ。

＊16　ピエール・レイモン『歴史と科学』（アルチュセールが監修したマスペロ社の「アルゴリズム」叢書の一冊として一九七五年に刊行された。未邦訳）。〔Pierre Raymond, *L'Histoire et les sciences*, Paris, Maspero, coll. «Algorithme», 1975, p.61 sq.〕

である。ならば数学の対象は、物理学や化学が扱う物質と同じ意味において物質的でなくとも、やはり現実的であるということも分かる。証明装置は記号と図からなっていても、これもやはり現実的であって、現実的検証を生みだすのである。証明と検証は数学において一体でしかないのだ。

異を唱えがたいこの点を踏まえ、その結論を精神分析と史的唯物論に拡張すれば、こう認められるだろう。実験の条件と形式が数学や物理学－化学と異なっていても、すぐれて実験的である理論は存在しうる。ケースごとに特異である状況（分析家にとっては無意識、政治党派にとっては階級闘争）が問題である以上、状況の理論は必然的に、独自の実験を定義する諸条件の一つとして位置づけられねばならない。当然のことながら、これは概念的に新しい考察を要請するだろう。

あまり注意を払われてこなかったものの、精神分析もマルクス主義も、論争を避けるどころか、自らの特異な実験装置を自然科学の装置から区別するものを考慮に入れてきた。状況である。その理論を作ってきたばかりか、実践に統合してきた。精神分析の場合、「状況」は分析家の無意識と分析主体の無意識のあいだで「結ばれて」作用する関係により定義される。この関係である「転移」を通じて、分析主体の幻想の修正が行われる。マルクス主義の場合、「状況」は階級衝突から生まれる力関係によって定義され、この関係を通じて社会的変容が生みだされる。マルクス主義と精神分析の装置を自然科学の実験装置から区別するのは、後者の装置が部品から組み立てられ、はじめの時点で完璧に定義される普遍的要素と関係づけられるのに対し、分析治療においても階級闘争においても、装置は特異であり、治療と闘争を通じて漸次的にしか発見されず、定義されない、という点である。しかしこの違いが考慮に入れられ、思考されていれば、少なくとも原理的には、違いはないとみなしうる。

原理的には、と私は言う。というのも、誰でも分かることだが、分析理論とマルクス主義理論は他の科学的実践と異なり、対象の直接的変容と切り離せないからである。

我々の主題に戻ろう。あらゆる科学が対象をもち、その対象が限定されているのに対し、哲学は対象をもたない（科学が対象をもつという意味では）。違いは即座に分かる。哲学的実験は存在せず、哲学には技術的実験が存在しない。ゆえに、検証されたり実験的に否定されたりする仮説もない。限定された有限の対象について提起される問題、哲学に解決が期待される問題は存在しない。哲学は解決を期待しないのである。したがって、対象の認識も期待しない。それは哲学の目的ではない。哲学は「対象」Xについて哲学的な問いを立てることで満足する。「対象」Xの様相は立てられた問いによって完全に定義されており、哲学自身が問いに答えを与えるのである。そこにはみごとな予防措置が働いている。すなわち、哲学的問いはつねに（起源－目的の目的論的プロセスのおかげで）すでに、問いそのものに対する答えにほかならない。それが意味するのは、哲学が有限かつ限定されているということである。哲学はつねに同じ問いを繰り返すことに満足しており、同じ問いを通じてつねに同じ答えが与えられる。あらかじめ用意された答えが。問いは偽装以外のなにものでもないのである（ここでも、我々はあらゆる観念論哲学に本質的なテーマに立ち返っている。哲学一般を語っていながらなぜ観念論哲学という限定がつくのか、やがて分かるだろう）。

哲学に実験は存在しないという主張には、私の解釈が入っていることに注意されたい。というのも、哲学の歴史には実験を提供するとか生産すると自負する哲学がいろいろあるからである[*17]（まさしく観念論哲学に属する）。それらの哲学は、実験科学とまったく同じように、さらに実験科学にもとづいてそうしていると主張する。証拠としては、プラトンからデカルトやカントを経て、フッサールとハイデッガーにいたる哲学者[18]の名を挙げることができよう（顕著な例外が、エピクロス、スピノザ、ヘーゲル、マルクスである）。とはいえ、それらの実験ないし自称実験に顕著なことは、実験装置をまったく欠いているという点である。それらは実験（つねに装置を前提にする）というより、「経験」（カント）であり、「内的」経験（デカルト、ベルクソン）であり、マルブランシュが正確に述べたように、「一瞥する経験[19]」である。これらの実験－経験の道具は実際、単純で純粋で透明な感覚である。視覚であったり（プラトン、デカルト）、感覚、触感、嗅覚であったり（一八世紀）、心であったり（ルソー）、努力（メーヌ・ド・ビラン）や持続（ベルクソン）の内的感情であったりする。これらの哲学者はそこからとんでもない大道芸と宗教的能弁を引き出してくるが、その都度、それは詐術だという確信を誰もがもたざるをえない。現実の諸科学の実験実践における決定的要素を、哲学的で宗教的な目的のために、模倣しつつ搾取しているのである。

＊17　例えば、カント『純粋理性批判』第二版序文。「純粋理性の実験は、化学者がしばしば還元の試みと呼び、一般的には総合手続きと呼んでいる実験と多くの類似点をもっている」。

＊18　最初「観念論哲学者」と書いて「観念論」を抹消している。

＊19　マルブランシュ『真理の探究』（第一分冊のみ邦訳＝竹内良知訳、創元社、一九四九年）および彼自身の手になる『真理の探究についての解明』。

6

とにかく哲学は対象をもたず、認識を生産しない。強調しておくが、科学が論じられるときにこれらの語がもつ意味においては、である。すべてはこの視座にかかっている。科学と哲学のあいだには鋭い対立関係があるのである。有限の対象をもつとはいえ、科学は無限の活動力を備えており、対象のなかに新しい特性を発見し続ける。対象は「無限」（客観的特性において）であると逆説的に言えるほどだ。対する哲学はと言えば、対象をもたないとはいえ、したがって対象について無限に特性を発見し続けることができないとはいえ、さらに哲学自身が有限である——なにしろ同じ問いを繰り返すことに満足しているので——とはいえ、「すべて」を認識しているという自負を肯定する（プラトン、ライプニッツ、ヘーゲル）。

ではこの「すべて」とはなにでありうるのか。観念論哲学にとっては（哲学一般について語っても観念論哲学の話をしている、とやがて理解してもらえるだろう）、「すべて」とは存在する現実の総体である。世界、私、神、そして哲学のために付け加えれば、哲学自身である。「すべて」が有限なのか無限なのか、限定されているのか無限定なのか、存在において「すべて」なのか特性において「すべて」なのか、という問いに対する答えは、一般的には無限であるということになる。〈存在〉の無限（私、世界、神）であって、プロセスの無限（やがて見るように、それが唯物論哲学を定義する）ではない。もちろん、「すべて」が無限であれば、このテーゼは観念論哲学に大きな困難を突きつける。我々の

「生、言葉、運動」（聖パウロ）[*1]の場であるこの世界は、明らかに有限だからである。そこで観念論哲学には、無限〈存在〉と有限存在のあいだの媒介を考えだす必要が生まれる。有限のなかに無限を化肉させる媒介である。これは絶対的な理論的必要性であり、例えばプラトンにおいてはデミウルゴスの理論がそれに応え、デカルトにおいては創造の理論がそれに応える。永遠の真理の創造を含む創造である。一般的には、キリスト教系哲学者においては、化肉の理論がそれに応える。この理論は、無限を有限そのもののなかに（キリストとその後継代理人たちのなかに）実在させるという利点を示す。ヘーゲルの場合は少し違う。彼の認めるところでは、無限とは有限の有限自身に対する反省にほかならず、彼の哲学はこの反省の高次の例である。本質的な点で同じテーゼをハイデッガーに見いだすことができる。〔彼においては〕存在と存在者の差異が無限（あるいは定義不可能、言表不可能）と有限（あるいは定義可能、言表可能）の媒介役を果たすのである。けっして除去できず、つねに連れ戻されてくる同じ困難は、死にかんしても認められる。観念論的思考はそこに根づくのである（プラトンからカントを経てハイデッガーにいたる）。

死は避けられないもの、したがって認めねばならないものであるが、その矛盾は媒介を想定するか（様々な形式の功徳と恩寵による救済）、死を生の真理そのものにするかして解消される。後者は逆説的にもヘーゲルと同時代の医者たちの唯物論的命題につながり（ビシャ）、ついでフロイトにさえつながる。すなわち、人間的有限性（死）をあらためて真の無限の本拠となすのである。しかし死が、したがって有限性が人間的実存の真理であるとすると、それらは人間的実存の最終的意味となり、死を運命づけられた人間的世界は最終的にどんな意味も欠くことになる。ただし、あらゆる意味の根源的不在こそ人間的実存の意味そのものであると認めることはできる。この意味は無意味という意味（ニーチェによればニヒリズム）であっても、意味の完全な不在であっても、ただの無意味であってもかまわない。いずれにしても人間の固有性は、定義上意味をもちえないものに意味を与えることのできる「特異な現実性」（ハイデッガーの「現存在」）であることだ。意味をもちえないもののなかには自己自身も含まれる。「特異な現実性」はつまるところ、生きることができるよう「運命」（ハイデッガー）を設《しつら》えることができるのである。無価値でまがいものの運命を明晰に生きる最良のやり方は、それを歌うか踊るかすることである（ニーチェ、ハイデッガー）。究極的にはそれが運命を享受する唯一のやり方である。その意味はこうだ。あらゆる神とあらゆる価値をひっくり返せ。それらの亡骸を燃やして大きな焚き火にせよ。そのまわりでは、花飾りを冠った若い男女が意味不明の唄を歌い、狂人のステップで踊り、運命の弔鐘（デリダ）[*2]の乱打を響かせる錯乱した音楽が鳴っている。もちろん、私はここで様々な主題をまぜこぜにしてもちだしている。それらに言及したからといって、それらの運命は決まらない。著者やテキストや時期に応じて、それらは拡散することも集中することもある。

こうした指摘から、いずれにしても次の点を記憶にとどめられたい。観念論哲学はすべてにかんする真理を述べると言い張らずには存在しえないのである。すべてが無限であるとき、観念論哲学がい

＊1　『聖書』、「使徒言行録」一七－二八。「我らは神のなかに生き、動き、存在する」。
＊2　ジャック・デリダ『弔鐘』（部分訳＝鵜飼哲訳、『批評空間』Ⅱ－15－Ⅲ－5、一九九七－二〇〇二年）。〔*Glas*, Paris, Galilée, coll. « Digraphe », 1974.〕

かなる帰結に晒されるのかは見た。すべてが有限であれば（あるいは、無限を統制する無限精神によって思考可能な無限であれば。ライプニッツの神のように[*3]。無限精神は無限を統制することにより、無限を実質的に計算可能にする）、また別の出口が目前にある。哲学によって思考されるすべてが有限であれば、そのときすべては数えられるのである。すべての結合関係は証明され、解析され、開陳されることができる。すべては徹底的に部分に分割されることができ、それにより分類されることができる。

我々はここで、観念論哲学のもう一つの大きな伝統を再発見している。形式主義的ないし分類学的 taxinomique 伝統と言っていい伝統である（ギリシャ語の *taxein* は分類すること、整理することを意味する）。分類による支配への偏執は長い歴史をもっている。二による分割つまり二分法のプラトン的手続き（釣師にかんするソフィストの名高い分割を参照[*4]）以来、アリストテレスの分類（存在という語の異なる意味の分類とその帰結[*5]）、デカルトの区別、ライプニッツの普遍記号法[*6]、それが開始した形式主義の伝統すべて（それは今日、いわゆる人文諸科学における数理論理学の猖獗を生みだしている）を経て、レヴィ＝ストロース流の構造主義的分類学にいたる歴史である。現実のなかには明らかな区別があり、例えばある科学の対象は別の科学の対象から、二つの科学がたとえ隣り合っていても区別されるということ、これはたしかである。系統関係、系譜があるということ、これははっきりしている。水平的分類が系譜の垂直的効果と結びつきうるということ、誰もそれには異を唱えないだろう。しかしまたしても詐術がある。自己流哲学の歓喜に酔ったレヴィ＝ストロースが「秩序の秩序」[*7]と呼ぶものを構成しようとする哲学的野心である。そして、副次的秩序すべてを包括して、自分は自分が設定する秩序のなかに包括される秩序。より巧妙な詐術——ライプニッツの普遍記号法の夢に遡る——は、この秩序が独りでに秩序づけられ、独りでに配置され、さらにそれぞれの存在に場所と機能を割り振った結果、秩序が支配を保証される、とするところにある。

唯物論の見かけ（主体なき過程）をもったこの視座のなかでは、機能主義と構造主義の双子の野心が結合している。そこでは場所と機能が唇と歯のように結びついており、バディウが望むように[*8]場所の論理を力の論理に代えるぐらいでは、秩序の論理を逃れることはできない。「代える」と口にするのがどのような人物であっても、である。すなわち、自身の権威の名により「代えよ」と人々に命じ

＊3　ライプニッツ『弁神論』、佐々木能章訳、『ライプニッツ著作集』第六－七巻、工作舎、一九九〇－九一年。

＊4　プラトン『ソフィスト』219 d。

＊5　アリストテレス『形而上学』第四巻二章（1003 a 33-34）、第七巻一章（1028 a 10 sq.）。

＊6　ライプニッツ『人間知性新論』、谷川多佳子他訳、『ライプニッツ著作集』第四－五巻、一九九三－九五年。「語の代わりに小さな図像を用いれば、普遍記号を導入することができるだろう。それはまず、遠く離れた国々と容易に交流することができるようにしてくれるだろう。（また）想像力を豊かにして、現在ほど重苦しくも口先ばかりでもない思考をもたらすのにたいへん有益であろう」。

＊7　レヴィ＝ストロース『構造人類学』、荒川幾男他訳、みすず書房、一九七二年。「秩序の秩序とは〔…〕構造分析が施される諸水準のあいだに結ばれる関係のもっとも抽象的な表現である。歴史的にも地理的にも遠く離れた社会に対し、同じ定式が用いられるほど抽象的でなければならない」。アルチュセール「レヴィ＝ストロースについて（一九六六年八月二〇日）」も参照のこと（『哲学・政治著作集』Ⅱ所収）。〔« Sur Lévi-Strauss (20 août 1966) », *Écrits philosophiques...*, t. II, *op. cit.*, p. 429-430.〕

るのが誰であっても、である。コレージュ・ド・フランス教授であれ、政治組織の書記長であれ[*9]。事情はどうあれ、こうした目眩のする行為は中立とはいかない。彼らは対象をもたずとも、目標はもっている。あるいは少なくとも、よく知られた賭金をもっている。彼らは秩序＝命令を語るのであるから、権威を語り、権力を語っている。権力には樹立された権力、支配階級の権力しかないのであるから、彼らが仕えるのは、彼らがたとえそれを知らなくても、また彼らがそれと闘っているつもりでも、この階級権力なのである。やがてもっとよく検討することになるが、哲学はそのようなものとして、無垢どころではない。哲学の世界、哲学の現実世界は輝かしい文彩の地平から立ち上がってくるものの、人間たちとその闘争の世界である。階級闘争の世界である。

＊8　アラン・バディウ『主体の理論』（一九八二年、未邦訳）、「一九七五年一二月一五日のゼミ」。「構造論的弁証法は、その観念論的な傾向として、最終的に弁証法の歴史的側面よりも構造的側面に、力よりも場所に優位を置きがちである」。〔A. Badiou, séminaire daté du 15 décembre 1975, *Théorie du sujet*, Paris, Seuil, coll. «L'ordre philosophique», 1982, p. 72.〕彼の『矛盾論』（一九七五年、マスペロ社「延安叢書」、未邦訳）第四章は「力と場所」と題されている。〔Alain Badiou, *Théorie de la contradiction*, coll. « Yanan », Maspero, 1975.〕

＊9　「政治組織の書記長」にかかる「善意と希望の論理を語るしか能のない」が抹消されている。

7

哲学が対象をもたない（以降はわざわざ断らないが、科学が対象をもつという意味においてはもたない）とすると、それはなにをもっているのだろうか。哲学がその真理を語っているつもりになっている無限定な対象の見かけの下で、なにをもっているのだろうか。哲学は目標と賭金をもつ。とはいえそれについて考える前に、はじまりに戻ってこう問わねばならない。哲学が自らを表現する命題とはどんな種類の命題であるのか。

私はこう述べた。科学は困難に直面し、問題を提出し、解決を生産する。解決とは客観的認識である。それらの認識は、概念を本質的術語とする命題に表現される。概念とはなにか。一つないし複数の語であり、抽象化する効果を生み、科学の対象の一特性ないし諸特性の複合体を反映する。

翻って、哲学は問いを提出し、それに対する周知の答えをもたらす。それらの答えはどのような形式を取るのだろうか。テーゼの形式である。テーゼとはなにか。定義するのが難しい観念である。なぜなら、哲学はテーゼにより自らを表現しても、それらのテーゼの本性については滅多に説明しないからである。[*1]

とはいえ我々はすでに、哲学が用いる術語がカテゴリーであって、概念でないことを知っている。[*2]

＊1 『科学者のための哲学講義』六一－六二頁。〔*Philosophie et philosophie spontanée...*, *op. cit.*, p. 55-56.〕

したがってこう言おう。テーゼとはいくつかのカテゴリーを集めた命題である。例として「我思う、ゆえに我あり」を取り上げよう。この命題には、「我」、「考える」、「ある」、「ゆえに」、というカテゴリーを認めることができる。これらは日常言語の語であるが、哲学におけるその働き方は異なっている。「我思う」の「我」は心理学的な「私」ではなく、形而上学的であり、「考える」は思惟実体を指す（ある実体が存在するということ、そしてそれが思惟するということは、もちろん哲学的な問いを提起するが、我々のすでに知るとおり、問いとは先取りされた答えである）。「ある」は存在形式を指し、人間に特有の形式（半分「あり」、半分「ない」）であるものの、疑いなく実在する力を備えている。最後の「ゆえに」は明証性にかかわる。直観により明かされる結論の明証性である。こうしたカテゴリーがすべて、「我思う、ゆえに我あり」〔« je pense, donc je suis »〕という短い一文に入っているのである。哲学的意味をたっぷり込められて。周知のように、読点さえそこでは意味をもつ。ラカンがほとんど冗談のように、しかしそれを見えるようにするため、こう書いたとおりである。« Je pense : donc je suis ». そう記せば、すべてが変わる〔「我、『ゆえに我あり』と思う」〕[*3]。

一つのテーゼはしたがって、テーゼにまとめられた一定数のカテゴリーを提示する。では命題とは、通常言語における命題（「私はジョルジュ・マルシェが夢を見ているとは思わない。彼はテレビでそれを言ったのだから」）[*4]や、科学言語における命題（1＋1＝2）のようなものだろうか。違う。立場＝立論 position と言うべきである。強い意味において、定立する poser 行為である。ギリシャ語の *thésis*、「テーゼ thèse」の仏語訳である。ではなにが定立されるのか。主張である。「我思う、ゆえに我あり」、「神とは最高に完全で全能の存在である」、「物質は存在する」、等々。

言葉のこのちょっとしたニュアンスを私は哲学の伝統から借りてきたのだが、それは我々に興味深いことを示唆する。定立するとは、なにかをどこかに立てることである。ある空間に属するある場所に立てることである。哲学者がテーゼを定立するときも、彼はつねにそれをどこかに、哲学的空間に属す限定された場所に立てている。どのような哲学的空間であろうか。まず、彼自身の哲学の空間であり、次に彼の時代の哲学の空間であり、最後に哲学史の過去全体の空間である。

しかし哲学者がこのようにテーゼを「立てる」ときには、幻想を抱いてはいけないが、彼はけっして一つのテーゼだけを「立てる」のではない。[*5] 一つのテーゼはけっして一つではないのである。それはつねに共－定立 com-posée されて（＝組み合わされて）いる。すなわち、件の哲学者の哲学を構成するテーゼ全体と一緒に立てられている。後に見ることになるが、これらのテーゼの数は無限にある。逆説だ！

当面は、なにが起きるか観察するだけにしよう。ある哲学者があるテーゼをどこかに「立てる」と

＊2　前出『マルクス主義哲学の歴史的任務』の結論部で導入された区別。
＊3　ジャック・ラカン「科学と真理」、『エクリ』Ⅲ、佐々木孝次他訳、弘文堂、一九八一年。
＊4　フランス共産党が「プロレタリア独裁」を放棄した第二二回党大会（一九七六年二月）に関連する。「プロ独」放棄は当初、大会の議題には上っておらず、一月にマルシェがテレビ・インタビューに答えるかたちで放棄の意図を明らかにした。一般党員は大会に向けた党内議論ではなく、マスコミを通じて書記長の方針を知ることになった。
＊5　「立てる」に続く箇所から「犬が歩道に糞を立てるように」が抹消されている。

き、なにが起きるか。ここでは極端なケース、彼が別の哲学と闘っているケースを取り上げよう。このとき彼は、自分が闘おうとするテーゼと「対立」しないテーゼを「立てる」ことができない。いかなるテーゼもアンチテーゼなのである。そしてこれは、自動的にそうなる。哲学者は自らの敵に対し敵意を宣言する必要がまったくないのである。彼は自らのテーゼを、敵の海域に機雷を「敷設する poser」ように定立する。彼はそのまま立ち去り、機雷はあとで、敵の艦船（敵対するテーゼ）が接近したときに爆発する。そして骨組みがばらばらに砕け散る。あらゆる哲学的テーゼはこのように時限式なのである。それらはつねに爆発の時間に先行する。なんと奇妙な実践であることか！　強調しておくべきだが、テーゼを「立てる」哲学者が、爆薬を自分の領海や味方の哲学者の海域で調合した（自分にはよく分からなかった点をよく理解するため）としても、水平線上にはつねに他者、哲学上の敵がいる。敵はただ見張っているだけではない。情勢を支配しており、我らが哲学者につねに予防戦争の態勢を取らせている。ホッブズがそう望んだように。[*6]哲学の情勢は、根本的敵対関係によって構造化されているのである。この敵対関係が哲学の領野を貫いており、哲学者の行為を規定している。戦闘行為のみならず、同盟と和平の行為もである。ホッブズはその点をうまく示していた。戦争を開始するのは悪意ある人間ではない。彼らはそれをするには間抜けすぎる。正直な人間こそ、利口であれば戦争をはじめる。将来を考え、計算すれば、彼らには戦争が避けがたいこと、馬鹿な人間が現れる危険に晒されていることが分かる。馬鹿な人間は、彼らに害をもたらそうとすることもあれば、たんに相手を間違えていることもあるだろう。彼らはつまり「機先を制す」べきことを知っている。不意を突かれて負けることのないよう、先制攻撃すべきことを知っている。哲学は社会生活よりはるかに過激なのである。社会生活は休戦も停戦も知っているし、マティニョン協定やグルネル協定を結ぶこともできる。[*7] 社会生活には、砂漠で平和を祈る教皇もいれば、テト〔旧正月〕休戦するヴェトナム人もいる。「ちょっと待った」と言う子どももいれば、故クーベルタン男爵が猛る心と体をなだめる才を発揮したオリンピックもある。哲学は違う。より厳しくものを考える。哲学には休戦も停戦もないのである。哲学がカントにならって哲学者の〔付随的に諸国民の〕「永遠平和」を説くとき、それは冗談の類であり、なぜそれを説くかと言えば、他の哲学者がその哲学には平和を残しておいてくれるように、である。そのあいだに独自の『純粋理性批判』や『実践理性批判』の想を育むことができる。とはいえ、平和を説く哲学はいかなる幻想ももっていない。自分が他人に向かって説いていることを知っている。[*8] すなわち砂漠で説教しているのだ、と。というのも、サルトルが〔ほぼ次のように〕書いたように、他人とは砂漠 désert〔であってデザート dessert ではない〕のことである。

＊6　アルチュセール「アミアンの提説」〔『マキャヴェリの孤独』二六一頁〕には次のようにある。「戦争は全般的状態であり、〔…〕本質的に予防的なものであるとみなすホッブズのとてつもない考え方は、人間社会についてばかりか、舞台の袖ではおそらく哲学についても語っていた」。〔« Soutenance d'Amiens », dans L. Althusser, *Positions, 1964-1975*, Paris, Éditions sociales, 1976, p. 128.〕

＊7　「〔社会生活には〕、『ストの終え方を心得ておかねばならない』と語るモーリス・トレーズ〔元フランス共産党書記長〕たちもいる」というフレーズが抹消されている。なお、マティニョン協定とグルネル協定はいずれも、労働諸条件にかんする「政・労・資」間協定。前者は一九三〇年代の人民戦線政府時代に、後者は一九六八年五月革命後に結ばれた。

こうした視界のなかで特に目眩をもよおさせるのは、普遍的で永続的な戦争状態という哲学の状態である。全員の全員に対する戦争。根本的には観念論と唯物論のあいだの一大抗争、千年戦争である。目眩をもよおさせるのは、この戦争がけっして停止しないばかりかつねにはじまっていたこと、すなわちはじまりをもたないことである。何世紀も間断なく続けられていることである。今日でもプラトンとアリストテレスはかつてと同様に存在しているのであり、彼らに死を賭した闘いを挑む現代の哲学者はいる。今日でもデモクリトスとエピクロス（等）はかつてと同様に存在しているのであり、彼らに死を賭した闘いを挑む現代の哲学者はいる。彼らの大義を我がものとし、当たり前のことながら、彼らから力を引き出して他の哲学者と闘おうとする哲学者たちはいる。

すべての哲学者がそこまで身構え、決意しているわけでもなかろう、と言われるかもしれない。敵がどこにいるのか、彼らにそれほど見えているわけでもなかろう、とも。正しい。私は進んでそれを認める。とはいえ、譲歩したところで根本的にはなにも変わらない。たとえば次のような哲学者を考えてみればいい。彼は「すべてを考える」つもりになるどころか、ある科学的大陸のある小地方で、歴史上のある時代に起きたことを分析するために、まじめに仕事に取り組んでいる。イデオロギーのちょっとした細部で起きたことでもかまわない。たとえば、アリストテレスが怪物の理論を作り上げたメカニズムを研究するとか[*9][*10]。そんな哲学者も普遍的で強制的な敵対関係の法則を免れることはできない。というのも、彼はいくつかの形式のなかでいくつかのカテゴリーを用いて考えるからであり、いくつかの「目的」を自らに課すからである。それらの「目的」を、彼は自分で発明したのではない。発明したと思っているかもしれないが、彼はそれらを二大陣営の一つから必然的に借りてきたのである。哲学という領域を闘いの場へと構成し、構造化し、同時に哲学史という領域もそのようにする二大陣営の一つから。さらに次のような哲学者を考えてみてほしい（そんな人物はいつでも見つかる）。敵対関係も敵も投げ捨ててしまい、既存の価値を転倒せねばならないとニーチェばりに宣言する。すべての価値を、である。あらゆる観念論哲学がそこを逃げ場とする真理という価値まで、さらに、唯物論哲学がそこに価値を見いだす物質という価値まで。その哲学者は、ニーチェの麗しき表現を借りれば、「反応する」[*11]思想家でしかないだろう。ニーチェは自分のことがよく分かっていたが、分かっているとは知らなかった。彼の言う「反応する」思想家は、自らの拒否反応に規定されている。すなわち現にある哲学システムの全体、より正確に言えば、彼を支配し続ける観念論に規定されている。

＊8　ジャン＝ポール・サルトル『出口なし』（戯曲）。「地獄とは他人のことだ」。〔*« Huis clos: Pièce en un acte »*, dans J.-P. Sartre, *Théâtre*, Paris, Gallimard/NRF, 1974, p. 182.〕

＊9　アリストテレス『動物発生論』（島崎三郎訳、『アリストテレス全集』第九巻、岩波書店、一九六九年）四篇三－四（767 b 1 - b 17、769 b 10 - 773 a 30）、同『自然学』（出隆他訳、『アリストテレス全集』第三巻、岩波書店、一九六八年）二篇八（199 a 33 - 199 b 15）。

＊10　第一草稿には次のようにある。「ラカンはそこから、フロイトの仕事の基礎にかんする彼のイデオロギーを作り上げた」。

＊11　ニーチェ『道徳の系譜学』第一論文一〇節、「奴隷の道徳が生まれるにはつねに、またなにより、敵対する外的世界が必要である。奴隷の道徳が働くためには、外的刺激を生理学的に必要とするのである。その作用は根本から反応である」。

ニーチェはこう言っていた。あるいは言えたはずである。「反応する」哲学者であるよりは、反動的哲学者であるほうがはるかにましである（反動は創造的でありうるので。「反応する」哲学者の反動は否定的なものでしかない）。この意味において、つまり創造的である反動的哲学者だけが、唯物論哲学者であることをやがて見るだろう。彼らだけが革命的、すなわち創造的である。

より詳しいことが分かるまで、この点を一応確定されたものとみなし、先へ進もう。かの「テーゼ」の本性について、もう少し詳しく考えてみたい。

8

ここまで述べてきたことから示唆されるのは、テーゼがもの静かで客観的で「認識論的 gnoséologique」（なんともひどい語だが、認識と関係するという意味のギリシャ語由来の語である）な命題などではなく、まったく反対に、能動的で活発な命題だということである。それらは宣戦布告であって、黙っていても敵を名指すのであるから、当然である。正確を期せば、それらはたんなる宣戦布告ではなく、理論的な戦争行為であり、もっとも陰険なタイプの塹壕戦のかたちを取りうる。奸計あり、迂回あり、坑道あり、地下壕あり。さらに、もっともオープンなタイプの正面戦と同じように、突撃あり、ファンファーレあり、太鼓あり、梯子あり、虚偽あり、象あり、歩兵あり、騎兵あり、ラッパあり、幟あり、「我が白い羽根飾りに集合！」あり、「おやじよ、左に警戒、右を警戒」あり、移動式鶏舎あり、「肝っ玉おっかあ」あり。それが示唆するのは、哲学はまさに働きかけるということである。哲学は抽象的であるのだから、現実の敵と戦争している軍隊に比べれば、働きかけの形式は非物質的であるけれども。哲学の戦場（カントは *Kampfplatz* と言う[*1]）では、カテゴリックである〔有無を言わせぬ〕（様々なカテゴリーのあいだで、様々なテーゼのあいだで）ためには、たちどころにではなくとも、短期的にも長期的にも流血をいとわぬ抗争が繰り広げられる。

そこには極めつきの暴力が見られる。暴力は最初、カテゴリーと概念に行使されるが、最後は個人に行使される（ジョルダーナ・ブルーノやガリレオを想起されたい）。民衆全体に向かうことさえある（古代において敵は奴隷の地位に落とされ、資本主義は民衆を植民地化し、我々の知っているところでは、ファシズムの犠牲者、等々）。驚く人はいるかもしれない。いったいなんの権利があって、あなたはそんな極端で現実とかけ離れた結論を引き出すのか。誰でもよく知っているように、哲学者は観念をいじくりまわすにすぎないではないか。それどころかなにより、彼らは世界の政治的流れをなにも理解していないではないか。彼らは世界のなかで、介入しないという名誉ある地位を自分に与えているではないか。応酬するのは簡単である。プラトンはシチリアで介入しなかったろうか。ホッブズはクロムウェルのもとで、スピノザはオランダで介入しなかったか。そして啓蒙哲学者たち、一八世紀のヨーロッパ問題に首を突っ込んだカント。労働者階級の闘争のなかでのマルクス。第一次大戦の神聖同盟のなかでのベルクソン、西欧科学の危機の渦中におけるフッサール、ヒットラーのドイツにおけるハイデッガー。

こんな反論が来るかもしれない。彼らはたしかにそうだった。しかし介入しなかった他の哲学者たちもいる。そういう反論に対しては、彼らの著作をもう少しじっくり読みさえすればいい。遠くから、しかし現実的かつ効果的に、彼らのテーゼは介入する哲学者たちと政治協定を交わしている。その点が分かりさえすれば、彼らの政治的無垢が偽装にすぎないと納得できるだろう。またしても、我々は観念論哲学における偽装の存在と出会う。戦争が人間のあいだに君臨していないという偽装。人間がほんとうは身体をもっておらず、魂だけをもっているという偽装。身体をもっていても、それは機械であり、人間を性的存在にする暗い無意識の欲望の衝迫などない、という偽装。「空は屋根の向こうにあり」[2]（カント、ヴェルレーヌ）、道徳法則は心のなかにある[3]、という偽装。叔母に車輪が二つついていれば、自転車ではないだろう、という偽装。しかし我々は、叔母 tante と期待 attente とテント tente と潜伏 latence、等々のあいだ、車輪 roue とルーレット roulette と策略 rouerie と自転車 bicyclette と円 cercle とリサイクル recycle のあいだには、観念論哲学には明かしえぬ関係がある、ということをやがて見るだろう。我々はそれを、ときが来れば明かすことを恐れないだろう。そのとき人は、偽装 Feinte とはすなわち黙秘する taire ことだと分かるだろう。おそろしく - 黙って tair-riblement。

言葉遊びをしている、と非難しないでいただきたい。遊んでいないことはないだろうが、遊んでいても、それは偉大なる哲学者たちがつねにやってきたこと。楽しむため（プラトン）かもしれないが、既存の語に信じがたい意味（魂、実体、私、目、光、等々）を与えるとき、あるいは存在したことのない語を発明するか部品から造語する（アプリオリ、超越論的主体、意識の志向性、差延、等々）ようなときには、まじめであるため。順応主義の反順応主義者たるニーチェは、マラルメとそのエピゴーネンたちとともに、そういう領域ではマイスターであった。つまり、唯物論のマイスターではない。

*1　カント『純粋理性批判』初版序文。「こうした果てしない戦闘が交わされる土地が形而上学と呼ばれる」。
*2　ヴェルレーヌ「空は屋根の向こうに」、詩集『知恵』収録。
*3　カント『実践理性批判』、「それについて省察し、取り組めば取り組むほどほど、つねに新たに、つねにいや増す感嘆と崇敬の念でもって心を満たすものが二つある。私の頭上に広がる天空と私のなかにある道徳法則である」。

9

テーゼの定義に戻って言えば、一つ重要なことを明確にしておかねばならない。哲学が認識ならぬテーゼを語る命題を提出するとすれば、それはつまり、哲学の命題は認識や真実とは直接の関係をもたないということである。通常、認識をめぐるイデオロギーにおいては、認識は真である（あるいは偽である、あるいは混乱している、等々）と承認されている。ある認識（科学的であろうとなかろうと）が「真」であると述べることに、人々は慣れている。ならばテーゼを指して、いかなる形容詞を用いるのがよいのだろうか。私はかつて、「真である」ではなく「正しい」と言うように提案したことがある。[*1] テーゼは「正しい」か「間違っている」（「間違い」faux は「正しくない」non-juste と等価である。後者を一語で述べる語はフランス語には存在しないが、他の言語には存在する）。問題は、「正しさ」という観念を考えることである。

「正しさ justesse」が「正義 justice」となんの関係もないことは自明である。正義がもちだされるときには、関連する装置一式（法廷、判決、判事、証人など、被告人を裁く装置。被告人は法律違反をした廉で有罪になる）と、その装置の働きを裁可する司法的かつ道徳的な観念が舞台にのせられる。「正しい juste」と「不正な injuste」の観念であり、わけてもアリストテレスがその理論を作った[*2]（あらゆる哲学者が彼の立場を共有しているわけではない）。彼はこう述べる。「正しい」とは「すべて」や「絶対」ではなく、分け前にかんして「ちょうど中間」であり、つまるところ国家の取り分である。興味深い例を一つ挙げよう。やがて裏面から再考することになる例である。聖トマスは正しい戦争と不正な戦争があるという観念を擁護し、[*3]正しいか不正かを「正義」か「不正義」かに照らして区別しているが、両者は宗教的‐道徳的‐イデオロギー的な原理である。正しさが正義についてのそうした道徳的で司法的な観念とはなんの関係もないことは明らかである。言うなれば、正義の法的‐道徳的イデオロギーとは関係がない。

　ではテーゼについて語るべき正しさとはなんだろうか。それは、実践家が行う実践の質から出発して明確にされうる観念である。プラトンとソフィストに遡る伝統では、「火を扱う」職人を鍛冶屋、木を扱う職人を木工職人、鉄を扱う職人を冶金工、複雑な装置を扱う者を組立工、などと言う。それらの職人はすべて、然るべく仕事をするときには、強い意味において調整者 *ajusteurs* と言われる。彼らの動作はすべて特定の目的に合わせて調整されるからであり、さらに、それぞれの部品を他の部品と合うよう調整して、最終的に、彼らの仕事に期待される有用な対象物を生みだすからである。彼らの仕事は調整 *ajustage* ないし調節 *ajustement* と呼ばれる。期待されるメカニズムに必要な部品を選び、磨き、合わせ、組み上げる複合的な労働を総称して、そう呼ばれる。

＊1　『科学者のための哲学講義』六四頁以下。〔*Philosophie et philosophie spontanée..., op. cit.*, p. 57 sq.〕

＊2　アリストテレス『ニコマコス倫理学』、朴一功訳、京都大学学術出版会（西洋古典叢書）、二〇〇二年、二巻七‐九章（1107 a 26 - 1109 b 26）。

＊3　トマス・アクィナス『神学大全』一七、大鹿一正他訳、創文社、一九九七年、第2部・問題40。

では単純な職人仕事の領域から出て、まったく別の領域、政治的行為の領域に向かうと、なにを目にするだろうか。同じように正しさを駆使する実践である。国家に対する自らの「義務」を意識し、それに責任を負う政治家は、真実より正しいことに意を砕く。真理を口にしたり、真理にもとづいて調整したりするよりは、正しい手段を取り、正しい決断を下そうとする。適切な juste 瞬間に、正しいかたちで、国家の救済に役立つ手段と決断である。

この領域でも正しさは調整や調節の形式である。正しさとはあらゆる要素、あらゆる力関係を正確に考慮に入れ、それらを期待される政治的効果が生じるよう配置することに存する。それができると示すことも、正しさには含まれる。期待される政治的効果とは国家の勝利、敵の敗北である。きちんとなされた足し算が正しいと言われ、外科手術が正しいと言われるように、軍隊の指導者や国家の首領の介入行為は、望まれる結果を生んだときに、正しいと言われるだろう。既存の手段を既存の力関係のなかで、求められる目的へと適切に調節して、件の結果を生んだときに、である。この点から分かるように、正しさの実践には法−道徳的な正義の観念を喚起するものはなにもない。反対に、正しさはもっとも現実主義的、もっとも現実的、もっとも唯物論的な実践に通じる（物質的な実践であろうとなかろうと）。そういう意味で、我々の古典的例に戻って言えば、政治家と唯物論者は戦争について、同じ語を用い「正しい」と言う。正義という意味で正しいのではなく、正しさという意味で正しいのである。理由と手段の調整にかんして正しい。階級闘争における力関係を考慮する点で正しく、その力関係を利用する一般的傾向を有する点で正しい。

そういう意味で、マキァヴェッリ、マルクス、レーニンは「正しい戦争」を語っている。追求される政治路線の正しさによって定義される戦争は、もちろん、正義という意味においても正しい戦争でありうる。つまり法－道徳的イデオロギーの面でも。その場合、この戦争を遂行する者は敵に対し、正義のために闘うという優位性をもつことになり、その点が彼らの力を全般的に倍増させるだろう。しかし、正しさという意味で正しくとも、正義という意味では正しくない戦争はあるし、正しさという意味で正しくとも、正義という意味では正しくない政治的決断もある。その場合、正しさと正義は分裂する。パスカルはそのことに苦悩した。兵士が戦争に従事すること、活動家が決断を受け入れることは、はるかに困難となる。一九三九年、独ソ不可侵条約を決断したスターリンが世界中の共産党員活動家に直面させた状況である。状況次第では、誰も正しさと正義の狭間に立たされない、ということさえある。その例を一つだけ挙げれば、一九一四－一八年と一九三九－四一年の帝国主義戦争である。当事者たちには正義という意味で正しい戦争として体験されたものの、正義という意味でも正しさという意味でも正しくなかった。それは純粋かつ単純に帝国主義戦争であり、列強が自分ではまったくコントロールできない資本主義的蓄積法則に盲目的に従った結果としての戦争であった。一九四一年のナチス・ドイツによるソ連侵攻がこの戦争の「意味」を変えたのかどうか、その結果、「連合国」の側ではこの戦争が正しさという意味においてのみ正しい戦争となったのか、それとも正義という意味においても正しい戦争になったのかどうかは未確定である。ある種のケースがもつ複雑さを物語っていよう。それをまえにしては、情報を欠いた哲学は黙るほかない。しかし哲学が黙るほかないのは、歴史の科学、すなわち階級闘争の科学が黙っているからである。なぜ黙っているのか。おそらくやがて分かるだろう。

正しさの意味、したがって「正しい」という語の意味についてなんらかの観念をもつには、こうした実践の総体を哲学のテーゼに当てはめてみる必要があるだろう。

こうした実践の想起が説得的であるなら、哲学のテーゼは実践と関係するという観念がいっそう重みを増す。関係するのは非常に特殊な実践、調節の実践とである。すなわちすでに存在する諸要素に働きかけ、それらを加工し、削り、互いに組み合わせ、一つの目的ないし特定の使用法に合う生産物を提供する実践である。それらの諸要素とはなんであろうか。加工や研磨とはなんであろうか。組み合わせとはなんであり、目的、使用法とはなんであろうか。こうした問いは当面、棚上げにしておく。

しかし少なくとも、こうした操作がいかなる領域で行われるのかは見ておこう。その領域はまず、そしてなにより、哲学そのものである。私はかつて、哲学は哲学にしか介入しないという逆説的観念を支持したことがある。[*4] 哲学のそとに介入するときには、まず哲学のなかに介入するという絶対条件を満たさねばならない、とも述べた。しかし件の領域は哲学の領域にとどまらない。それはまた（当面、順番は重要ではない）科学とその実践の領域でもあり、イデオロギーとその実践の領域でもあり、要するに人間的活動領域の全体である。例外はない。経済的実践から政治的実践やイデオロギー的（道徳的、政治的、法的、美的、宗教的、家族的、等々）実践までも含んでいる。哲学において行われ、テーゼの言明を引き起こす調節は、つまり人間的実践の総体に影響するのである。意味のないことを言っているのでなければ、それが究極的に意味するのは、人間的実践の総体は多かれ少なかれ哲学のテーゼによって、現に調整されていなくとも調整可能であり、直接的に調整可能（例外的ケースである）でなくとも間接的には調整可能である、ということである。だとすれば、「あらゆる人間は哲学者である」というグラムシの一文ももはや驚きではないだろう。あらゆる人間は、直接的（哲学者の場合）であれ間接的（そうでない場合）であれ、哲学のテーゼに含まれる哲学的調整に影響されるのである。この点の証明に取りかかるまえに、もう一つ踏破しておくべき長い道がある。[*5]

＊4　『科学者のための哲学講義』一三一－一三七頁。〔*Philosophie et philosophie spontanée…, op. cit.*, p. 113-116.〕

＊5　アルチュセールはこのあとに未完結の一段落を挿入している。「最後に晴らしておくべき誤解が一つある。テーゼが能動的命題であって、哲学はそれらを既存の抗争的状況に合わせて調整する（階級闘争の要請により哲学が哲学的闘争において採用する立場に従って）のだとすると、それらの立場 *position* について以下のように考えることは観念論的表象にほかならず、このうえない誤りであろう。すなわち、つねに反定立 opposition である定立 position が実践の物質性とはなんら関係をもたず、空中のどこかで展開されると考えることである。やがて理解されるように、哲学的闘争の賭金は社会的実践の現実であり、それらの方向づけである（いかにして方向づけるかもやがて分かる）。つまり、哲学的闘争の賭金は完璧に現実的かつ物質的なのである。実践についての観念ではなく、現実の実践の状態が哲学的闘争の賭金を構成するからである。そこから次のことも分かる。カテゴリー的命題のなかに『定立』されるテーゼはけっして恣意的ではない。しかしさらに歩みを進め、こう言わねばならない。テーゼは二次的な意味でも恣意的ではない。というのも、テーゼを構成するカテゴリーは天から降ってきたものではなく、哲学史の帰結なのである。哲学史はカテゴリーのなかに、力関係によって課されるイデオロギー的観念すべてを書き込むばかりか、カテゴリーに姿を変え、テーゼに現れる認識も書き込んでいる。イデオロギー的観念に認識的部分が統合されているわけである〔…〕」。

10[*1]

我々は実際、あらためてはじまりに戻り（今やそれも許容されるだろう。我々唯物論者にとって、哲学ははじまりをもたないのであるから）、問わねばならない。素描したばかりの正しさのカテゴリー（正しさの概念と言ってもいいのだが、その理由はのちに見るだろう）ではなく、真理のカテゴリーについて問わねばならない。

というのも、我々は正しさを真理に対立させた。この観念、真理のカテゴリーはどこから来たのだろうか。『知性改善論』において、スピノザは書いている。「我々は実際、真なる観念をもっている」[*2]。真理についての観念、真理なる観念である。〔スピノザにおいて〕それは我々に絶対的規範として役立つのだが、数学によって与えられる。では数学はどこから来たのだろうか。答えはない。我々はそれをもっている。以上。我々がもっている真なるものの観念を与えるのは数学である。この記述によって、真理の観念が科学にもとづくことが分かる。客観的認識を与える科学に、である。

しかし、スピノザがけっして真理とは言わず、真なるものとしか言わない点に注意しなければならない。「真なるものは自らを真なるものとして示す。そして偽なるものを偽なるものとして示す」[*3]。これは些細なことではない。あらゆる哲学者が真理を口にするからである。科学の真理ばかりか、真理の探究としての哲学の真理を語るからである。なぜこうした微妙な差異にこだわるかというと、考えてみればすぐに気づくように、科学の実践家はけっして真理と言わないからである。彼らはけっして、これこれの真理を発見したとは言わない。これこれの定理は真であるとは言わないし、これこれの実験的検証は真であるとは言わない。たしかにそういうことを言う場合もあるが、それは彼らに対し、証明や検証が間違っているという非難がなされたことに反発して、である。すなわち、嘘をついたと言われる場合である。つまるところ、彼らは嘘を告発される場合にしか、真理によっては応えない。実践においては、彼らは真理かどうかなど気にしない。〔スターリン体制下の〕一九四〇年代と同じである。彼らはたんに、この定理は証明された、以上終わり、と確認するだけである。あるいは、この実験的結果は検証された、以上終わり。

真理はここへなにをしにやってくるのか。自分にとっての外国である実践（科学の実践）に、力づくでもち込まれるのである。もち込まれるとしたら、どこから来たのか。よそからである。正確に言えば、イデオロギーの領域からである。この領域もまた真理の観念に利害関心をもっている。哲学的、法的、道徳的、宗教的、等々のイデオロギーである。すべてはまるで、科学の実践領域において獲得

＊1　続く第10章と第11章は、アルチュセールが一九六七年一一月から一二月にかけて高等師範学校で行った「科学者のための哲学講義」の第五回にして最終回の内容と重なる。四回目までの講義とは異なり、この第五講義は『科学者のための哲学講義』（原題『哲学と学者の自然発生的哲学』）に収録されなかった。同講義はアルチュセールの死後、「哲学のほうへ」というタイトルで『哲学・政治著作集』Ⅱに収録された。

＊2　スピノザ『知性改善論』三三節。「アミアンの提説」二八三頁も参照。

＊3　スピノザ『エチカ』第二部・定理四三とその注解。「真理は自らと偽を指し示す」。

された科学的結果が、イデオロギーの領域に移し替えられ、真理の諸属性をまとわされるかのように生起するのである。なんの目的で？　我々はそれをやがて、イデオロギーの本性と多様性がどんなものかを検討するときに見るだろう。

とはいえ、この簡単な注記だけで我々は次のことを理解する道に入っている。伝統的に、あらゆる哲学とは言わないまでも、少なくとも観念論哲学が、なぜかくも認識の理論、方法、などと呼ばれるものに利害関心をもってきたのか。

認識の理論とは実際、真理とはなにかを説明しようとする哲学理論にほかならない。科学的認識から出発して説明するかどうかは、ここでは重要ではない。重要なのは、反対に、この単純な問いによって作動する哲学装置である。思い起こしていただきたいが、観念論哲学は問いを提出するものの、それらの問いは問いという提出形式のなかにはいかなる実在性ももたず、問いはつねにあらかじめ答えをはらんでいる、と我々は述べた。問いはそれ自体が、転倒された答えなのである。このたんなる転倒的同語反復は、それでも驚くべき理論的効果を生みだす。それらの効果は観念論が我々に提供する様々な型の認識の理論のどこにでも見て取れる。

ではまず、認識の理論の問いがそのなかで提出される基本的哲学装置とはどんなものか。極限的に単純化してみれば、以下のとおりである。

哲学は、認識すべき対象と、その対象を認識することになる主体を、向かい合わせに対面させる。それらはどんな点から見ても区別される二つの存在であり、厄介な大問題を突きつける。すなわち、完全に区別される二つの存在が関係を結ぶということは、いかにして可能なのか。それも認識という関係である。この想像的な問いに答えるために、観念論哲学は実に様々な手をあみ出してきた。非常に単純なものもあれば（一元論では、二つの実体はただ一つの実体であるとされる。それが精神とされるか物質とされる）、非常に手の込んだものもある（プラトンにおける想起、アリストテレス主義者とトマス主義者における実体形相、デカルトにおける松果体、マルブランシュにおける機会原因、カントにおける物自体、ヘーゲルにおける弁証法、ベルクソンにおける持続、等々）。ここで注意しておくべきだが、自ら観念論者を名のるようには見えないスピノザのような哲学者も答えを提出している。平行論である。しかしこの答えは、文字どおりに解すれば、問いを回避している……。

この付随的大問題に対する答えがどうなっていようと、認識する主体と認識すべき対象の対面は必ず同一性を生みださねばならない。それが認識である。認識する主体をSで表し、認識すべき対象をOで表すと、あらゆる認識の理論の基本定式を得ることになる。

S＝O

これを次のように理解しよう。主体のなかに対象認識の行為により生みだされる認識は、認識された対象と同一である。この認識がこの対象の認識である（他の対象の認識ではなく）。そこには人物の取り違えも、身分にかんする間違いもない。これはまた次のことを前提にする。主体と対象は同一の主体、同一の対象のままであり、認識行為を通じてそれぞれの同一性を失うことはなく、仮にそれが変わっても（たとえば歴史的発展のなかで）、同じ意味のなかでの変化であり、それぞれの同一性は保たれるし、S＝Oという等式の結果である同一性も保たれる。

しかしこれですべてではない。この認識という関係は、即座の行為と考えられることも(プラトン、デカルト、ベルクソン、等々の見る行為、直観)、時間のかかる過程と考えられることもある(ヘーゲル、マルクス等)。後者の場合にはさらに、過程の展開を通じて、現前する項の性格が修正されていくうえ、S=Oという定式における等号、「イコール」という項も、等しくなっていく運動、同一性に向かう運動、「反映」(レーニン)に向かう運動を意味するよう修正されねばならない。これは〜へと向かう運動を説明する表現である。聖トマスのように「適合 adéquation」と言ってもいい。すると有名な定式、*« veritas [est] adaequatio rei et intellectus »*[*4](真理とは事物と知性の適合である)が得られる。

しかし奇妙なことに、この定式を通して真理が再び姿を現す。我々はさきほど完全にそれなしですませたのに。実際、我々は認識の行為ないし過程を、主体と対象という二つの項と両者の相同性だけを介在させて説明した。真理はもち出さなかった。ところがここでそれが再登場するのである。まるで、我々が述べたこと「の真理」であるかのように。真理はここへなにをしにやってくるのか。常識の裁可を反復することとしかしていない。対象の主体への、あるいは主体の対象への適合の結果が認識であり、認識は対象を厳密に反映しており、対象の真理である、と宣言するだけである。これはつまり純粋に同語反復的な定式なのである。ただし一点を除いて。常識の裁可とは、我々はすでに気づいているが、イデオロギーの領域に依存する価値の裁可なのである。我々はやがてこの点に立ち戻ってくるだろう。

そこで我々の定式を次のように修正することができる。

（S＝O）＝V

とはいえこの定式は哲学者を完全に満足させるものではない。例えばデカルトは、真であると明晰かつ判明に分かっている真理を手にしているときでも、それを疑いはじめる。あらゆる可能な懐疑のリスクを除去するために、追加の保証を求める。認識の理論を作る観念論哲学者はつまり、主体の対象への適合を考える必要があるばかりか、適合の結果が真理であると言う必要がある。（S＝O）＝Vであると。より正確に言えば、彼は悪霊の仮説、我々を騙しているかもしれない全能の神の仮説というフィクションによってであれ、反論者をとことん追い詰める（ソフィストをまえにしたプラトン、ヴォルフをまえにしたカントのように）ためであれ、S＝Oの適合過程によって生まれた真理が真であり、この過程に含まれる関係の総体が真である、と主張する必要を感じている。要するに、彼は獲得された真理に真理性の肯定を付加する必要を感じているのである。あらたにこう書かねばならないと思っている。

V（S＝O）＝V

これはこう言わんとしている。主体と対象の適合が真理を生産するということは真である。

＊4　トマス・アクィナス『神学大全』第二巻、高田三郎訳、創文社、一九六三年、第1部・問題40。トマスはこの定式をイサアク・イスラエリに帰している。

真理による真理のこの裏打ちが、観念論哲学の主要な常数の一つである。我々はこの点にすでに、哲学と科学の区別に関連して気づいていた。哲学は科学から自らを区別すると同時に、科学の真理であり、科学の科学であり、科学的真理の真理であるものとして自らを差し出すのである。この立場はプラトン的存在論の形式（そこでは一つの存在が、他の存在のうえにある）から、カント的批判主義の形式にいたるまで、非常に多様な形式をまとうことができる。カント的批判主義では、超越論的主体なる主体はデカルトにおける「我思う」の統一性を通じて把握されるものの、まったく別の役を演じ、認識のもとに集められる多様なものの超越論的統一性（すなわち純粋で非経験的で、「時空間」の偶然性に縛られず、必然的である統一性）を保証する任を負っている。同じ役割は、あらゆる観念論哲学者に見いだせるだろう。

次の問いが提出される。しかしなぜ真理のこの二重化なのか。容易に答えることができるだろう。この二重化は、科学的認識を生産する学者とそれについて思考する哲学者のあいだに存在する知的労働の分業を、確認し、反復し、思考している。哲学者は自らの哲学的真理についても考え、発言する。しかしこの答えはまやかしである。というのも、問いを先送りすることしかしていないからである。答えを塹壕のなかに追いかけていくには、こう問わねばならない。しかしなぜこの知的分業なのか。それは結局、こう問うのと同じである。しかしなぜ哲学と科学は一つの同じものではないのか。さらに言えば、なぜ科学と哲学は存在するのか。それぞれであれどちらかであれ、二つともであれ。

我々はここで答えの原理を提出することができるが、それは明らかに、科学と哲学と両者の関係という枠からはみ出している。その答えは非常に単純である。この二重化のなかでなにが起きているかをまじめに捉えること、それが答えである。我々はすでにこう言った。哲学者は、私が述べたばかりのこと（すなわち、主体の対象への適合が真理を生産する）は真理であると言う「必要」を感じている。要するに、ちょっとした追加の必要であり、哲学者はそれを感じるものなのであろう。彼にはそのちょっとした必要を満たす必要がある。ならばそれは、ちょっとした必要ではないのではないか。そもそも必要などではなく、哲学者の必要ではないのではないか。それは、究極的には社会的均衡全体にかかわる介入の大デモンストレーションなのである。その点をもう少し詳しく見てみよう。

私が述べたばかりのことは真理であると哲学者が宣言するとき、彼は先回りして用心している（予防的行為）。彼を嘘つきと非難するかもしれない人間すべてを。そういう人たちの信条を想定し、彼は自分と信条を共有する人たちに対し、自分が言ったことを保証し、自分は真理を述べていると保証することで、彼らを力づけている。そのためになされた宣言なのである。真理とは保証機能である。それゆえ真理は、あらゆる保証を提供する形式、どんな疑惑であってもそのうえを行く形式で発せられる。たとえばもっとも厳格な証明の形式であり、裸の数学的厳密さを備えた実践にヒントを得た形式（デカルト、スピノザ、カント、ヘーゲル）。あるいは、もっとも洗練された説得効果で飾り立てられた形式（プラトンの対話を見よ）。またあるいは、瞑想的信条のもっとも内密な交流の形式（ベルクソン）。要するに、時代や「対象」や才能に応じて、哲学者は事実上もっともよい議論、推論形式を選ぶ。すべては真理をもっとも説得的なやり方で見せるためである。そうしたやり方で、哲学者はあらゆるチャンスを捉えて保証してきた。自分の側に可能な保証をしてきた。反論者や敵はいつでも現れうるが、彼らがどんなに素早く身を起こしても、彼らにはすでに待ち構えている者がいる。

真理による保証の演出が行われるこの空想劇は、いったいなんの役に立つのか。まず哲学者の役に立つ。彼はあらゆる人間同様、自分に対し保証する必要を感じている。知的労働内分業と知的労働と肉体労働の分業のなかで哲学者という「職業」に従事することで、自分は真理のなかにいる、と自分に対し保証する必要である。哲学者になっても、人間であることに変わりはなく、彼にも懐疑の時間、暗い時間、不安な夜の時間を過ごすことはある（デカルトを見よ。スピノザさえそうだ。さらにパスカルを見よ）。暗い夜に真理の火が点っても、その火が見えても、あとから、自分は夢を見ていたのではないか、意地悪な神に騙されていたのではないかと心配することはある。哲学者になっても、終わりのない坂道を上らねばならないし、哲学者を動揺させるのは奇跡が揺らぐことだけではない。この世の苦痛全体、戦争と虐殺が、彼に自問させる。人々が飢えて死のうというとき、頭のなかで思考を調節してなんになるのか。彼はまたこうも自問させられる。自分は神の摂理を信じているのに、「なぜ海に、砂地に、街道に雨は降るのか」、降ってもなんの役にも立たないこの雨は（マルブランシュ[*5]）。こうも自問させられる。薄明のように純粋な子どもが苦しみながら死んでいくのを阻止できない、思考のこのとてつもない努力はいったいなぜなのか。哲学者たちのこの懐疑、この不安について書物を編むこともできるだろう。自らの使命に直面しての偉大な哲学者たちの懐疑や不安について。自分の著作全体をそれに捧げた哲学者もいた。その名をキルケゴールという。心のなかで、彼は怯えている。哲学者が学者と世の人々に対して、さらに普遍的歴史に対してさえ負う普遍的保証の役目を、私は不当に手に入れたのではないか。だからこそ彼はあんなにも暴力的に、自らの任務を果たす力が自分にはないという疑念を払拭しようとした。無理な議論をして自分を納得させることもあった。

しかしこれは本質的なことではない。自分が納得しようとしまいと、そんなことは彼の良心の問題であり、いわば身内と内密の日記の問題でしかない。彼が言葉と著作で話しかける他人にとってはどうでもよい。他人にとって、彼は哲学者である以上つねに納得しているのである。彼は哲学者を名のっている。哲学者であること、真理の真理を手中にしていること、真理を語ること、真理を説得的なやり方で語ることは、一つの同じことにすぎない。二重化による真理の哲学的保証はつまりそとに向かって機能するのである。つねに。真理は他人のためにある。大いなる、最高の偽装だ！ 他人がそれを信じてくれればいい。万事快調であると他人が信じ、哲学者が存在するのは真理をもっている人々に向かって、あなたの真理の真理はこういうことですよ、等々と語るためである、と彼らが信じてくれればそれでよい。そうです、万事快調です。知っており、知っていると言う人と、知らないで耳を傾ける人の分業はよきこと。働いて生産する人と、働かず、真理を考えてそれを語る暇がある人の分業は、よきこと。統治する人と統治される人の分業はよきこと。軍人と民間人、男と女、自由人と奴隷、ギリシャ人と野蛮人（ないし奴隷ないし移民）、大人と子ども、神々と人間、司祭と俗人、占い師と盲人、巫女娼婦と世俗の女の分業はすべてよきこと、すばらしいことである。プラトンを読め

＊5 マルブランシュ『自然と恩寵についての論考』第一論文一四節。同『形而上学、宗教、死についての対話』第九の対話も参照（ともに未邦訳）。〔*Traité de la nature et de la grâce, Œuvres, op. cit.*, t. II, Paris, Gallimard, coll. «Bibliothèque de la Pléiade», 1992, Ier Discours, §14, p. 25-26. *Entretiens sur la métaphysique, sur la religion, et sur la mort, ibidem*, IXe Entretien, §12, p. 843-844.〕

ば、全著作にわたってそれが詳しく説明されている。それがよきことであるのは、この分業が同時に結果の統一性を生産する分業であるからだ。まさに国家の統一性と市民のあいだでの平和である。悪意の人であるマルクスは、こうしたシステムの全体――そこにはシステムを保証により裁可する哲学も含まれる――は一つの機能しかもっていないと説く。支配階級の被支配階級に対する支配の維持である。それを維持するために、こうした分業、こうした多様な役割と、最良の国家にあってはそれがよいのだという保証が必要になる。司祭も政治家も、さらに哲学者も、それを疑うかもしれない人たちに向かって万事快調を保証する。既存の階級独裁の秩序に挑む悪意をもっているかもしれない人たちに向かって。

かくして我々は、哲学がどんどん無垢でなくなっていくのを目にする。哲学は既存秩序の維持（ないし転覆）を自らの役割とするのである。つまり哲学は、政治と結びついた部分を抱え込んでいる。とはいえ我々はまだ認識の理論とけりをつけていない。観念論哲学がこの理論を考える形式のなかにあるとき（この点を強調しておく）、認識の理論は純粋に想像的なものである。それでもこの理論は問いと答えを生産する。すなわち、新しいカテゴリーやテーゼと、理論的かつ実践的な帰結を生産する。

哲学者が彼の新しい等式、

V＝（(S＝O）＝V)

を書くとき、哲学者としての本性からして好奇心にあふれた（アリストテレスによる）彼は、新しい問いを立てずにはいられない。この真理はどこから来たのか。言い換えれば、彼は我々がすでに出会っている問いを立てる。起源の問いである。原理の問い（アリストテレス）と言ってもいいし、基礎の問い、充足理由の問い、すべてがそれに依存する最初の、あるいは最後の問い（ライプニッツ）と言ってもいい。言い換えれば、哲学者はまったく単純な問いを立てる。彼を自分の主体性一切から解放してくれるはずの問い、すなわち彼の疑念と不安のすべてを追い払ってくれるはずの問いである。そのときまで黙って心の奥にしまっておいた（彼と彼の確信を必要としているかわいそうな人々に対し面目を失ってはいけないので）疑念と不安のすべてを追い払ってくれるはずの問い。それは、私が提供しつつある保証を基礎づけるものはなにか、という問いである。自分を一介の偶然的個人にする人間的条件を逃れようとする哲学者には、まことに正当な問いである。彼はどこかの国で、ある年、ある両親のもとに生まれた。奇妙な性癖ももっている。例えばやぶにらみの女やスウェーデン王女を好む（デカルト）。毎日散歩に出かけ、木々に小便をかけてまわりたがる（カント）。フォンテーヌブローの森に生えるナラの木の樹液に存在を見つめに行きたい（ラシュリエ）。シュヴァルツヴァルト（黒い森）の木々と触れあって、樵が木を切り出すためにつけた道に迷い込みたい（ハイデッガー）。しかしこんな些事を読者はよくご存じだろうし、これくらいにさせていただきたい。要するに、フォイエルバッハが経験的諸規定と呼ぶもの（鼻は丸いか尖っているか）を逃れたい哲学者、なによりも、自分の語る真理と提供する保証がこうした偶然性を免れていて、誰にとってもつねに有効かつ保証されていることを望む哲学者は、この問いに答える必要性を感じて当然である。いったいいかにして、私の語る真理と私の行う保証が基礎づけられるのか（すなわち、いかにしてそれを基礎づけるのか）。一般化して言えば、哲学が語り、哲学が実行する保証は、いかにして基礎づけられるのか。

そして、観念論哲学のつねとして、言ったことはすぐに行われる。答えはつねに問いのなかにある。哲学者はまたあらたに、手に入れた真理を二重化する。ただし今度は、真理に上位の地位を与えることによってである。それはもはや個人的で経験的な地位（私が言っているのだから信じてもらってかまわないし、私はそれを証明している）ではなく、普遍的で絶対的な地位である。彼は自分がこれまで「証明」してきたことを基礎づけるために必要な上位の真理（N°3）《（ママ）》[*6]を「生みだす」。すなわち、語源的にはサルトルのカフェのボーイの意味で、盆に乗せて我々のところに運んでくる。この真理が絶対的、根源的起源である。その向こうには遡ることのできない起源。そこはパリ、マルセイユ、その他のいくつかの駅のように行き止まりであり（ハイデッガーの杣道のように）、レールは車止めで終わり、それ以上遠くには行けず、逆にそこからフランス中の他の駅に向けて再出発することができる。この絶対的真理は同時に絶対的原理であり、時間のなかではもっとも古い（それ以前には時間なるものがない）。あらゆる結果はそれに依存することになるが、それはいかなるものにも依存しない。この絶対的真理は基礎、土台でもあり、建物全体——存在であろうと理性であろうと推論であろうと——がその上にのっている。それはなにものにも支えられない支えるものである。それを支えるものがない大地。なにかに背負われることなく世界を背負う神話上の起源の巨人。すべてをその力で支える神。もちろん、神には自分が足を降ろす地面、根拠 *Grund* は必要ない（とはいえ神には足がない。ルロワ＝グーランを参照いただきたいが[*7]、人間を人間にするのは足である。手や頭部ではなく足であり、すなわち直立姿勢であり、フロイトが『トーテムとタブー』で示したように[*8]、だから人間は火に小便をかけることができる。女には不向きながら)。この絶対的真理は、世界に存在するすべてのものを説明する充足理由、理由の理由 *ratio rationis*、この世のあらゆる理由の理由、最後ないし最終理由である。事物の根源的起源であり(ライプニッツ)[*9]、存在理由であり、目的であり、目的地である。事物のために事物のそとで決められた目標である。神の最大の栄光のため、最小費用で実現される世界の美しさのため、あるいは人間の救済のため(あるいは支配階級によって作られた秩序のため)。

ついでに記しておけば、起源、原理、根拠、充足理由の探求に出発した哲学者は、必ず最終目的に

＊6 三番目の「真理」という意味であろう。一番目の「真理」は等式「(S = O) = V」に現れるVを指し、二番目の「真理」は「V (S = O) = V」の右辺のV、ないし「V = ((S = O) = V)」の左辺のVを指していると思われる。それに対し三番目の「真理」は、一二八頁に述べられている「目的と起源の同一性」(等式「O = (V = (S = O) = V) F」として表現される)を指しているだろう。

＊7 アンドレ・ルロワ＝グーラン『身ぶりと言葉』、荒木亨訳、ちくま学芸文庫、二〇一二年。「猿は四本足で立つか座るかする混合姿勢で特徴づけられる。彼らの足はそうした生活条件に適合している。それに対し、人類は二本足で立つか座るかする混合姿勢で根本的に特徴づけられ、その足は厳密にそれに適合している」。「人間が足からはじまることだけは疑いの余地がない」。アルチュセール「ヒューマニズム論争」一〇九一－一〇九二頁も参照。

＊8 アルチュセールがここで念頭においているのはおそらく「文化への不満」であろう(フロイト『幻想の未来／文化への不満』、中山元訳、光文社古典新訳文庫、二〇〇七年)。

＊9 もっとも普及している仏語版ライプニッツ選集のタイトルが『事物の根源的起源』である。〔*Sur l'origine radicale des choses*, trad. P.-Y. Bourdil, Paris, Hatier, coll. « Profil formation », 1994.〕

出会う。存在の（存在者のではない、とハイデッガーは言う）最終目的、目的地、「運命」にである。存在するすべてのものの最終理由、保証の保証として根源的起源を自身の等式に書き込みたい哲学者は、等式のなかに同時に最後の理由もまた書き込まねばならない。プロセス全体の目的を。そして同時に次の単純な同語反復を確認せねばならない。ものごとの最終的で根源的な目的 *Fin* は、ものごとの最初で根源的な起源 *Origine* と同一である。つまり、目的と起源は鏡像的な位置にあり、互いが互いのイメージであり、互いが互いの真理である。哲学が提出する問いについて、我々がすでに指摘したとおりである。

かくて我々は、決定的等式を手に入れる。それは次のように書かれる。

$$O = (V = (S = O) = V) F$$

私は決定的等式と言ったが、言葉の綾である。というのも、哲学者はまだ不安で自問することもあるからである。なにがこの等式を基礎づけるのか。そのとき彼は、これまでの操作について同じ操作を再開することになるだろう。無限に。これは自戒のための個人的空想ではない。歴史のなかには、保証にかんする保証の操作を無限に繰り返す、ヘーゲルのような哲学者もいるのである。集合論のパラドクス（要素の集合はその集合の要素の一つになることができるか?）から出発してこの循環的反復を説明し、それを理論にしようとする哲学者さえいる。形式主義的な理論（ラッセル）[*10]であれ、存在論的な理論（ハイデッガー）[*11]であれ。さらに、こうした洗練された観念論的試みから批判的教訓を、つまり唯物論的な教訓を引き出そうとする哲学もある。その哲学は、外部なき哲学の円環がなんでありうるのか、哲学の非哲学的で哲学的な余白としての外部がなんでありうるのかを考えようとする（デリダ[*12]）。しかしそこは観念論の極限（すぐれて哲学的なカテゴリーである。観念論哲学が自らの詐術を自覚しはじめるところを指す）である。すなわち、目前にはもはや唯物論しかない極点である。

＊10 バートランド・ラッセル『数理哲学序説』、平野智治訳、岩波文庫、一九五四年。
＊11 ハイデッガー『存在と時間』三二節、六三節（細谷貞雄訳、ちくま学芸文庫上下巻、一九九四年）。
＊12 ジャック・デリダ『哲学の余白』上下巻、高橋允昭他訳、法政大学出版局、二〇〇七－〇八年。

II

とはいえ我々はまだ認識の理論とけりをつけていない。だがその機能について、もう一言述べておこう。納得していただけたかと思うが、認識の理論は真理の保証（あらゆる存在するものの真理の保証）を確実なものにするためにある。この普遍的保証（既存秩序の保証）の機能を、認識の理論は逆説的にも認識の真理に保証させる。つまり、この理論は認識の現実を支えにして、普遍的保証の役目を買って出るのである。真理の観点から言えば、この役目は想像的なものにすぎないが、科学的、イデオロギー的、政治的、社会的な現実の観点からすれば、非常に現実的である。とはいえ認識の理論が支えとも口実ともする認識のほうは、想像的なものではない。人間はものごとを認識する。人間は多様な手段によってものごとを認識し、得られる認識も多様である。人間はものごとを経験的観察によって認識するが、経験的観察はつねに多かれ少なかれ、観察されるものごとの性質の変化（天体、植物、潮の満ち引き、などの場合）や、ものごとの人間的変化（狩猟、動物の家畜化、建設、破壊、生産、消費、原材料の道具への変容、などの場合）に向けられる。それらの認識は、たとえ単なる観察が行われるときでも、けっして純粋に受動的なものではない。それらは実際つねに、いくつかの社会的ないし宗教的な（両方であることもある）予備的観念に支配され、導かれている。その点は、我々に観察可能なもっとも「原始的」な社会についての研究が示すとおりである。社会がどれほど未開であっても、人間は社会に生きており、言語をもっている。

一体のものでしかないこの二重の条件（社会と言語）をアリストテレスはよく見ていたが、最初の人間たちの知覚と表象と呼べるものにこの条件は跳ね返りを及ぼす。命令や幻想の話ではない。人間は生存するために、相互のあいだに存在する社会的で性的な関係を考慮に入れずにすますことはできないのである。自然に対し関係する場合でも、つまり、人間が生活の糧を引き出してくる自然について認識する場合でも、そうなのである。社会的関係についてこの点を理解することは比較的容易であろう。しかし性的関係もまた無視できない。この関係は人間の生物学的再生産を規定し、社会的関係とそれを反映したイデオロギー的関係のなかに組み込まれながら、再生産レベルにおいて本源的役割を果たす。狭義の科学的認識が意味をもちはじめるのはずっとあと、最初の全般的で一般化された経験的認識が出現したあとのことである。しかし、いかなる条件が紀元前六世紀、タレスにおいて、科学の出現を可能にしたのだろうか。これはいまだに謎の問いであるが、謎めくにあたっては、ピタゴラス派の禁欲的な宗教的イデオロギーがなんらかの役割を果たしたと思われる。[*1] そのときまで単純な対象ないし経験的操作子であった数を、彼らは観念に仕立てた。すなわちいかなる経験的内容ももたない抽象的、普遍的、必然的な現実に仕立て、それにかんしては、いかなる具体的参照物からも独立して操作できるようにした。そのとき、とにかく後戻り不可能な一歩が踏み出された。それ以前に戻ることがもはやできない一点である。スピノザの定式はその点を根拠に書かれることができた。それによると、我々は真なる観念をもっている。数学的認識である。この観念を規範とすることで、我々は様々な観念を判定し、他の真なる観念を生みだすことができる。

実践的認識と科学的認識がこのように現実的に区別されるということを、あらゆる哲学は承認する。

しかし観念論哲学と唯物論哲学はこの区別を同じ仕方では扱わない。二つのタイプの認識のあいだに「分割線を引く」ことで、あらゆる哲学はこの区別を神聖視する。しかし同じ仕方では線を引かないのである。実際、観念論哲学の関心は、実践的認識に対する科学的認識の優位を確実にし、証明し、保証することである。実践的ないし経験的な認識が科学的認識に先行すると承認しても、その承認を通してさえ、科学的認識の優位を主張する。観念論哲学の関心は、科学的認識は権利上、実践的認識とまったく本性を異にしており、まったく別の能力（悟性ないし理性）の対象であり、たんなる感覚的かつ経験的能力より無限に優れていると示すことにある。そして巧妙さの極みとして、たとえば、科学的認識の真理は実践的認識のなかに潜在的にではあれすでに現前している、と示そうとする（プラトン）。あるいは、科学的認識のアプリオリな形式や「受動的綜合」があらゆる感性的経験の可能性の条件である、と示そうとする（カント、フッサール）。極限的には、観念論が主張するテーゼは逆説的ではあれ、その目的に完璧に適っている。あらゆる感性的経験はすでに権利上、誤解という形式を取った科学的認識である、とみなすのである。自らの真の本性を意識していないだけの科学的認識である、と。その結果、ものごとを考察し、科学的認識の隣には実践的認識があると現実的に認めるような場合でも、あるいは極限まで進んで、あらゆる認識は権利上科学的であるとみなす場合でも、観念論は実践的・経験的認識に対する科学的認識の勝利を確実にする手はずをつねに整える。そして勝利の背後に隠れて、哲学の勝利を当然のように表明する。哲学だけが実践的認識に対する科学的認識の支配の真理を所有している、と。この是認、この自己聖別がなんの役に立つのか、我々は少し理解したことになる。

当然のことながら、実践的認識と科学的認識の区別の承認は、観念論によってつねに多少とも歪曲されている。観念論が自分の気にかかる哲学的「問い」、自分があらかじめ答えをもっている「問い」を立てるためには、この歪曲が不可欠なのである。科学的認識が実践的認識を支配していると観念論が宣言しても、そこでは実際、明らかなこともほんとうのこともなにも述べられていない。それどころか、観念論は成し遂げられた事実を述べているだけである。実践的認識に対する科学的認識の支配、という事実ではない。科学を作る知識人が生産する労働者を支配している、という事実である。これら二つの人間集団の背後には、支配階級の被搾取階級に対する現実的支配がある。

しかし、この現実を肯定したからといって、いかにして歪曲が行われるかを詳らかにしたことにはならない。あまり長くならないよう、一つだけ例を挙げることにしよう。実験と経験にかんするカントの理論である。実験に従事するニュートンの実験物理学が存在するという事実にかんして、カントは〔実験と経験という〕二つの現実を区別する。しかしカントは、それらを区別しつつも、実験と経

＊1　アルチュセールの注記によれば、M・キャヴァン（Caveing）が一九五〇年頃に提出した仮説であるが、アルチュセールによる参照は間違っている。タレス、ピタゴラスおよびギリシャ数学の起源については次のテキストが参考になる。プロクロス『ユークリッド原論第一巻注釈』、「プロクロスの摘要」（幾何学者列伝）〔« Résumé de Proclus », dans Proclus de Lycie, *Les Commentaires sur le premier livre des Éléments d'Euclide*, éd. et trad. P. Ver Eecke, Paris, Albert Blanchard, coll. « Travaux de l'Académie internationale de l'histoire des sciences », 1948, p. 55 sq.〕。本書のアルチュセールによれば（七八頁参照）、タレスは「おそらく神話上の人物」であるが、同じくアルチュセールの『非哲学者のための哲学入門』では「前六世紀頃」に実在した人物とされている（*Initiation à la philosophie pour les non-philosophes*, éd. G. M. Goshgarian, Paris, Puf, coll. « Perspectives critiques », 2014, p. 88）。

験を最終的に同一視し、経験というカテゴリーの統一性のもとに置く。彼にはこの統一性が、可能な経験の諸形式の統一性を超越論的主体の統一性のもとに置いて説明するために役立つのである。川を下る船を知覚する経験からニュートン物理学の実験にいたるまでを超越論的主体の統一性のもとに置いた結果、実践的認識（知覚）に対する科学的認識の支配が確実なものとなり、実践的経験と科学的実験の差異が「消される」。観念のこうした秩序にかんしては、プラトン、デカルト、ヘーゲル、ベルクソンを例に挙げることもできるだろう。歪曲の形式はたしかに様々であるものの、原理上、歪曲していることに変わりはなく、つねに科学的認識の「最高の栄光」に奉仕する。その背後には、ことがら全体の鍵を握る哲学の栄光がある。

唯物論哲学において事情はまったく異なる。ここではまず慎重を期して予告しておかねばならない。哲学史は観念論に支配どころか押しつぶされており、唯物論哲学はつねに敵の側から壊滅的支配を受けてきた。敵の影響を受け、敵に汚染され、大部分のときを敵陣で闘うよう、敵の議論ばかりかテーゼまで使うよう強いられてきた。もちろん、観念論由来の意味を巧妙に避けて、ではあるが。そうした哲学を、それらが借りることを強いられた仮面に穴を開けるためだけにも、解読するすべを知らねばならない。唯物論と無神論は教会と国家の法廷にかけられ、死刑に値した時代もあったのであり、それらは当時、公然と発言するためには仮面を着けねばならなかった（ジョルダーナ・ブルーノはその思想ゆえに火刑に処され、スピノザはアムステルダムのユダヤ人コミュニティを追放された。当時の追放は一種の極刑であり、彼は自分の街で囚人のように暮らさねばならなかった）。唯物論を自称する哲学（そう自称するにもかかわらず、観念論に影響された哲学である場合も多々見られる。一八世紀の「唯物論者」の大部分やフォイエルバッハである）だけでなく、なにも言わないか、観念論であると思わせておくことを強いられさえした哲学（偉大な唯物論哲学者であったスピノザのような。私見によれば、彼はあらゆる時代を通じて最大の哲学者である）[*2]を解読できれば、ときに喜ばしい、ときに失望をともなう驚きに見舞われる。

限定をもう一つ加えておかねばならない。エンゲルス[*3]以来のマルクス主義哲学史では、哲学史は観念論と唯物論の闘争に還元されると述べるのが慣わしである。[*4]この定式は一般的には正しい。しかしそれを機械的に適用して、それぞれの時代ごとに、支配的な観念論哲学者に敵対する唯物論哲学者は誰か、などと探ろうとしたり、あらゆる観念論（ないし唯物論）哲学は一〇〇パーセント観念論（ないし唯物論）を表現する――一〇〇パーセントの観念論か一〇〇パーセントの唯物論である――と信じたりすると、哲学的テキストを読んでもなにも理解できないはめになる。というのも、哲学的テキストの読解により発見されるのは、あらゆる観念論哲学が、その観念論にもかかわらず、そしておそらくその観念論ゆえに、唯物論の要素を含んでいるという逆説だからである。同様に、あらゆる唯物論哲学が、その唯物論にもかかわらず、そしておそらくその唯物論ゆえに、観念論の要素を含んでいるという逆説も発見される。[*5]この事実を、エンゲルスの理念を捨てることなく考慮に入れ、考える必

＊2　元原稿では「観念論哲学者」となっている。
＊3　エンゲルスについての「この点にかんするマルクスの立場を正確には理解しなかった」という記述が削除されている。
＊4　エンゲルス『ルートヴィヒ・フォイエルバッハとドイツ古典哲学の終結』。

要がある。すると結局、次のように考えるほかないだろう。あらゆる哲学（哲学者の著作ないし哲学の潮流）は矛盾しており、そのなか、その問題構成、そのカテゴリー、そのテーゼ、その論証に、観念論的要素と唯物論的要素の両方を含んでいる。そして両者が互いに働きかけあって、存在する哲学を構成している。矛盾しあうそれらの異質な要素を解読することができてはじめて、これこれの哲学は「観念論的」であるとか「唯物論的」であるとか決めることができるだろう。すなわち、観念論的要素が支配的なのか、唯物論的要素が支配的なのか。

たまたまこんなことになったわけではない。極限例を取り上げれば、ある観念論哲学が唯物論的要素を含むのは、現実を「考慮する」ためだけにではない。現実を顧慮するのはあらゆる哲学者に課されることである。支配的哲学であっても唯物論の影響を被るから、その観念論哲学は唯物論的要素を含むのではない。唯物論はそんな影響を与えるには弱すぎる。観念論哲学が唯物論的要素を含むのは、まったく別の理由によるのだ（本質的には、である。この法則には例外が見られるので）。その理由は、哲学の領域を支配する――その点はすでに見た――全員に対する全員の戦争状態に由来する。観念論陣営に属す哲学と唯物論陣営に属す哲学のあいだの戦争である。この戦争における予防的な理由が、その別の理由にほかならない。あらゆる哲学は戦争状態にあり、極限においては、唯物論的である場合も観念論的である場合もある他の哲学的傾向に対する戦争状態にあるため、ことの必然として、敵に勝つため敵に先回りしなければならない。すなわち、敵の議論のなかをくぐり抜けさえして、敵が取りそうな位置 positions を予防的に占領しておかねばならないのである。

「位置＝立場 positions」という語を用いるのは偶然ではない。立場 positions はテーゼであり、テーゼは占領された立場であり、そこには敵の立場も含まれる。私はまず敵の立場を云々することになった。というのも、この戦争において極限的には、先に敵に占領されていない立場はないからである。つまり敵の立場しかないのである。そこを占領して自分に合わせて整えるしかない。しかし敵の立場にも使えるなにかがつねに残っており、土着のリーダーをそのまま使うのもよき植民地的手法である。彼らは彼らの同国人を搾取する仕方を占領者より心得ている。イギリスの手法が示してきたとおりである。こうした事情により、哲学においては敵対関係が遍在し、必然的（偶然的のみならず）に、ある観念論哲学は唯物論的要素を矛盾しながら含むことになり、ある唯物論哲学は観念論的要素を矛盾しながら含むことになる。

だからマルクスやレーニンのような唯物論者は、ヘーゲルの絶対的観念論の哲学のなかに、彼らにとってよきことを発見することができた。これは一例にすぎないが、哲学史全体に拡張すべき例である。一九一五年に『大論理学』を読んだレーニンは、発見に驚喜する。しかし同時に逆に、一八世紀の偉大な唯物論者たちや、レーニンがその唯物論を褒めちぎるフォイエルバッハのように唯物論者を自称する哲学者が、観念論の要素を含んでいることもある。彼らはかつてのように封建的かつブルジョワ的な観念論哲学に支配され、彼らにおいては観念論が唯物論に広範な勝ちを収めているのではないか、と問えるほどだ。

こうした指摘の締め括りとして主張しておこう。マルクス主義的唯物論は、俗流唯物論や機械的唯

＊5　アルチュセール『自己批判』七七頁。〔*Éléments d'autocritique*, Paris, Hachette, coll. «Analyse», 1974, p. 90-91.〕

物論に対し非常に批判的であるものの、自分が一〇〇パーセントの唯物論であるとはけっして言い張れないだろう。マルクス主義唯物論もまたつねに不可避的に観念論の要素を含むであろう。「スターリン的偏向」[*6]の効果として生みだされた今日の弁証法的唯物論については、事態ははるかに深刻であり、そこでは観念論的要素がほぼ支配的であると言わざるをえない。とはいえ幸か不幸か、これは偶発事である。マルクス主義の歴史にたまたま起きたことではないとしても偶発事であり、その検討はまた別の機会になされるであろう。

唯物論の立場にかんして、完全でなくとも正確な表現を見つけることは難しいわけである。そう我々に警告してくれた予備的考察に続き、認識の理論をめぐる唯物論的な考え方に話を移そう。

原理的にはこう言わねばならない。唯物論は、認識の理論という理論的な問いの哲学的有効性を認めない。というか、認めるべきでない。

まず、見た目は奇妙な事実に注意すべきである。認識の理論の境遇と重要性は哲学史において変化してきたという事実である。ギリシャ哲学と中世哲学において従属的な地位を占めたのち、認識の理論は一七世紀になると次第に幅を利かせるようになった。ところがヘーゲル以降、フッサールによる再興の試みにもかかわらず、それは地位を失いつつある。この現象をどう説明すべきだろうか。

単純な説明としては、科学史による説明が可能であろう。次のように言うわけである。科学は古代と中世においてほとんど発展せず、そのせいで認識の理論は後退したが、逆に、ガリレオ以来の科学的発見の展開が、認識の理論の哲学的評価を高め、非常にまれな例外を除き、一七−一八世紀の哲学すべてのトップに躍り出た。この説明は古代と中世と古典主義時代についてはもっともらしいが、近代については妥当しない。ヘーゲルにおける認識の理論の凋落をどう説明すればいいのか。彼は数学、物理学、化学、そして政治経済学における大発見の同時代人だったではないか。近現代の哲学者における認識の理論は、問題自体が劇的な展開を見せて消滅してしまう。彼らは人間科学の歴史における大発見の同時代人であったではないか。これをどう説明すればいいのか。別のやり方を提起すべきである。私は個人的には、科学史とは異なる歴史に説明を求めたいと考えている（科学史の重要性を否定するものではないが）。法的かつ政治的なイデオロギーの歴史である。[*7] 実際、認識の理論の哲学的隆盛がローマ法の回帰と一致していることは偶然ではない。ローマ法は西欧における資本主義的生産様式の誕生と発展により、当然のようにアクチュアリティを取り戻し、その結果修正もされた。我々は先ほど哲学の保証機能について語った。事実の状態の保証は力の問題でしかなく、人が保証できるのは権利のみである。ルソーがうまく述べたように、力の問題は「権利問題ではない」[*8]。哲学で問題になる

*6　アルチュセール「個人崇拝批判にかんするノート」（原テキストは『ジョン・ルイスへの回答』に独立した論文として収録されていたが、邦訳は前出『歴史・階級・人間』に「ジョン・ルイスへの回答」の一部として収録されている）。

*7　アルチュセール『再生産について』第九章「生産諸関係の再生産について」および第一一章「再び法について。その現実性すなわち国家の法的イデオロギー装置」において素描されたテーゼである。〔*Sur la reproduction*, éd. J. Bidet, préface É. Balibar, Paris, Puf, coll. «Actuel Marx confrontation», rééd. 2011, p. 101-105, 199-203.〕

*8　ルソー『社会契約論』。「力は権利をなすものではなく、人は合法的権力にのみ従うことを強制される、と約定しよう」。

のは理論的保証である。この保証は権利という非常に特殊な事実の保証であり、権利の基礎、権利の合理性だけがそれを保証することができる。

すべてはそれゆえ、ブルジョワジーが支配的封建勢力と先行きの見えない階級闘争を展開しなければならなかったころ、彼らが闘争遂行のため、生産力を発展させ賃労働者の搾取を容易にしてくれる科学的発見に支えを求めねばならなかったころ、そして、真理の保証をまるごと神に委ねていた宗教的イデオロギーとその哲学に対する階級闘争を闘わねばならなかったころ、その勃興せるブルジョワジーが封建的な神とは別の保証を必要としたかのようである。なによりも、自然科学の真理を人間の手が届くところに置いてくれる保証、それも同時に、個人主体の自由を保証することのできる形式でそうしてくれる保証を必要としたかのようである。個人主体とは、生産的労働の主体、資本主義的企業の主体、道徳的主体、政治的主体、要するに法的主体である。そのために認識の理論を前進させねばならなかった。それも権利の言葉で動く認識の理論を。カントがみごとに「理性の法廷」[*9]と呼んだものを打ち立てねばならなかったのである。人間的主体といわゆる認識の両方を出廷させる法廷だ（人間的主体には、なにを認識できるかと問い、認識には、なにが真理であり科学的であるかと問う。この法廷は君臨する形而上学ではない。心理学ではない。合理神学でも宇宙論でもない。数学であり、物理学であり、いつかは化学もそこに加わるだろう。とにかく心理学でも歴史でもない）。

この仮説に根拠があれば、ヘーゲルを筆頭とする一九世紀哲学における認識の理論の凋落も説明してくれるだろう。実際、自らの権力を事実上確立してヘゲモニーを握り、次第に国家のイデオロギー装置に助けられるようになったブルジョワジーは、もはや哲学的な保証を必要としない。かつては彼らの最初で最後の理論的よりどころであった保証をもはや必要としないのである。科学は存在している。結果を生産している。しかしもはや国家からの介入と有罪宣告を心配する必要はない。ブルジョワ的権利は既成事実となり、誰からも認められている。被搾取者からさえ認められている。認識における法権利、支配における法権利を正当化するという問題がもはやないのである。問題はたんに、打ち立てられた権力を編成すること、権力の編成と権力が守る搾取から、利潤率の傾向的低下と闘う手段を引き出すことでしかない。

既成事実を編成すること、事実を観察して最適の編成のための法則を取り出すこと、これが第一の政治的かつ哲学的任務となる。この任務は一挙に課されなくとも、遅かれ早かれ、次第にあらゆる国家に課されていくだろう。人間の統治に事物の組織化を取って代えるというサン゠シモンの夢が現実のものとなる。それを人間の統治に割り振られた任務が裏打ちする。被搾取者たちのあいだに支配階級の「精神的権力」を君臨させるという任務である。この権力は、まるで偶然であるかのように、実証主義哲学者という特殊な司祭たちによって行使される。実証的であること、実証主義。権力の座にある資本主義的ブルジョワジーの合い言葉が発せられるようになる。この合い言葉がブルジョワジーから離れることはもはやないだろう。権利の問い、あらゆる権利問題、そして理性の法廷は過去の遺物となる。問題は実証性の支配を実証的に組織すること、プロセスの法則を認識することだけだ。

＊9　カントの著作全般に見られる言い方である。例えば『純粋理性批判』初版序文には次のようにある。「この法廷は純粋理性批判そのものにほかならない」。

ヘーゲル流の弁証法的プロセスであれ、コント流の弁証法的プロセスであれ。ヘーゲルはまだフランス革命という闘争の痕跡を引きずっていた。その闘争は王政復古で終わりを告げるまで、どこまでも未決の闘争であった。しかしコントは、テーゼ／アンチテーゼ／ジンテーゼという三状態の法則に従っている。この法則は自らのなすこと、すなわち自らの効果、目的（「金持ちになるべし！」）を確信しており、社会を静かに統制している。この社会には、警察（とても実証的な人々である）と哲学者（とても実証主義的な人々である）を除けば、もはやいかなる保証も無用なのである。

もちろん、古い認識の理論を夢想する風変わりな人はまだいる。いつでもいる。西欧における科学の危機を心配するフッサールのような人である。ファシズムが理性嫌悪を携えて押し寄せる時代の危機意識であった。あるいは、昔の師の教えを繰り返す哲学教師たち。彼らはものごとの生起とはなんの関係もない。コントと実証主義以降、ものごとは一大運動のなかで生起していたのである。数理論理学の発見という近代的大発見の影響のもと、イデオロギーを新しい形態の新論理実証主義へと移動させていた運動である。新論理実証主義は人文科学、機能主義、構造主義のなかに自分たちを歓迎してくれる最良の論理構成を発見する。今度は、コントがまだ「精神的権力」[*10]をもたせていた哲学者たちの役割が消え失せる。機械は一人で動く。コンピュータにプログラムを導入してやればいい。電気と形式論理の両方で動くコンピュータが、プランばかりか決定までなんでもアウトプットする。人間はもはや権利を必要とせず、自由や思考さえ必要としない。機械が考え、自分のために決断する。機械は企業の投資活動における階級闘争の費用までプログラムするだろう！　こうした状況下では、ブルジョワ観念論は認識の理論を作ってもどうしようもないのである。何人かの独自な人、先に述べた伝統的哲学教師たちだけがこの理論に従事し、逆説的ながら、東のマルクス主義哲学者、東欧学派哲学者の一個大隊がそこに加わる。彼らはまるでブルジョワ・イデオロギーに捕まってしまったかのように、完全なる誤解にもとづいて「認識の理論」を管轄している。まるでこの理論がマルクス主義的唯物論に本質的であるかのように。彼らの影響がフランスのような国に及び、その国の哲学的伝統に新実証主義の世界的侵攻とは無縁の「ロワイアンの孤立地帯」[*11]のようなものが残っていれば、彼らはそこに恰好のライバルを見いだすことになる。このライバルたちはマルクス主義哲学の世界を「認識論 **gnoséologie**」（認識の理論）と考える。そして認識論は、我々がすぐあとで見るように「存在論」のようなものを強いる。[*12]

＊10　コント『科学と政治——実証主義哲学講義の一般的結論』。「現代社会の終局的再生という観点からは、精神の作り直し、その結果としての道徳の作り直しが適切に遂行されるためには、哲学を練り上げることが純粋に政治的な活動よりはるかに重要であろう。哲学者がその点について司法的統治に期待しうることは、この根本的な活動の〔…〕邪魔をしないことであろう」。

＊11　第二次大戦の末期、ドイツ軍が立て籠もって抵抗を続けたフランス南西部の町ロワイアンにちなむ。イギリス軍の空爆を受けて町が壊滅しても、ドイツ軍は降伏しなかった。

＊12　リュシアン・セーヴ『マルクス主義哲学入門』（一九八〇年、未邦訳）。「マルクス主義哲学が駆使する概念は、存在にのみかかわる純粋に存在論的な意味をもつものではない。その意味はさらに、認識と科学の主観的形式にのみかかわる純粋に論理学的な意味にも限定されない。それは、思惟のなかに反映されるかぎりでの存在の研究にかかわる認識論的な概念である」。〔L. Sève, *Introduction à la philosophie marxiste*, Paris, Éditions sociales, 1980, p. 281.〕

では、マルクス主義哲学が観念論哲学のように認識の理論を問いとして立てられないとすると、この哲学はいかにして現実に接近するのか。現実はいかに変装していても、観念論的な認識の理論のなかに入り込んでいる。簡潔にこう言っていいだろう。マルクス主義哲学は問いを抹消することで現実に接近するのである。すなわち、問いについて沈黙するのではなく、問いを抹消するための哲学的手段を生産し、設置することで現実に接近する。それは理論的には一つないし複数のカテゴリーを作ることに帰着する。我々が語った等式、

(S＝V)＝V

における等号（＝）をゼロに縮減するカテゴリーである。

おおまかに言えば、等号（＝）それ自体がゼロに等しい、すなわち無であると言えなくてはならない。繊細さの必要な作業だとは思われないだろう。苦労して哲学に入門しようとする者にとっても、哲学者にとっても。しかし哲学者にとってすべては哲学のなかで起きるのであるから、これほど重要な問いが精密化されたり、あたりまえだが、永遠の論争対象になったりするのは当然のことである。

等号（＝）がそれ自体でゼロであると言うためには、等式が項の一致に向かっている、つまり、主体と対象はただ一つの同じものである、と言わねばならない。一元論的立場である。その一元論は精

神主義的なこともあれば（一つの同じものが精神である場合）唯物論的なこともある（一つの同じものが物質である場合）、と我々は知っている。ついでに記しておけば、我々が観念論の一種である精神主義と唯物論との奇妙な近さに遭遇するのはここだけではない。とにかく、唯物論は物質の一元論として現れ、そこでは物質が主体と対象の一致を実現する。しかしこのとき唯物論は、同じである主体と対象の差異を説明しなければならなくなる。それがなければ、問いそのものが立てられえなかったであろう（！）差異を。差異を尊重する形式で主体と対象の一致を考えるため、唯物論は代替カテゴリーを探す。その古典的な形式、その後の代替形式すべての母胎となった形式は、アリストテレス主義の伝統によって与えられた。唯物論との類縁性がなくはない形式だと言ってよい。その形式を我々はすでに知っている。*« veritas [est] adaequatio rei et intellectus »*（聖トマス）、真理とは事物と知性の適合である。要するに、事物と知性はほぼ同じものである、なぜなら両者の適合は一致へと向かっているから、区別の消滅へと向かっているから、というわけだ。しかし、唯物論が問題を消滅させるもっとも有名な形式――断定的かつスキャンダルな形式であるから有名なのだが――は、レーニン的反映論によって与えられた。その理論はこう語る。認識は対象を反映し（客観性テーゼ）、反映とは対象の反映であり、対象は最終的には物質的である（唯物論テーゼ）。しかしこの乱暴な認識‐反映テーゼはいくつかの困難を惹起する。レーニンのあらゆる注釈者がレーニンの[*1]指示通りにそうしているように、反映はたんに受動的であるのではなく能動的である、と宣言してみれば、困難がすぐに分かる。この宣言は、公式にはないことになっている認識とその対象のあいだの差異を、恥ずかしげに認めるやり方なのである。そう、認識は能動的である。そう、人間は働きかけねばならず、現実の対象を変容させねばならない。さもなくば認識に到達できない。そう、鏡をモデルに考えると「受動的」に見える反映は、能動的だと宣言されねばならない。しかし、〔認識の〕当事者に聞こえるように、したがって誰にでも聞こえるように宣言することと、事実そのものの認識はまったく別ものである。反映論の客観主義的で唯物論的な原理は、哲学的に期待されることを十分に語っていない。

歴史的には、認識とその対象の差異を保存しながら無化するために、もう一つ別の驚嘆すべき理論が提出されたことがある。スピノザの平行論である。スピノザにとって、あらゆる現実は唯一の実体により構成されている。神すなわち自然であり（逆説的なことに、神はスピノザにとって、神から発する自然と同じものである。敵である神を自分の陣営に取り込むとはなんという政治的巧妙さ！）、それは無限個の属性をもっているが、我々はそのうち延長属性（ないし物質）と思惟属性しか知らない（そういうふうになっている）。我々はつまり対峙しあう認識（思惟）とその対象（延長ないし物質）をもっている。それらは明らかに異なる二つの属性であるが、神の能動的全能性によって生みだされたものとして一定の同一性をもつ。とはいえ事実としては、それらは実践を通じて異なるものとして与えられる。このとき問いは次のようになるだろう。いかにして両者の差異を、唯物論的なやり方で統一へと縮減するか。

スピノザは平行論によって答える。延長属性に生起することはすべて、思惟属性にその正確な対応物をもっている。*« ordo et connectio rerum idem est ac ordo et connectio idearum ».*[*2] 事物の秩序は観念（事物についての観念、したがって事物の認識）の秩序と同一である。そしてスピノザにおいてはすべての存在が力能であるので、ことは一挙に能動的平行性、能動的照応、能動的反映になる。しかもスピノザはそう宣言するだけにとどめず、[*3] 彼の「認識の理論」（ただの認識の理論ではないと疑える）を通じて示し、かつ証明するのである。そこで展開されるのは、純粋な実践である「第一種の認識」、対象の一般的法則としての「共通観念」つまり科学的認識を与える「第二種の認識」、そして個物の認識を生む「第三種の認識」のあいだで現実的に働くある種のゲームである。三種の認識の現実的活動可能性と言ってもいい。個物とは個体的なものや任意の歴史的状況のことであり、例えば『神学政治論』で分析されている、モーゼに導かれてエジプトを脱出するユダヤ人の状況である。我々はここでつまり、首尾一貫した唯物論の一形態に触れているのである。対象とそれについての認識のあいだの差異を、抽象的なやり方ながら、承認しつつ無化する唯物論である。認識が一種ずつ三段階移行することを可能にするゲームないし弁証法の可能性を認める理論である。

ヘーゲルにも似たものが見いだせるが、ヘーゲルはスピノザをもっとも偉大な哲学者だと考えていた。[*4] 実際、ヘーゲルには認識の理論がなく、スピノザにおける認識の種類に相当する意識の「形象」

＊1　レーニン『唯物論と経験批判論』。ドミニク・ルクールはアルチュセールがここで要約しているのと似た反映概念を、『危機とその賭金（哲学におけるレーニンの立場）』（未邦訳）で詳述している。〔D. Lecourt, *Une crise et son enjeu (Essai sur la position de Lénine en philosophie)*, Paris, Maspero, coll. « Théorie », 1973, p. 42 sq.〕

＊2　スピノザ『エチカ』第二部・定理七。「観念の秩序と連結は事物の秩序と連結に同じである」。

＊3　同第二部・定理四〇・注解二、定理四一、第五部・定理二五－三一。

＊4　ヘーゲル『哲学史講義』「スピノザ」を参照。しかしアルチュセールのここでの表現は同書からの引用ではない。

があるだけである。また、スピノザにおけるのと同じように、認識（意識）とその対象のあいだの差異の承認と、その差異を無化すべしという要請の両方が見られる。無化はある労働全体、「否定的なものの労働」[*5]の結果である。この労働は弁証法に第一の役割を与えており、同時に哲学史においてはじめて、弁証法を形式的にではあれ労働として定義している。段階（程度）ごとに、ある欠如、ある否定が働き、その段階をそとへ連れだし、次の段階へ移行させるのである。ヘーゲルにおいてはしかし、段階の数はスピノザにおけるように三つには限定されない。またしかしプロセスを全体として考察してみると、同じように三段階ある（感性的知覚、悟性、理性）。そしてとりわけ、ヘーゲルにおいては、連続する各段階は先行する段階の「真理」である。それが意味するのは、先行する段階はすでに「即自的に」後続の段階を含んでおり、後続の段階は先行する段階が「即自的に」そうであったものに「対自的」になる、ということである。

差異を無化するこのやり方は安易であると認識すべきだ。端的に同語反復的であり、あらゆる結果はあらかじめ前提ないし原因のなかに含まれており、つまるところ差異の認知は偽装（またしても！）にすぎない。実はすでに永遠の昔から無化されていたのに、提出するふりをするのである。それゆえ、ヘーゲル哲学のなかではまったくなにも起きないと言える。起きているのは弁証法と呼ばれる形式変化のみである。弁証法とは形式や形象の変化の論理にすぎないのに、ヘーゲルはそれを絶対的論理とみなし、それについての科学を書いた（『大論理学』）。理性の、共通論理の、汝と我の弁証法である。科学は悟性論理のレベルに格下げされ、そこに隔離されて抽象化される。つまり、ヘーゲルにはスピノザより大胆で一貫した試みがあるように見えるものの、実際にはスピノザ以前に後退しているのである。科学の「労働」を捉える仕方、対象とその認識の差異を捉える仕方にかんしてである。この捉え方は世界の宗教的把握へと我々を連れ戻す。すべてを摂理、神の計画と目的に依存させ、これから生起するであろうことの認識をアプリオリに神に委ねる。そんなことができるのは、世界を作ったのが神だからであり、世界においては神がすべてをなしているからである。人間に事物を認識させているのも神である。距離も差異もない適合としての認識、いかなる労働も必要としない認識、労苦もリスクももたらさない認識。マルブランシュによれば、[*6]原罪を犯す以前にアダムがもっていた認識、アダムとイヴが善と悪（悪は性に一致する）の違いを思い知る以前の透明な認識である。違いを知るとは、人類を罪の結果としての労働、苦痛、等々に投げ入れる動作である。罪の結果のなかには、事物の認識に到達するための労働も含まれる。事物はまるで視界のそとにあるかのように、不透明で暗いものとなるのだ。我々はまたしても気づく。目的論的世界観（世界の事物、人間、人間の対象と行為は、永遠の昔から目的 *telos* に統べられており、目的へと向かっている、とする考え方）が介在するや、哲学は観念論へと振れるだけでなく、たんなる宗教に従属するのである。

差異の捨象（スピノザ）にも弁証法的労働の目的論（ヘーゲル）にも振れない首尾一貫した捉え方に達するには、マルクス主義的唯物論を待たねばならなかった。『経済学批判』の有名な序説の経済学の方法に捧げられた章[*7]において、マルクスは、観念論哲学の認識の理論が変装を施した現実につい

---

*5　ヘーゲル『精神現象学』「序文」。
*6　マルブランシュ『真理の探究についての解明』。

て、テーゼの主要部分を組み直すやり方を示している。

彼はあらゆる権利問題を（たんなる沈黙により）退けることからはじめる。観念論的な認識の理論を認識の理論へと構成する問題を、である。スピノザがなんの注釈も付さずに「我々は真なる観念をもっている」（数学の観念）と記し、《*homo cogita*》[*8]と断じたように（「人間は考える」。これが彼をデカルトの「我思う、ゆえに我あり」[*9]から決定的に分かつ。スピノザは人間が考えるという事実から、存在にかんしてはなにも引き出さない）。カントが彼の批判的省察の全体を要約して「理性の行い＝事実」[*10]を語ったように。彼らと同じように、マルクスは認識が存在するという事実について語る。科学的である認識もそうでない認識も、彼にはまず事実として存在する。事実から出発するとは（スピノザにおいてもマルクスにおいても）、むろん、権利問題（様々な能力が与えられた人間は、なにを認識することができるのか）を拒否することである。認識の事実（まず非科学的、ついで科学的）に対し正当性の資格を問うべきだという考えを拒むことである。例えば、形而上学、合理論的心理学（人間的主体の様々な固有性を思惟能力と自由から演繹する）、合理神学（神の完全性から神の諸能力と目標を演繹する）、合理論的宇宙論（世界の統一性から世界の特徴を演繹する）は科学的認識であるのかどうか、人間がいつかもつだろうと主張できる科学的認識はどのようなものでありうるか（たとえば化学や心理学において）、等々の問いである。それを退けることにかんしては、マルクスには曖昧にしてはならない信念がある。事実の優位と権利の派生的性格を承認するのである。事実にかんしてあらかじめ法的問題を立てる可能性を捨てるのだ。事実の真理性についてさえ。

否定的ではあるが非常に肯定的なこの基礎のうえで、マルクス主義的な唯物論理論は展開される。

マルクスは基礎的テーゼで話を終えるようなことはしない。そこに一級の重要性をもつ第二のテーゼを加える。理論に対する実践の優位というテーゼである。そこには、テーゼとはなにを意味しうるのかという点も垣間見える。というのも、優位、理論、実践というカテゴリーは一次近似としては鮮明に思えるものの、詳細に検討してみると非常に複雑な性格が発見され、それが我々にテーゼがどのように機能するかを教えてくれるのである。テーゼが機能する最初の形式はおそらく、アンチテーゼとしての機能である。理論に対する実践の優位という唯物論的テーゼは、実践に対する理論の優位という観念論的テーゼと対立し、それを決定的に退ける。しかしこうした抽象的レベルでは、我々はさして前進していない。というのもカテゴリーが多義的で、意味があちこちに揺らぐこともあれこれの意味を帯びることもあるからである。理論とはなにか。実践とはなにか。カテゴリーに一つの意味を与えるには定義の努力が果てしなく必要で、理論に対する実践の優位という一般的テーゼの意味を尽くすには無限個のテーゼが必要である（これは不可能である。ケースの多様性はいかなる定義も超えている）。マルクスが観念論（実践に対する理論の優位）と唯物論（理論に対する実践の優位）のあいだに引

---

*7　マルクス『経済学批判への序説』「序言」。同『序説』は『経済学批判要綱』の「序説」が独立して出版されたもの。
*8　スピノザ『エチカ』第二部・公理二。
*9　デカルト『方法叙説』第四部、『省察』「第二省察」。一六二八年四月ないし五月のルネリ宛て書簡も参照のこと。
*10　カント『実践理性批判』第一部第一編第一章七節、注解。

いた大きな分割線は、一度引かれてしまえばおしまいというものではなく、その分割線をそれぞれの理論的ないし具体的ケースごとに問題にし直し、引き直すべし、という絶えざる要請である。それらのケースはここでのように認識の理論であることも、政治の理論と実践であることもある。

「認識の理論」（というかマルクスにおいてその代わりをするもの）において、理論に対する実践の優位とはまず、理論的認識に対する実践的認識の優位を意味する。歴史的意味においても（人間は実践的認識からはじめた。誰もそれに異を唱えることはできない）、論理的ないし理論的意味においても（たとえ科学的、したがって理論的認識が問題になる場合でも、最終的に決定しているのはつねに実践的認識であり、実践的認識の背後には、生産と社会関係にかかわる実践、すなわち階級社会における階級闘争の実践があり、それが最終的に決定している）。それが含意するのはそうした決定をめぐる社会的かつ歴史的な理論であり、（S＝O）＝Vという等式の各項が孤独に対峙しあう対抗関係から我々を抜け出させてくれる理論である。生産関係のもとでの生産力の発展と、生産力が科学的発見の領域に複合的に及ぼす効果についての理論である。ここでも歴史はマルクス主義的唯物論理論の有利な証人になってくれる。すでに見たように、科学的大発見はつねに社会階級の発展と緊密な関係を結んできたのである。その筆頭がブルジョワジーであり、多くの科学的発見がブルジョワジーとプロレタリアートの階級闘争におけるエピソードに誘発されて起きている。

したがって、レーニンがすべての認識は感性を起源にもっていると言い切るとき[*11]、彼はマルクスの路線に忠実に従っている。レーニンに対し、「フォイエルバッハ・テーゼ」より若干後退しているではないかという非難を向けることはできるだろう。同テーゼはたしかに感性ではなく「感性的実践活動」[*12]を語っていたからである。しかし感性が受動的であるのは極限においてのみ、かつ抽象的に捉えられた場合のみであり、感性は実際には感性的実践の「すべて」に関与している。人間的個人の必要によってのみならず、原始的社会集団の「利害」に沿って、感性的実践が感性を方向づけ、導く。この社会集団が（そうと知らずに）留意するのは、彼らが生存手段を手に入れる自然とのあいだに、彼らにとってよい均衡を維持することである。しかしここでもまた、すべては物質的で社会的な諸条件の分析、つまり史的唯物論と呼ばれる科学に依存している。

認識の第二の契機は「概念」（レーニン）あるいは理論（マルクス）である。それが次第に科学的理論になっていく（前科学的ないし非科学的理論が存在するので、次第にでしかありえない）。これら二つのレベル（感性と概念ないし理論）のあいだに、マルクス主義理論は「跳躍」、「質的飛躍」の存在を見て取る。マルクス主義理論に特有の弁証法的テーゼの一例と言えよう。哲学者たち（観念論者であってさえ）が主張してきたように、経験的な観察と計算の次元から抽象的で必然的な理論の次元に移行するのである。すると対象はもはやその経験的ヴァリエーションの観察によって認識されるのではなく、その「本質」（対象のもっとも深い現実。事後的に発見されるので、隠されていた／内的な／内奥の現実として把握される）の認識によって認識されるようになる。この認識は「アプリオリ」なものとし

＊11　レーニン『唯物論と経験批判論』。
＊12　マルクス「フォイエルバッハ・テーゼ」、第五テーゼ。「フォイエルバッハは感性を実践的な人間的―感性的活動とは捉えなかった」。

て主張されるが（カントに媚びて）、それは結果に先立っているように見えるからである。事実、人間はもはや知らない人に会うようにしては、自然とは出会わない。すでに知っている人を迎えに行くようにして、自然に会いに行くのである。彼はその人に質問をぶつけるためにすでにいろいろな思いをもっている。問いの「試練にかける」（カント）[*13]のである。カントが称賛したガリレオの方法である。デカルト[*14]はガリレオに対し、はっきりした観念をもたずに自然を迎えに行くと非難した。言い換えると、デカルトは（ガリレオとは）また別の観念を自然に対し抱いていた。ライプニッツが「小説」だと言って非難した観念である。カント[*15]は反対にガリレオを、自然に対しよき観念をもっていると称えた。その観念から引き出された問いを自然にぶつけ、検証した、と。とにかくそのようにしてあらゆる科学は進む。科学が科学であるのは、対象についての理論を作るにいたる（数学的理論であれ――その理由はすでに見た――物理学的理論であれ）場合のみであり、その理論から出発して対象に問いを差し向け、問いが有効か無効かを知ろうとする場合のみである。それが実験の実践と言われるものであり、ある種の観念論哲学者は数学と人文科学を別扱いしようとするが（数学については科学以上のものであるという理由から、人文科学については科学以下のものであるという理由で）、この実践は我々が知っている科学に普遍的である。

　では第三のレベルはあるだろうか。観念論哲学者はイエスと答えるだろう。それが哲学である、と。しかし我々はこの答えを退けることができる程度には、この答えが詐欺であると言える程度には、哲学のことを知っている。哲学は科学の上に立つのではない（下に立つのでもないが）。なぜなら哲学は認識ではないからだ。認識ではなく、普遍的な「不介入の介入」形式であり、その効果を科学のみならずイデオロギーと諸実践に、つまり人間的活動の総体に、あまねく及ぼす。それがいかにしてか、ときが来れば分かるだろう。

話を認識にかぎれば、我々が問題にした等式（S＝O）＝Vはどうなるだろうか。それは消え、かつ消えない。それはまったく予期せぬ方向に変容させられるのである。というのも、マルクス主義的唯物論の考え方では、対象とその認識のあいだに差異が存在することは否定しえず、項とその関係を別様に考えねばならないからである。まず、主体が心理学的主体でないことははっきりしている。ある個人が科学的発見をするとき、彼は個人の名においてそうするのではないし、個人的手段をもちいてそうするのでもない。問題（科学的な）を提出したのは必ずしも彼ではなく、問題はたいていはるか昔から提出されている（例えば癌）。問題の諸条件を定義したのも彼ではない。定義にあたっては、様々な研究者の過去の仕事全体が彼に先行している。問いが自然に対し差し向けられる出発点をなす

＊13　カント『純粋理性批判』第二版序文。「理性は問いかけに答えるよう自然に強いねばならない」。

＊14　デカルト「メルセンヌ宛書簡一六三八年一〇月一一日」。「〔…〕ガリレオはたえず脱線し続ける。立ち止まって一つのテーマを完全に説明するということがない。つまり彼はそれらを秩序立てて検証することをまったくしなかったのである。彼は自然の第一原因の数々を考察することなく、ただいくつかの個別の結果についてその理由を探ったにすぎない。かくて彼は基礎工事なしに建築した」。

＊15　カント『純粋理性批判』第二版序文。「ガリレオが傾いた平面のうえで彼の天球儀をしだいに早く、彼の意志が決める重力に合わせて回転させたとき、〔…〕それはあらゆる物理学者にとって光明となる啓示であった」。

理論を練り上げたのも彼ではない。彼の先行者たちである。探求手段についても、彼がそれを作ったわけではない。たとえ彼が理論や新しい解決道具を発明したとしても、彼は自らの発明を、あまりに不十分であると判明した先行する理論と、流行の哲学的ないしイデオロギー的問いとに、同じように負っている――経済的「要請」に負っていなくとも。自分が負っているものに気づかないとしても、である。新しい認識を「見いだす」研究者は、起源も目的もない鎖の環の一つ、起源も目的もないプロセスの一契機、「起源なし目的なしの過程」における活動的担い手の一人にすぎないのである。そして過程は最終審級において、社会の発展過程に結びついている。主体はつまり消えることは消えるのだが、代わりに、主体なし目的なしの過程における一人の担い手が登場している。そのときはじめて、科学的認識の客観性と普遍性を救おうとして観念論者も敏感になる要請、「心理学主義」(それに従えば、個人的、心理学的、歴史的主体性が科学的認識の有効性を支えている)と呼ばれるものに陥ってはならないという要請は満たされる。

しかし対象はどうなるのか。対象は現実的であり、認識過程すなわち探求労働の「前後で変わることなく、主体のそとに存続する」(マルクス)。マルクスは説明している。対象への関係が純粋に「思弁的」であり(純粋な認識であり)、認識過程において対象を修正したり変容させたりすることが問題にならないとき、対象のそとで進む認識過程の「前後」で、対象は明らかに同じものにとどまる。[*16] この主張は唯物論の根本テーゼを表している。認識(あるいは思考)の外部における対象(あるいは存在)の実在である。

「純粋に思弁的」な認識という極限的ケースを考察するのはよい方法であろう。もっとも困難な作業ができれば、容易な作業は難なくこなせる〔アリストテレス〕。「純粋に思弁的」ではない「実践的」な認識について我々が考察するさいに照明となってくれるだろう。「純粋に思弁的」な認識の場合、対象は認識の主体と過程のそとに、認識の前後で手つかずのまま存続する。その場合、ではなにも起きないのだろうか。最終的にはなにかは起きているのである。科学的探求、科学的労働、理論的実践と呼ばれるなにかが。なにが起きているのか。対象の二重化である。学者は認識したい対象に直接働きかけることをしない。そんなことをすれば、対象を変容させてしまう。彼は別のものに働きかける。彼が対象について抱く仮の表象に、である。仮であるのは、対象を認識したい彼は、この表象を変容させるからである。表象はかつての姿をとどめず、変化するであろう。学者はこのとき労働しているのか。そうである。彼は表象に対し、原材料（私がかつて一般性Ⅰと呼んだもの[*17]）に対するのと同じように、理論的生産用具を適用しているからである。彼が対象にかんする仮の理論（私が一般性Ⅱと呼んだ理論）としてもっている理論的道具を。この労働、この「理論的実践」は一つの目的しかもっていない。対象の新しい特性の認識である（私はそれを一般性Ⅲと呼んだ）。

いずれにしても、私は意図的に「一般性」という術語を用いた。学者が対象そのもの、他の対象と

---

*16　マルクス『経済学批判への序説』「序言」。「人間の頭は思弁的、理論的やり方でしか振る舞わないが、現実はその以前も以後も、頭のそとに自律して存続する」。

*17　アルチュセール「唯物弁証法について」三一七頁以下。〔*Pour Marx*, Paris, La Découverte, 1996 (1965), p. 186 sq.〕

は混同されえない対象自身の個別性にかかわったことなどけっしてない、ということを強調するためである。彼がかかわるのは多かれ少なかれ抽象的な一般的諸性格の混淆物である。科学的なところと非科学的でイデオロギー的で実践的なところをもった混淆物である。それらの諸性格は、抽象的一般性を通してしか対象を指示しない。マルクスによれば、あらゆる科学的労働は「具体」（いわゆる対象そのもの）から抽象（認識）に進むのではなく、抽象（一般性）から具体（対象とその認識）に進むのである。そしてこのプロセスには終わりがない。人はつねに一般性の次元にとどまり、対象の具体的個別性に達することはけっしてない。それゆえに私は、かりそめの具体を指して一般性Ⅲと言ってもよいと考えた。それは過程が生んだ認識にほかならない。

とはいえ、これらの前提からうまく結論を引き出し、二つの対象の区別すなわち実在を認めねばならなかった。最初の対象は現実の対象であり、それを認識することが問題となる。第二の対象は第一の対象についての複合的で仮の表象であり、学者がそこに働きかけるものである（彼は現実の対象には働きかけない）。私はこの第二の対象を、問題を完全に見通していたスピノザに依拠して、認識の対象と呼んだ。我々はつまり二つの対象をもっている。不変の現実的対象と、学者が働きかけ、その結果変化する認識の対象である。第二の対象は、変化することで現実の対象の認識に到達する。スピノザはこうした点をすべて述べていた。マルクスがそれを知っていた可能性はある（知っていたかどうかは重要ではないが、マルクスは一八四〇年の日付をもつスピノザにかんするノート[*18]を遺している）。

スピノザは言う。輝く星座としてのおおいぬ座と、輝かない現実の犬は別ものである。犬の概念と、吠える犬は別ものである。[*19]犬の概念は吠えない。円と円の観念は別ものである、等々。彼はつまり現実の対象（彼の用語法では *ideat*）と認識の対象（観念またはその観念の概念）を区別していた。我々の知るところでは、彼は二つの対象のあいだに適合や反映の関係を設定しなかった。彼が置いた関係は平行性である。巧妙であることに加えて正しい解決法である。しかしマルクスははるかに遠くまで進む。彼は対象の観念を捨て、過程の観念に代えたのである。どんな対象も過程の一契機ないし環の一つにすぎない。そのうえ彼は、二つの対象のあいだに自分が認めた差異をも捨てる。彼にとっては、認識の対象と現実の対象のあいだに無媒介の一致があるわけだ。ただし認識プロセスのなかにある一致である。人がある「もの」を認識するとき、その「もの」の認識はその「もの」そのものである。認識されたその「もの」である。マルクスが『資本論』において「経済的カテゴリー」という観念を用いる際の用法は、そうした意味に理解されねばならない。古典派経済学の経済学者が発見した経済

＊18　MEGA版『マルクス＝エンゲルス全集』第四篇に収録。« Exzerpte aus Benedictus de Spinoza, Opera, ed. Paulus », dans *Marx-Engels Gesamtausgabe*, IVe partie, t. I : *Exzerpte und Notizen bis 1842*, Berlin, Dietz, 1976, p. 233-276 (en latin); «Spinoza's Theologisch-politischer Tractat» et «Spinoza's Briefe », *ibidem*, IVe partie, t. I : *Apparat*, p. 777-818 (traduction allemande). フランスではアレクサンドル・マトゥロンの序を付して、『カイエ・スピノザ』第1巻に収録されている。A. Matheron, « Le Traité théologico-politique vu par le jeune Marx », *Cahiers Spinoza*, 1, 1977, p. 159-212, et M. Rubel, « Marx à la rencontre de Spinoza », *ibidem*, p. 7-28.

＊19　スピノザ『知性改善論』三三節の主題をアルチュセールが自分なりに言い換えたもの。「円と円の観念は別のものである。実際、円の観念は円のように周と中心をもつなにかではない」。『エチカ』第一部・定理一七・注解も参照のこと。

的カテゴリーについて彼が語るときの用法である。あるカテゴリーは現実（資本、賃金、剰余価値、商品、貨幣）の概念であると同時に、「もの」そのものなのである。マルクスの唯物論はしたがって、疑似「認識の理論」としては一元論である。ただ一つの現実、ただ一つのプロセスしかない。それは現実的であると同時に認識である。それ以外にはなにもなく、あらゆる二元論は観念論である。

注意喚起しておきたいが、ここにあるのは哲学的テーゼである。いかなる認識も与えない代わりに、実践を導こうとするテーゼである。そうでなければ、マルクスが二つの対象の実在を承認し、かつ無化することを理解できないだろう。ほんとうのところ、これはあらゆるテーゼについて言えることなのである。マルクスはテーゼを彼が闘う観念論的テーゼと対立させるためにのみ提出する。彼はある種の観念論的議論を受け入れるが、それは、それらの議論の刃を観念論者に対して向けるためである。レーニン同様、マルクスは曲がった棒をまっすぐにするため「棒を逆方向に曲げる」[20]のである。

しかし、こう問うべきだろう。我々が相手にしているのが「純粋に思弁的」な認識ではなく実践的認識であるとすると、つまり認識することで対象を変容させる、あるいは認識するために対象を変容させる認識であるとすると、果たしてマルクスやレーニン以外のやり方があるだろうか。これはむしろ普遍的なやり方ではないのか。というのも、あらゆる科学は実験科学であり、対象を実験装置の「拷問にかける」[21]（カント）のだから。認識しようとする対象のなかには、引き起こされた変容の結果しか認められないのだろうか。そうであるとみなす見解は遠からず失効する。なぜなら我々はすでに、過程の概念を通じて、それを退けるのに必要な空間を用意しているからである。対象を変容させる認識の場合でも、その見かけにもかかわらず、我々は現実の対象と認識の対象を依然として区別している。〔対象を変容させる認識と変容させない認識の〕唯一の違いは、一般性Ⅰと一般性Ⅲの性格が、一般性Ⅱの違いにより変わることである。現実の対象に変容が起きる場合には、一般性Ⅱ〔理論とその道具〕の働きによって起きるのである。その働きが正確に測定されれば、対象がどれほど変わったかを評価することができるので、変化は実質的にはない。変化が根本的であるためには、対象とその変容――理論と道具（一般性Ⅱ）の作用による――の両方が完全に未知であり、かつ認識不可能でなければならないが、そんな想定は馬鹿げており、我々は科学から遠く離れて神秘主義に陥ってしまう。つまり、「純粋に思弁的」ではない認識を仮定しても、我々がそうでない例から学んだことを根本的にはなにも変えないのである。あらゆるケースにおいて、我々はプロセスにかかわっている。プロセスには、研究者という社会的かつ知的な分業における特別な担い手も介在している。しかしプロセスは主体も目的も、主体も対象もないプロセスであり、そこにおける認識は、担い手の現実的労働を想定するものの、認識対象と同一である。

ほんとうのところ、マルクスが「純粋に思弁的」な認識について語るとき、彼は科学にかんする観

＊20　レーニン「論集『一二年』への序文」。アルチュセール「アミアンの提説」、『マキャヴェリの孤独』、二六六－二六七頁。デカルト『省察』「第五答弁」も参照のこと。

＊21　カント『純粋理性批判』第二版序文。「ゆえに理性は自然に向き合い〔…〕まこと自然に教育される。しかしそれは、教師の気に入ることをなんでも口にする生徒のようにではなく、証人たちに質問を発し、答えることを強制する裁判官のように、である」。

念論哲学者の議論とはまったく別のことがらを念頭に置いている。彼らの議論が経験における対象の変容を云々しても、変容について知覚可能であるのは、対象に対して実行される経験のみであり、対象そのものは知覚されない。観念論のそうした擁護論〔対象の変容を認める〕は一つの目的しかもっていない。少なくとも主体は変化しない、と示すことである。主体は対象の変化を生みだし、記録する者であり続け、認識するために対象を変容させる場合でも自分の行為しか認識しない、というのである。我々はいかなる詭弁がこうした推論を支えているかをすでに見た。しかしマルクスはまったく別のものを念頭に置いている。「純粋に思弁的」ではない認識である。自らの対象の変容を視野に入れる認識であり、対象の変容をたしかなものにする認識である。彼がここで革命的実践を可能にする認識を想定しているのは明らかである。「フォイエルバッハ・テーゼ」以来、彼はその点をすでに語っていた。この実践において変容されるのは対象のみではなく、変容させる「主体」〔担い手〕もまた変容されるのである。[22] 対象とその「純粋に思弁的」な変容〔自然科学の実験を通じた変容という意味で科学的な変容〕に対する担い手の外在性は終わる。担い手は実験装置を構成する諸要素のうちの一つである。このとき認識は、状況全体を考慮に入れる場合にのみ可能であり、担い手の行為と変容は、対象の変容を通じてのみ可能である。理論的に言えば、これは社会の抗争的本性の承認を意味し、進行中の階級闘争の過程を認識するには、理論的に階級的な立場が必要になるということ、この立場が理論を規定するということを意味する。

認識は対象についてなにも変えない、と言えるだろうか。言えないが、それでも認識は対象についてなにも変えない。認識は社会の文化になにかを加えるのである。限定された対象、認識に応じて限定可能な対象についての最良の認識を加えるのである。しかし事態がどう推移しているのかを見てほしい。最初は対象から区別されるように見える認識が、次に対象のなかへ戻り、対象と一体化している。対象の認識として、対象の特性として、対象の諸特性の一つとして一体化している。ある対象の一つの特性の認識が、ずっとそうであった特性、対象そのものの特性になるのだ。かくして永遠の同一性が再建される。区別の見かけによって一瞬かき乱された同一性が。これらすべてが、前後関係のある時間のなかで行われると考える者は、間違いを犯すだろう。もちろん、研究者にとっては前と後ろがある。そうでなければ理解ということがありえないし、研究者は、自分には労働が必要であるということ、知的労働の時間が必要であるということを理解しないだろう。しかし対象にとっては、そんなことはなんでもない。マルクスが書いているように、対象は「前後で」同じまま、認識のそとに存続し、その特性すべてを備えたままである。すべての特性が発見されているわけではない、というだけだ。しかし対象にとって、そんなことはどうでもよい。対象は待っていればよい。対象は自分の背後に自分の未来すべてをもっている。『資本論』の短く謎めいた一文でマルクスが語っているのは、そのことにほかならない。根本的には、価値論はつねに存在していた。多かれ少なかれ、意識されていた。それが真実であることを、民族学者が証言している。人間はつねにすべてを知っていた。世界について、自然について、社会について、おそらくとりわけ性について。ただ、自分が知っていると

＊22　マルクス「フォイエルバッハ・テーゼ」第三テーゼ。「環境の変化と人間的活動・自己変革のあいだの一致は、変革の実践としてのみ把握されうるし、合理的に理解されうる」。

知らなかっただけのことだ。たとえばデカルトは知っていた。彼は自分の神に少なからぬ苦労をかけて、永遠の真理を創造させた[*23]。大きな意志的努力をさせて、そんな努力がなくても真理であった真理を創造させた。スピノザは知っていた。よき実験家として、こう書くまでになった。「我々は我々が永遠であることを知っており、経験している[*24]」。彼はそれを科学的認識について記した。我々はかなりよい道連れである、と認めるべし。

*23 デカルト『省察』「第六答弁」。
*24 スピノザ『エチカ』第五部・定理二三・注解。

13

哲学が認識の理論をめぐって様々に立てる問いについて、かくも遠くまで考察を進めてきたからには、こう記さないわけにいかない。立てられた様々な問いは一つのカテゴリー的対（主体／対象）に基礎を置いている。しかしこの対はまだ問われていない。この主体、この対象はどうなっているのだろうか。まずはこの対象からである。

知覚に与えられるものを統一しているもの、あるいは実験による変化を同定させてくれるもの、という対象の特別な意味についてはここでは脇に置く。私が探りたいのは、その背後にあって対象に取り憑いているもっとも深い意味である。すなわち存在である。まず指摘しておきたいのは、「認識論gnoséologie」が「存在論」に補完されることは驚くべきことではない、という点である。ある種の哲学に従えば、存在論が認識論を仕上げることとさえある。カントが哲学から存在論を一掃して以来、二世紀にわたる批判哲学のあとで存在論が再び流行しているのは奇妙なことのようにも見える。フッサールは遠い昔の人ではないのである。まだフランス語訳が完結していないほどだ。なんと奇妙な歴史であることか！　我々は、存在としての存在の学である存在論が、アリストテレスと聖トマスの遠い過去に属していると思っていた。一七世紀の大哲学者、古典となったデカルトとライプニッツは、妥協しつつではあれ、存在論にまともに足を踏み入れていた。そこへカントが現れ、存在を拒否する彼の現象理論を通じ、存在論にとどめを刺した。ところが今やそれが回帰しているのである。おまけに人々に認められることをほとんど拒む二つの形式のもとで。一つはハイデッガーである。奇妙なことに、彼は批判哲学者フッサールの弟子である。もう一つは、ソ連の哲学者とそのライバルたち[*1]の解釈である。彼らは少しでも足がかりをもつところにはほとんどどこにでもおり、信じがたいことに、「マルクス主義哲学」に忠実な解釈をしていると主張している。我々はやがて、〔二つの存在論の〕この奇妙な収束あるいはミステリアスな誤解の理由を見るだろう。

当面は存在論の哲学的要請に戻ろう。存在論の基本的な問いは次のように定式化される。なぜ無ではなくなにかがあるのか。すぐさま正当にも、こんな問いはほんとうのところ哲学的ではなく、宗教的である、と言われるだろう。とはいえ、カントとともに言えば、哲学が宗教を厄介払いしないうちは（しかし完全に厄介払いしたことなどあったろうか、と疑える）、哲学はまだ宗教のなかで考えている、というか宗教が哲学として考えており、哲学の思考を支配している。それゆえに宗教の教義すべて（哲学がテーゼをもつとすれば、宗教は教義をもつ）が、部分的にのみ哲学的なかたちで哲学的思考に取り憑いている。神、世界の創造、化肉、救済、贖い、天国、地獄、悪、原罪、失われた楽園、造物主の完全性と全能性、その栄光、さらには天使とキリスト教の神秘（聖体の秘蹟など。デカルトも、自分は水のワインへの転生を思考しうる物理学を発明したと主張していた[*2]）、等々である。哲学が宗教から受け取るそうした大きな問いのなかに、なぜ無ではなくなにかがあるのか、という件の問いもあるわけである。無ではなく存在？　デカルトに見られるように、当時の哲学は存在と無という極限的対立を基礎に置いて考えており、人間はその中間に位置している。パスカルもそう考えている。最終的には、スピノザを除き、当時の哲学者すべてがそう考えている。

ではなぜ無ではなくなにかがあるのか。この問いに、哲学は（宗教と同様に）まっとうな意味における答えを与えない。その代わりに、現になにかが存在して、無は存在しない、したがって存在はあり、無はない、と示す実例と理屈を与える。存在があり無はないというのは、もちろん同語反復的である。しかし、あらゆる哲学的問いが同語反復的性格をもっているということを、我々はすでに十分知っており、問いが教義から受け取られ、移植されたとしても、同語反復的であることに我々はもはや驚かない。それでも人間あるいは子どもは、類似の問いを立て、それに答えを与えることがある。たとえば海の問いである。天から雨が降り注ぎ、無数の川が流れ込む海は、いったいなぜ溢れないのか。答えはこうである。まず、海の底には広大な砂の広がりがあり、それがたくさんの水を吸収する。次に、海には大小実に様々な魚がいる。スピノザが述べたように、大きな魚は中くらいの魚を食べ、中くらいの魚は小さな魚を食べる[*3]。これで随分と隙間ができる。最後に、海は同じ大きさの魚の群れでいっぱいになるけれども、それらはみな口を開けて泳ぐので、たっぷりと水を飲み込んでしまう。そして水は塩辛いので、彼らはいつも喉が渇いている。これがよき問いとよき答えである。いや、存在論の哲学はその程度のこともできない。それが言いうることは、存在はあるということにつきる。

＊1　本書のアルチュセールが念頭に置く筆頭はリュシアン・セーヴであろう。本書一四三頁注12、二三四－二三五頁を参照。
＊2　デカルト『省察』「第四答弁」。同「メルセンヌ宛書簡一六四一年一月二八日」も参照。
＊3　スピノザ『神学政治論』第一六章二節。

存在はある。そういうものであるから、ある。それ以外ではありえないから、ある。事実が、なにも語らぬまま成し遂げられている。山々を前にしたヘーゲルを想起してもらいたい。「かくある」。理性の«*Faktum*»（生《なま》の事実）と自ら呼ぶものを前にしたカントを想起してもらいたい。他の例を挙げることも容易であろう。その最初は、存在は様々な意味で語られると確認するアリストテレス[*4]であろう。彼はそれらを数え上げて言う。「こんな具合である」――これが無限に続く。

存在がある理由を我々に明らかにしてくれるのは、存在という語の用法、言い換えれば存在になにを期待するか、ではない。というのも、存在はどんな使用法にも役立つからである。その数はアリストテレスが意味を数え上げたもの（言語のカテゴリー）に限定されるけれども。存在は宗教的な融合ないし法悦のなかで存在と交感することにも、哲学的瞑想（ハイデッガー）にも役立つし、ラシュリエのように、フォンテーヌブローの森に生えるブナの幹に存在を見いだすことも可能である。それを見いだして以来、森は彼にとって巡礼の場となった。またルキエのように、存在をパラヴァスの海〔地中海〕に探しに行くこともできる。彼は泳ぎを知らず、行ったきり帰ってくることがなかったが。映画や歌やスポーツのスターに存在を探すこともできる。好きな女性や子どもの表情に探すことも。しかし、十字架の聖ヨハネや聖女テレジアであってさえ、存在を探すのは結局、自分を見いだすため、すなわち自分を救うためでしかない。存在を支えにして自らの生に方向を与えることも、他人の生を自分にかかわりのある目的へ導くこともできる。たまたま、軍隊や宗教や国家や党の指導者であった場合、あるいは国家と党両方の指導者であった場合には、存在を支えにそれなりのよき結果を得ることもできるだろう。軍隊を動員するには、存在などというつまらないものよりはるかによい手段があるにしても。

　ほんとうのところ、哲学は存在を利用するとはいえ、まったく別様に使う。哲学は「かくある」を、成し遂げられた事実として、つまりもはや成し遂げる必要のない事実として口にするのである。「かくある」は哲学にとり、この世の見えるものすべて――生命のないものであれ、生きたものであれ、精神的なものであれ――を実在性と固有の規定性をもって展開させる基礎ないし根本として役立つ。存在の固有性はつまり、実在と実在規定を基礎づけることである。それは一種の神であるが、世界とは創造の関係を結ばず、つまり世界と距離を置かず、世界に現前する。存在とは現前であり、デリダはその点を、厳しい評価を下すが無視はしないハイデッガーに関連させてうまく示した。存在とはそこにあること、*Dasein* である。ハイデッガーの意味のみならず、ヘーゲルの意味においても。ただ、私は両者の *Dasein* を字義通りに解している。それぞれの場合で存在の哲学的意味が異なるからである。存在がそこにあり、現前し、今ここにあり、永遠の昔からあるゆえに、有限でかりそめで時間的な、ハイデッガーが「存在者」と呼ぶものはある（つまり彼は、存在の学ないし哲学としての存在論と、「存在者」の学ないし哲学としての存在的な思考を区別する）。ハイデッガーが「西欧哲学の歴史」全体を真実態において思考し直すと主張し、その全体をギリシャ人によって定立された存在論のカテゴリーに捕まっていると判断するのは、ゆえなきことではない（間違っているが。それについてはやがて分かる）。

＊4　アルチュセール「イデオロギーと国家のイデオロギー装置」、『再生産について』下巻、二二一頁に言及がある。〔*Sur la reproduction, op. cit.*, p. 292.〕

カテゴリーの定立にあたっては、プラトンが他の哲学者たちを頭一つ抜きん出ている（というのも、存在論そのものは前ソクラテス期の哲学者に探すべきである。ハイデッガーはその点では正しい）。とにかく、存在がそこにあるゆえに、ものごと（「存在者」）は実在する（あなた、私、牛、任意の科学、任意の歴史的出来事、等々）。存在が存在であるゆえに（遍在し、全能であるゆえに）、それぞれのものごとは、それが現にあるように規定され、他のものごとを規定する能力を授けられている。すべてはつまり存在のなかで「存在の法」に従い、生起する。この法については、それがなんであるかはつねに不明である。〔実在と実在規定について〕二重に基礎づける機能以外のことは。

この二重の機能に、ものごとの目的にかかわる第三の機能が加わる。そして、それもまたものごとのうちで存在によって規定されている。存在は目的を自らのうちにあらかじめもっており、それを人間に明かすこともあれば、人間から隠すこともある。明かすのも隠すのも、存在がもつ見通しとそれが行う計算の秘密の計画次第である。

というのも、人は存在についてなにも知らない。それが基礎づける仕方も、働く仕方も、ものごとを通して追求する目的も知らない。あるということ、基礎づけ、規定し、導くということ以外はなにも知らない。つまり、それについてほとんどなにも知らないにもかかわらず、それはすべてである。とにかく、それについてなにも知らないということを人は知っている。この知は類稀な学である。中世において称揚された *docta ignorantia*（衒学的無知）であり、そこでは、人が存在について見たものは、大気の具合からして格別に靄がかかっており、ある種の神秘家たちは、存在の暗さを至高の明るさとして称えたほどだ。彼らはさらに、正統神学にとって大スキャンダルであった、否定神学と呼ばれるものを作った。そう呼ばれるようになったのは偽ディオニュシオス以来であり、彼は、神に人間的名前を与えることは、あらかじめその名前を否定してからでないとできない、と述べた。[*5] 反乱と革命の前兆であり、当時の反精神医学である。とにかく、こうした勇気ある者たちに、道を突き詰めた栄誉を与えないわけにはいかない。他の者たちは、自分の懐を痛めずに道を借り受け、ほんの数歩足を踏み入れただけで、けっこう進んだと判断した。臆病者である。

いずれにしても、存在論の歩みには（アリストテレスとハイデッガーのあいだに見られる意味の差異がいかなるものであれ、いかに重大であれ）、認識の理論が作動をはじめるや、一つの不可避的要請が生まれる（逆の順序で作動しても、要請は同じである）。既知とされる対象の本性について問うことである。対象の背後の最終審級にあって対象の実在性を支え、対象を規定するとともに対象に目的を与える存在の本性について問うことである。この要請は程度の差はあれ明確に知覚されて認識される場合もあれば、予期せぬ状況の出来《しゅったい》により妨げられる場合もある。しかし妨げられても、要請は固有の論理をもつ。観念論哲学の大テーゼを反復する論理である。我々はすでにそうしたテーゼのいくつかを知っている。基礎づける起源、ここでは存在と同一である起源のテーゼ、起源と目的の同一性テーゼである。ここではっきり現れるのはとりわけ、実在に対する意味の優位、ものごとに対する存在の優位、形式に対する基礎の優位、表面に対する深みの優位、顕現に対する隠蔽の優位、そして最後に最大の

*5 偽ディオニュシオス『神名論』（『キリスト教神秘主義著作集』第一巻、谷隆一郎他訳、教文館、一九九二年）。

逆説であるが、存在に対する無の優位である。これは結局のところ、論理なのだ。存在が実在し、そのはじまりが意味をもつためには、言ってみれば、無が存在に先行しなければならない、と説くのであるから。

それゆえ、否定神学においても、ハイデッガーやサルトル（彼は存在論哲学者というより批評家哲学者である）においても、あらゆる存在論は最終審級において無の理論につきまとわれている。無こそ、存在論が作るつもりになっている存在の理論の暴かれた真理、裸の真理だという理論である。無の理論とはなにを意味しうるのか。なにを言わんとするのか。ここで無とは、普遍的な無であると解そう。そんな理論が実在するなら、少なくとも若干の存在が実在することになり（ほかならぬその理論のことである）、無がすべてを飲み尽くすことにならない。そんな理論はいったいなにを言わんとするのか。我々はすでに、なにを言わんとするのでもない哲学でも意味をもつということ、意味を探しているということ、哲学はこの探求のなかに存在するということを学んだ。この無をいかに思考し、表象すればいいのか。

宗教同様、古い神話は無を始原のカオスと表象する。世界があるまえにあったカオスである。このカオスは完全な空虚であり、無定形な諸要素が秩序なく散らばっている。無はつまり始原の母胎であり、始原的物質である（プラトンはそれを「コーラ」と呼ぶ）。デミウルゴスが諸要素を整えるとき、あるいは神が世界をつくるとき、すべてはこの物質から作られるであろう。この極限例が示すのは、唯心論的な宗教哲学にも若干の唯物論が含まれているということである。ある種の物質の優位を承認するからである。しかし、無はまったく別のものでもありうる。始原のカオスではない別の起源的なもの。自然のなかで無化するもの、否と言うもの、ものごとの流れを停止させるもの、拒むもの、自らの道を自由に選ぶもの、すなわち人間である。デカルトからサルトルまで、この見方は一つの伝統全体により無理やり維持されてきた。ヘーゲルがそれを取り上げたのは、この見方にもっと深い意味を与えるためであった。彼は無を人間的主体から切り離し、あらゆる過程(主体なき過程)の弁証法の契機としたのである。否定性の契機である。そこでは「否定的なものの労働」が行われる。それは働かない主人の面前における労働者の労働でもありうるし、否定性が古い形式を壊して新しい形式を生起させるときには、否定的な歴史の労働でもありうる。

これが存在論の運命である。存在の理論としてはじまり、必然的に無の理論として終わる。つまり自らに矛盾して終わり、矛盾のなかに滞留するのである。ヘーゲルはそこに新しいかたちの「否定的なものの労働」を見るであろう。彼は自分が存在についてなにを考えているか、かなりはっきりと語った。存在は彼の目には空虚な抽象、あらゆる抽象のなかでもっとも空虚な抽象と映っている。なんの意味もない語、なにも言わない語、無に等しい語である。ヘーゲルはそこから、ほんとうのところは特殊なジャンルに属す哲学理論を通じて、存在と無の同一性を承認した。あらゆる存在論が意に反してか積極的に認めてか、とにかく奉じつづける同一性である。

存在論について、本来は意味のないケースを取り上げることを容赦願いたい。それを取り上げるのはアクチュアルであるからであり、周知のイデオロギー的圧力手段となっているからである。私がなにをほのめかしているかというと、「認識論 gnoséologie」と「存在論」という術語で「マルクス主義哲学」[*6]を解釈する多くの現代ソヴィエトの哲学者たちと、西欧における彼らのライバルたちである。

彼らの間違った解釈の根底には明らかに完全な誤解がある。彼らはものごとに対する存在の優位、思惟に対する存在の優位、そしてすでに見たように、存在に対する無の優位という観念論的テーゼを、思惟に対する物質の優位というマルクスの唯物論的テーゼと同一のものとして受け取るのである。語彙のニュアンスにすぎないと言われるかもしれないが、そんなことはない。というのも、同じ術語で相互に翻訳されあうカテゴリー（例えば、思惟に対する存在の優位）を用いて接近や混淆を明確に見ようとするなら、我々にはすでに分かっているとおり、カテゴリーの体系を介在させねばならない。二つのカテゴリーがたとえ同じ名前をもっていたとしても、各カテゴリーの意味はこの体系からしか生じないのである。

この絡まりのなかでは、「認識の理論」が我々にはっきり理解させてくれる。すでに長々と見たとおり、マルクス主義的唯物論が認識の理論を可能だと認めることは問題外であった。ところがソヴィエトの著者たちは、最初にその点で譲歩してしまい、認識の「マルクス主義的理論」を組み立てようとする。それを禁じている、少なくとも問題視するマルクスやレーニンのテキストにもかかわらず、である。この前線が放棄されてしまえば、ブルジョワ的観念論哲学が存在論のかたちでどっと入り込んできて、場を占領してしまう。この機微の全体を再構成することはそれほど難しくないものの、そんなことをしても結局つまらない。そうした著者たちや彼らのローカルなライバルたちが書いたものを読めば、誰でも宗教が作れる。はるかに興味深いのは、なぜそうした誤読が生まれるかである。最初の答えは、彼らはマルクスから遠ざかってしまった、ということだろうが、それについてもまた、なぜなのかと問える。教条主義のゆえであろう。しかしそれはなぜなのか。マルクス主義哲学に内部から働きかけることのできるブルジョワ・イデオロギーの影響のゆえであろう。その例はすでに、第二インターの修正主義として知られている。説明としてはましである。しかし、またこう問える。マルクス主義の側では、なぜブルジョワ・イデオロギーの影響に抵抗する術を知らなかったのか。あるいは、なぜ抵抗できなかったのか。警戒が足りなかったからか。そんな答えは主観的にすぎる。ソヴィエトに存在した社会関係を俎上にのせ、それとの関連で、ここまで順次見てきた大まかな答えをまとめる必要がある。

たしかにマルクス主義は、ソ連において「消えた」。たしかにそこではブルジョワ・イデオロギーが、マルクス主義的語彙を暫定的に偽装して広範に支配している。つまりソ連は、古典的な資本主義国家ではないものの、[*7]そう主張されているような社会主義国家ではない。しかしとにかくそれは国家であり、あらゆる国家同様、階級闘争上の支配的力関係に見合ったイデオロギーの支えと助けを必要としている。認識論と存在論として解釈されるマルクス主義哲学は最終的に、もちろん哲学のレベルで、この役割をかなりうまく果たすのである。この役割は期待されてもいた。三〇年以上の年月をかけて、ソヴィエトの哲学者たちはようやく、彼らに期待されていたもの、階級闘争の状態が彼らに要請していたものを生みだす決意をした。マルクスとレーニンの思想を哲学において歪曲することだ。この生産物が商品同様に輸出されたことは、思想の感染だけによっては説明されないし、ソヴィエト

＊6　最初の草稿では「大部分の」であった。
＊7　最初の草稿では「まだ古典的な資本主義国家になっていない」。

国家の力によってでも説明されない。類稀な凡庸さをもった哲学の栄光などによってはなおのこと説明されない。それを説明するのは、我々の国々における階級闘争の状態である。共産党が周知の実践により階級闘争を指導している国々における階級闘争の状態である。そうした共産党もまた、活動家に対する支配を維持するために、この哲学を必要としているのである。

この哲学においてイデオロギー的かつ政治的に重要であるのは、存在論的基礎である。つい先ほど述べたように、存在について唯一妥当する定義は、存在とはかくあり、それ以外のあり方はしない、ということである。その含意は、既成秩序をわずかでも変えることの禁止であり、与えられた命令を取り違えることの禁止であり、与えられた命令に従わないことの禁止である。そして、この要求はなにものにも依拠しない（無に依拠する）ということが嘘であると我々は知っている。ソ連における階級と階級闘争の存在は無ではないのだ。異論を端折って言えば、支配し、命令を下す人間にとっては、ものごとがかくあり、それ以外のあり方をせず、命令の背後にはなにも探るべきものがなく、特になにかを議論してよい権利上ないし事実上の正当性などまったくなく、したがって議論すべきことはない、と知らしめることが重要なのである。これが存在に一致する無の意味である。議論すべきことはなにもない、ということ。下された決定には理由がないのだから。事実の支配である。お飾りの認識論を通じて、事実の権利上の理由を探っているとうぬぼれていられる。しかし探求は見物客向けのものであり、ゲームはすでになされており、認識についてのこの言説は無知なる者の言説にほかならない。存在についてのあらゆる言説が、無についての言説、なにも言わない言説にほかならないのと同じことである。事実をあえて疑おうとする者はすぐさま、彼らの義務について警告を発せられる。彼らの思い上がりは無であると叱責される。管理し、刑を科し、閉じ込め、殺す無（死である無）から懲罰を受ける。「全人民国家」は彼らにそれを課し、記憶させることを責務とするのである。この国家は哲学と人類に対してのみならず、支配階級に対しても、自らの義務を心得ている。

もちろん、こうした省察で無数にある存在論の問いが尽きるものではない。存在のテーゼが立てられるときには、そのメカニズムは我々が述べたより若干精密である。テーゼを立てる人は、存在は「かくある」と言うにとどまらず、進んで細部に分け入ろうとする。彼は「経理（経済）は二の次だ」（政治が第一であるという意味のドゴールの発言）と言う人ではないのである。存在のなかに足を踏み入れるし、それに必要なものをもっている。結局のところ、そこは彼の領分だからである。彼はものごとの総体としての存在を秩序づける。それぞれに然るべき場所を割り振り、上下関係を設定し、吟味されたヒエラルキーに従わせる。すべてのものごとのあいだの然るべき有機的つながりを、ヒエラルキーが保証する。ものごとの「協調」が、国家の指導者でもある作品の主を脅かすどころか、その支配をもっとも平穏に維持するように。我々が先に述べた、様々な秩序の秩序、様々な秩序の分類学が存在する理由はこれである。この分類学はアリストテレスとプラトン以来、ライプニッツと現代の新論理実証主義にまでいたる大分類家たちの、存在論化する西欧的思考につきまとっている。とはいえ、我々がここであらためて目にしているのは、なぜ秩序の秩序が存在するか、つまりなぜ秩序が存在するかという問いの実質的充足である。なぜなら存在があるから。ここでようやく、大文字の秩序が設置されたのである。一安心である。というのもこれまでは、不幸にしてこう自問することができたからである。けれどもそれがたまたまのこと、偶発的なことであったとしたら？　ヒュームが自問したように[*8]、もし明日太陽が昇らないとしたら、あるいはもし妻が私を見捨てたとしたら、もし私の労働者たちがストをしたとしたら、もし私のアルジェリア人たちが国に帰ったとしたら、たいへんだ！　今やようやく、安心していられる。今や私は、不安な自問などなんでもないと言ってもらえると知っている。存在があろうとなかろうと、なにも変わらない。ヘーゲルが私たちに、存在は無意味だとみごとに説明してくれている。しかし親愛なる読者諸氏よ、あなた方はご自身のために語っておられる。頭から先入観を一掃しておられる方も、先入観で頭がいっぱいの方もおられるであろう。どうか一瞬、他人のことを考えていただきたい。先入観をもたない人も、先入観しかもたない人もいるであろう。そして自問していただきたい。保証されていると知って、なにか変わるのか。かくあるのであって、他のようではないと知って、生活や信念や隷属状態のなにが変わるのか。知ってもなお空虚のなかにいることに変わりがあるのか。生活のなにかを変えようとする試みを前にして、なお空虚のなかにいることに変わりがあるのか。

　したがって、存在とは大文字の秩序であり、ものごとを秩序づけて存在のなかに定置することである。ものごとを存在に規定され、導かれるようにすることである。もちろん、大文字の秩序は存在の全能性に照らして無限に多様でありうる。

　秩序は歩道のように、デカルト的空間のように、ボース地方〔フランス中部〕の平原のように、無限に平らであることもある。ご承知のように、デカルトは森がすでに地上を被わない時代にあっても一貫してこう説いている[*9]。森のなかで迷った人間は、どの方向にでもよいからとにかくまっすぐ歩いていけばよい。そうすれば必ず、見晴らしのよい平原に出られる。田園の散歩には、あるいは捕虜の脱走には、なんと好都合な平面秩序か！

しかし秩序は丸いこともある。カントはそれに気づいていた。[*10] しかし彼は、地球の丸さだけからそこに思いいたったわけではない。私有地ゆえである。彼はこう述べた。地球は丸く、隣の土地に接して自分の土地をもつ所有者たちは、いつか必ず地球の反対側の土地所有者たちと隣人になる、それで終わりだ！　私有地を無限に拡大していくことはできないのである。アメリカ流「フロンティアの終わり」である。完全に自由な事業はなくなる。物理的な特性と妥協しなければならない。社会契約がそれを思い出させる。とはいえカントがこの丸い秩序以外にも着想源をもっていたことを忘れてはならない。彼は頭上に広がる天と、心のなかにある道徳法則のことも考慮に入れていた。言ってみれば要するに、丸い秩序は上となかに補完されているのである。それら三者の関係をカントは生涯にわたって追求し、『判断力批判』[*11] において見つけたと考えた。ハイデッガーも彼なりの仕方でその考えを是認した。[*12] しかしカントのまえにはルソーがいた。ルソーのあとにはヘーゲルがいた。彼らもまた、違った意味で興味深い。

＊8　ヒューム『人性論』第三部一一「偶然の半知識」。
＊9　デカルト『方法叙説』第三部。
＊10　カント『人倫の形而上学の基礎づけ』第一部「法の教義」。
＊11　カント『判断力批判』五六節注解一、五九節。
＊12　ハイデッガー『カントと形而上学の問題』三一節。

ルソーももちろん、地球が丸いことを知っていた。しかし彼は、起源においては、つまり「最初の自然状態」の時代には、地球はデカルトの意見とは異なり、完全に森に覆われていたと考えた。[*13]まったく空き地がなく、平原もない、と。したがって、まっすぐに歩いても見晴らしのよい平地に達することはないわけだ。カントにおけるように、反対側に達することもない。目のまえをまっすぐに歩いていけば、出発点に戻るというわけにもいかない（まっすぐ歩いて出発点に戻ることが道徳法則の処方箋である。しかしそれはまた、一七八九年当時の世界旅行の方法でもあった。この日付はカントに多大な影響を与えたが、彼はまだその頃、森のなかで立ち小便をする習慣がなかった）。「最初の自然状態」の人間は、そこが森だとは知らずに森のなかを彷徨っているのである。木々以外にはなにも目にしたことがなく、そんなことはできず、とりわけ満天下の平原など知りもせず、誰に会うこともない。この人間には森から出るチャンスがまったくないのである。これがルソーの見解である。彼は書いている。黄道が傾く偶発事でもなければ、ものごとはなにも変わらなかったであろう。[*14]ものごとはつまりこの種の偶発事（大陸の水没、島の隆起など）により変わったのである。それが人間をみごとで快適な痴呆状態から抜け出させた。そこからは季節も生まれたので、人間は労働に従事し、森を開墾して穀物を作らなくてはいけないようになった。弁証法がはじまったのである。しかしそのとき少なくとも、なぜデカルトが森をまっすぐに横切る人間の話を我々に語ったのかが分かる。森が、開墾地に囲まれるようになったからである。また当然のことながら、ものごとはカントが語ったような運びを、かたちを若干修正されてするようになった。地球は丸い、それは私有地のせいである、土地は私有されている、それは地球が丸いせいである。ここでも丸い秩序である。ただし今度は、丸い秩序が血なまぐさい無秩序に基礎を置いているという違いがある。丸い秩序が地球を限定された私有地に分割し、私有地の価値がいくらでも跳ね上がりうるのである。とはいえ、マキァヴェッリ、ホッブズ、マルクスのような人――ルソー自身もだが、「非社交的社交性」を語るカント[*15]も含めてよい――が、この無秩序にも独自の秩序があり、それは認識可能である、と我々に説くようになった。彼らはそれを、理性と道徳の法則などまったく知りたがらない情念によって説明する。秩序のなかのなんたる無秩序！　平たくても丸くてもいいが、秩序の肯定とは目眩ましではないのかと問うべきだろう。この秩序が実在すると信じさせ（秩序を耐え忍ばねばならない者たちに。親愛なる読者よ、あなたのことだ）、秩序が支配すべく秩序は実在しているはずだと信じさせるための目眩ましではないのか。たんなる既成秩序の秩序で

＊13　ルソー『人間不平等起源論』。アルチュセールの講義録『政治と歴史――エコール・ノルマル講義1955－1972』収録の「ルソーとその先行者たち」、「ルソー講義（一九七二）」を参照。

＊14　ルソー「文明に対する風土の影響にかんする考察」。「もし黄道が天の赤道から分離していなかったら、人々はけっして移住しなかったろう。誰も自分が生まれた土地以外の風土にはなじめず、そこから離れることはなかったろう。地軸をほんの少し傾けようが、人間に向かって『地表を覆い、社交的になれ』と命じようが、行為するために手を必要とせず、しゃべるために声を必要としない者には同じことであった」。

＊15　カント「世界市民的観点からする普遍史の理念」、「自然がそのすべての傾向をうまく展開させるために用いる手段は、社会のただなかにおける傾向間の敵対関係である。この敵対関係はつまるところ、社会の規則や秩序の原因なのである。敵対性ということで、私は人間の非社交的社交性と解している」。

あるが、あまりうまくできていないため、補完的秩序によって強固にされるべき秩序である。しかし、読者諸氏がこのデカルト的な小道に、それがどこかに通じている（ハイデッガーの杣道とは違う！）からという理由で分け入るときには、バックラッシュに用心なされるがいい。あなた方からは若干、異端の臭いがしすぎている。その道はスワン家のほうにではなく、マルクスのほうに通じているのだ。

ヘーゲルにおいては、ことはよりラディカルである。秩序は丸い、そこに問題はない。すべては円であり、すべては様々な円からなる円であり、無限にそうである。より正確に言えば、カントやルソーの丸い秩序と、まったくカーブがなく高低をもつ――カント的な垂直的二元論における星空と道徳法則――別次元の秩序とのあいだに、もはや矛盾がないのである。ヘーゲルは一貫している。内部に入るや、円または圏の丸さから外部に出ることはできない。あなたは世界のなかにいる？　世界に空を加えたい？　よろしい。あなたは屋根の上の天によって丸くなっている丸い世界のなかにいる。この世界はまた、あなたの胎内にある――なにしろあなたのなかにあるのだから――道徳法則によっても丸くなっている。人はつまり絶対的な圏のなかにいるのである。どうやってそこから出るのか。出ることは不可能である。[*16] とにかく、そとに出るという問題には意味がない。可能ではないのだから。それはカナール・アンシェネ紙が言うように「おしゃべり」にすぎない。同紙の哲学的レベルは過小評価されていよう。人はいるところにいるのであって、よそにいるのではない。格子、壁、境界線、鉄条網、標識により。標識の向こうには平原がある、と、すべての囚人たちは脱走しなくとも知っている。敷石の下には砂浜がある、と、六八年五月の夢見る反乱者たちは言った。違う、とヘーゲルは言う。境界線の向こうにはなにもないのだ。理由は単純である。境界線はないのである。そうでなければ、カントの愚かさにまた陥ってしまう。森のデカルト同様、境界のカテゴリーのなかで考えることをやめなかったカントの愚かさに。読者諸氏は、カントにおいて境界のカテゴリーがいかなる意味をもつかをよくご存じであろう。民衆的知恵はあけすけに語っている。「境界線を越えてしまえば、もう標識はない」。国家、教会、政治党派、組合、家族のあらゆるリーダーに見られる口ぶりである。しかしそのどれでもなかったカント、しかし世俗的責任にことのほか敏感であったカントには、聞き逃せない問題であった。彼はよい例を挙げている。血の代償を払うことになった例である。フランスのテロルだ。ヘーゲルがテロルに賛成だったというわけではないが、論理の味方であった彼にはこう指摘する力があった。境界はない。そうでなければ無分別さにも限界がない。境界がないとすれば、それはまず、人はカントが望んだように有限のなかにいるのではなく、無限のなかにいるということである。次に、そとはそとにあるのではなく、内にある、ということである。汝自身のなか、有限-無限の人間のなかに、汝の境界を探し、見つけだせ。境界は汝の内にしかない。内があるゆえにそとがないとすれば、すべては言われている。

　すべてとはいえ、ヘーゲル以来の哲学全体に取り憑いている次の問いだけは別である。そとも境界もないとすれば、なぜいまだに境界の話を続けるのか。円の円について、丸い秩序について、なぜいまだに語っているのか。

　したがって、丸い秩序、カーブを境界とする秩序と、非-外部、カーブと境界の不在の両方を同時

＊16　ヘーゲル『法の哲学』「序文」。

に考える容易ならざる方法を見つけねばならない。要するに境界ならざる境界、そとをもたない円としての円である。またしてもルソーのことが思い浮かぶ。海のなかから出現する島々、他の土地には寄りかからない島々のことが。実践的無知のなかから生起する科学の大陸のことも想起される。エゴイズムによって引き裂かれた世界のなかから現れる聖人、ジェラルディが歌った不可能な愛のことも。「君が僕を愛してくれたら、僕が君を愛していれば、僕が君を愛するように」。大カト〔マルクス・ポルキウス・カト・ケンソリウス〕のように、家庭での茄子菜園作りを国家経営の柱とする指導者のことを考えてもいい。スカンポのかたちをした耳をもつ女性を探し回る学者、アンドレ・ブルトンの頭上でスグリのジャムを作る鳥、等々でもかまわない。例はすでに十分ある。いずれの場合でも、問題は深刻に深刻であり、問いのなかの問いでさえあるだろう。最初にそれを盆に乗せて運んでくるのが我らの朋輩、観念論哲学者たちであろうと、この問いは適切に扱わねばならない。

そう、ハイデッガーはこの問いについて彼なりの考えをもっている。新論理実証主義とならび、彼はそれを真面目に受け取ることにかけて人後に落ちない。新論理実証主義はよき存在論として、見込みのない問いを扱うやり方の一つを提供している。集合論に敬意を払うにもかかわらず（集合論は境界問題に強い関心を抱いているが、甕がいっぱいのときに一滴垂らせば溢れることは誰でも知っている）、新論理実証主義はこう言うのである。境界は宗教的、形而上学的、精神分析的、マルクス主義的（ぽかっ！）な問いであり、そんな話は聞きたくもない。俺たちは事実に興味をもつ。事実はかくあるのであって、他のようではない（ご存じの言い方である）。それがご不満なら、よそに見に行かれるとよろしかろう。私がそこにいるかどうか。アンティーユ旅行の代金を払われるとよろしかろう。彼らは付け加える。かくも理解されないとは惨めだ。現代の哲学者から疎まれるとは。とはいえデカダンスが遍《あまね》く行き渡っている（どこにデカダンスがあるのかはよく分からない。今日、生産性は上昇し、女性と同性愛者の解放は進んでいる）。結局のところ事態は正常なのであり、待っていればよいのだ。ことがうまく運ばなくとも、神はそこにご自身のものをお認めなさる（失敬！　神は方便である。信じてなどいないので。残念ですが）。そう、ハイデッガーの面白さは少々異なる。彼は問いを引き受け、どう解決すればよいかを自問する。カードを切り直し、境界を消去し、それを自分の手前と向こうに追いやって、窮地を切り抜ける。その結果は、ほとんど解読不可能な言語である。どうか明快に語っていただきたい！　要するに、自分でもそれを認めているのだが、彼は内部のぬかるみにはまっている。私には不幸にして、彼の思想について短い言葉でこれ以上明快に語ることができない。この思想は、わけが分からないから深遠だという評判を託っている。私としては、そのすべてを明快に理解した人物の話にすぐに移りたい。彼は問いを暫定的に解いた。それも、分かる言葉で。私の友人、ジャック・デリダ[*17]のことである。

デリダは非常に説得的な仕方で[*18]、境界ならぬ境界の問いに対する答えは余白に求めなくてはならない、と示した。余白とはなにか、誰でも知っている。この頁にもある。充満した空間の隣にある空虚

＊17　最初の原稿では「私の同志にして友人であるジャック・デリダ」となっていた。
＊18　本書一二九頁注12を参照。

な空間である。充満は空虚なしにありえず、その逆もなりたつと考えるべきだろう。たしかに二つの空間のあいだに境界が想定されているが、この境界は秩序ならぬ境界であり、いかなる場合も秩序には依存しない。というのも、余白は変化させることができ、それを変えれば境界も変わるからである。余白が二、三センチメートルしかなくとも、植字工と相談すればなんとかなる。デリダは余白においてはこの「遊び」が、究極的には余白そのものと同じくらい重要である、と解した。当然のことながら、この「遊び」は「遊び」でありながら、すべてを変える。それは自由であり、課されてはおらず、秩序全体から自らと我々を解放する。秩序が平らであろうと丸であろうと、一元論的であろうと二元論的であろうと、あるいは捩れていようと。かくてこの余白は、我々の絶望に耐えたあと、我々の希望を身に帯びはじめる。余白にいるのはマージナルな者たちである。狂人、子ども、変質者、哲学者、精神病者、気がふれたり正常であったりする芸術家、異常者、等々。規範性が脱神話化されてしまえば（スピノザとニーチェのあと、カンギレームが理解を助けてくれた）[*19]、興味深いものごとが余白で起きることは明らかだと証明される。公的な社会の余白、搾取された労働者たちや移民労働者たちのところ、子どもたちのところ。はるか昔から、真理は彼らの口から漏れてきた。そこはまた、偉大な者から取るに足らぬ者までいる芸術家たちのところでもある。ブルトンと彼の友人たちはその中間ぐらいだ。貧弱な精神の持ち主であっても聖人なら、自分が聖人であると知らずにそこにいる。狂人たちもいる。ソヴィエトやラテンアメリカにいるようなある種の囚人たちも。余白は海岸でもある。社会主義の恐ろしい川をプロレタリア独裁の小舟に乗って下り、ようやくそこへ辿り着き、日光浴のために船を降りる海岸。このとき、共産主義の海岸には、余白の自由な支配があるだろう。もはやテキストはないだろう。書かれた権利、書かれた法、書かれた命令、エクリチュールはなく、生々しい痕跡だけがあるだろう。パロールの痕跡である。すなわち、貨幣や帳簿（書かれている）を介さぬ語と財の交換、まなざし、声[*20]、愛、憎悪の交換。ただし商品についての詐欺はない。エクリチュール独裁の終焉、言語独裁の終焉である。普遍的余白の支配、あえて言えば普遍的家族の支配。白目の白の支配、空白の支配、つまり白人の支配だが、あらゆる人種が、あらゆる色の混じった色としての白になっている。くちばしの白い鳥〔青二才〕だけは、白ツグミ〔珍しい人間〕に変わるのでなければ行儀よくしていなければならない。とはいえすべてのツグミが白くなっているだろう。喪の色としての黒は消滅しているだろう。避けられるすべての苦難とともに。

見通しは明るい。というのも、こんなことを言えばおまえは狂っていると言われるだろうが、余白はユートピアではなく、今日すぐれて現実のなかに存在しているからである。それを証言しているのはデリダの理論だけではない。あらゆる検査済みマージナル人間、あらゆる未検査人間の存在もまた、それを証言している。余白は実在し、広がり、あらゆる国で、ソ連においてさえ[*21]、完璧に広がってい

---

*19 カンギレーム『正常と病理』、滝沢武久訳、法政大学出版局、一九八七年。次のアルチュセールの講義（一九五八－五九年度）とマシュレーの論考「ジョルジュ・カンギレームの科学哲学——科学のエピステモロジーと歴史」（未邦訳）も参照。〔L. Althusser, « Cours de 1958-1959 », dans *Althusser et quelques autres. Notes de cours, 1958-1959*, éd. E. Jalley, Paris, L'Harmattan, 2014, p. 40-41. P. Macherey, « La philosophie de la science de Georges Canguilhem. Épistémologie et histoire des sciences », *La Pensée*, n° 113, février 1964, p. 50-54.〕

*20 「（ラカンは彼の対象aによって自分の問題にかかわるであろう）」という文が抹消されている。

る。私はいつかそのことを説明するだろう。不幸にして今はその時間がない。とにかく、余白の問い[*22]を司令部に就かせることで[*23]、デリダはしくじらずにすんだ。デリダの探求の眼目は、哲学と政治が、ある種の関係のもとでは同じものであると示すことにある。彼の理論のような余白の理論はまっすぐに政治の理論[*24]と出会うところへ進み、共産主義を斜めから先取りし、共産主義を明快に、いかなる注釈も必要ないよう証明する。

しかし、理論的な観点からは言っておかねばならない。境界についての省察、余白の観念を導入する省察は、フォルム〔形相／形式／形〕そのものについて相当程度たがが外れている。登場するのは平面や丸といった幾何学の図形だけではない。極限（微分的）、捻れ（ラカンお気に入りのメビウスの輪[*25]）、さらに、柔らかいもの、粘性のもの、といった、サルトル以降では固体物理学が取り組むようになったフォルムも登場する。フォルムにかんしては、とりわけ諸科学が数理論理学に屈服して以来、あらゆる科学が痛ましい貧しさを特定のフォルムに対してもつようになっている。人間関係、「間主体性」、無意識といったものに観察されるフォルムである。そこを支配するのがフォルムをなさない幻想だからであろうか。現代の諸科学は一般的にそうしたものをまったく理解しようとしない。諸科学が自分の対象をその内部で思考するフォルム、したがって、それらの対象を整えるフォルムから、諸科学を逸脱させてしまうからだろう。

とはいえ、科学が予期せぬフォルムを発明しなかったということではない。たとえば、ニュートンの遠隔作用である（惑星間引力が物体間引力へ一般化され、重さや潮の満ち引きを説明する）。それは、アリストテレス以来人々がそのなかで考えてきた古いフォルムを、かなり覆してしまった。古いフォルムとは、自然の運動と暴力的運動の区別である。前者の運動は、物体を然るべき場所へと向かわせる。石は下へ、煙は上へ、人間は自分の席へ、奴隷は下へ、君主と所有階級は上へ。後者の運動は、前者の運動を予期せぬ衝撃で妨げる。そのおかげで、敵を殺す弓や大砲の弾を飛ばすことができ、またありがたいことに、自由人だと思い込んでいる奴隷に屈服を強いることもできる。

　現代の素粒子物理学とアインシュタイン物理学が捨てると同時に更新した、この遠隔作用の観念は、哲学と無関係ではない。哲学もまた独特の仕方で一種の遠隔作用を行うのである。思い起こしていただきたい。哲学は自分のなかにしか働きかけず、自己に作用するという条件でのみ外部に作用する。とはいえここはこの探求を前進させるべきところではない。というのも、いわゆる自然科学がフォル

＊21　最初の原稿では「特にソ連では——そうお思いにならないだろうか——」となっていた。

＊22　最初の原稿では「（余白の問いを）非常に毛沢東主義的に司令部に就かせる」となっていた。毛沢東語録にある「階級闘争を司令部とする」に由来する。

＊23　以下が抹消されている。「我々のあいだで、毛沢東は傑出した作家であった。彼の定式はいつも正しいとはかぎらないが、彼は代替不可能な定式を見つけだす才能をもっている。デリダの作ったエクリチュールの理論は、マルクスが作ったプロレタリア独裁の理論——我らの指導者たちには不幸にして誤解されている——と似たところがある」。

＊24　最初の原稿では「プロレタリア独裁の理論」。

＊25　ジャック・ラカン『セミネール』第一〇巻「不安」（未邦訳）。〔*Le Séminaire, Livre X: L'Angoisse*, éd. J.-A. Miller, Paris, Seuil, 2004, p. 113, 140 *sq*.〕

ムの刷新をどれほど進めようと、我々は、人間の無意識（矛盾律を堂々と無視するのだ！）を支配するだけでなく、政治、美、家族、道徳における実践、さらに（言ってしまおう！）宗教における実践にさえ見られるある種の余白を支配するフォルムなきものに躓く恐れがある。それゆえ本章には締め括りを与えないでおこう。科学者の労働、哲学者の省察、芸術家と政治家の想像力が、本章を引き継ぎ、詳述してくれるだろう。

14

実際、順番としてはもう一つ別のカテゴリーに駒を進めるべきだろう。そのカテゴリーは、我らが小理性の「法廷」に対象とともにすでに呼び出してあったので、扱ってもらうのを待っているはずである。すなわち主体Sである。

対象についてはその真理すなわち存在を通して論じたのですでに分かっていることだが、主体と対象のカテゴリーは認識の理論にだけかかわるものではなく、哲学全体の関心を呼ぶ。その点に留意しつつ、主体についていくつか述べることにしよう。

主体とは、人がたとえ対象について語っていても、語られているものである。とにかく人がなにかについて語るとき、主体は同定される。主体とは語る者であり、「私」と言う者である。語る者は、目前の対話者に向かって「おまえ」と言いつつ、目の前にいない第三者について「彼」と言うのと同じように「私」と言う。「彼とはいない者である」、不在の人物である、非人称的人称である、とバンヴェニストは言う。[*1] 言い換えると、言語とりわけ動詞は、主体の同定、主体の同一性を欠いては扱われえない。誰が語っているか、誰に語っているか、誰について語っているかを、主体＝主語が複数形

＊1　エミール・バンヴェニスト『一般言語学の諸問題』「代名詞の本性」、岸本通夫監訳、みすず書房、一九八三年。

か単数形で指示する。それは私だ、それは君だ、それは彼だ、という同定、同一性。人称について間違うことは論外である。そうでなければ、どんな言説も不可能となり、どんな現実も同定されえず、なにも自らと同一ではないだろう。ある一つのものではないだろう。この「一つのこれ」が主体である。

主体が存在に付加するのはこれである。すなわち、然々である個人はこの人であって、他の人ではない、なぜなら彼を二つに分割することはできないから。ヘーゲルはそれを譬えて、子どもの親権をめぐって争う二人の女を王として裁くソロモンの話をしている。二人とも子どもは自分のものだと言うので、二つに切ってしまえ、とソロモンは言う。女たちは恐怖の叫びを上げる。個人 individu〔分けられないもの〕の概念は、その名の示すとおり分割されず、それを分けたり細分化したりする特性をどう推定しても、その特性より強いのである。主体の手前にあるものとしての無意識を考えなければ、フロイトが述べ、メラニー・クラインが幼い子どもについて語った[*2]ように、部分対象の幻想が存在すること、つまりバラバラであることも〔主体の〕存在形式であるとは容認されない。主体の不分割は本源的細分化をむしろ前提する、ということも。主体の存在に到達するため、エディプスを通じて乗り越えねばならないものとして、細分化はある。共和国や神のように一にして不可分である主体になるために。哲学においても政治においても、あらゆる分割は致命的であるわけだ。

彼であって他の人ではない、彼は一にして不分割である。これが原理上の主体である。あらゆる対象を同定するのは彼である。あらゆる現実を時空間上に同定するのも彼である。主体はこのとき自己（自分であって他の人ではない者）であり、ヘーゲルはそれを *Selbst* と呼んでいる。「私であって他の人ではない」と言いうる者である。一であって自己に同一であるもの、一であることを主体としての自己に反照させて成立する同一性である。

主体のカテゴリー（我々がその哲学的機能によって定義する）は、たとえ我々の言語でもっている名前をもっていなくとも——この言語は、理由はやがて判明するが、ブルジョワ法のイデオロギーにひどく汚染されている——、別の名前をもっていたとしても、明らかに、あらゆる哲学に不可欠である。主体のカテゴリーを引き受けようとする哲学であっても、捨てようとする哲学であっても、その点に変わりはない。

実際、存在が定立されても、存在は然々の一にして自己同一的な形式をとって現れねばならない。それはいかにして可能なのか。それらの存在形式は、言葉をもつときには、こう言うことができなくてはならない。そうだ、それは私だ、私がその石であり、その犬である、等々。言葉をもつ存在に対しては、信頼を寄せることができる。ただし、言葉をもつのであるから、実際には嘘を言っている可能性、つまり間違えているか騙している可能性もある。とにかく、存在が定立されても、主体ないしその等価物を定立しなければ、個別的存在を個体性と同一性をもって思考することはできない。いかにしてそんな主体を定立するのか。

＊2　フロイト「性理論三篇」渡邉俊之訳、『フロイト全集』第六巻、岩波書店、二〇〇九年。メラニー・クラインの次も参照。「躁うつ状態の心因論に関する寄与」安岡誉訳、『メラニー・クライン著作集』第三巻、誠信書房、一九八三年。

いくつか例を挙げると（数多いのでそれだけにしておく）、それを考えるためプラトンは分有の理論[*3]を提出した。具体的で自己同一的なそれぞれの個人は、イデアに与《あずか》ることによってのみ存在するというのである。自分のイデアに、である。美少年や「美」少女が美しいのは、美のイデアに与っている場合のみである。しかしこれで十分というわけではない。こうした分有は彼らに美の一般性を与えるだけで、主体としての存在の特個性は与えないからである。そこでプラトンは混合の理論を思いつ[*4]いた。混合が、個々の主体の区別を逆説的に基礎づけ、もっとも特個的な個体性を説明するのである。なにが混じり合って特個性を構成するのか。存在と非在、一般と個別、美と醜、同と他、等々の「存在の種類」（『ソフィスト』）である。アリストテレスの名高いカテゴリーを先取りする存在の種類である。

アリストテレスはプラトンの理論が矛盾している（主体の区別と特個性という非混合を、混合が基礎づけ、保証する仕組みになっている）のみならず、目指した結果を生みだすには非力であることに気づいた[*5]。一般的な観念をたとえ無限に混ぜ合わせても、「彼であって他の人ではない」という具体的特個性に達することはけっしてないだろう、と。そこでアリストテレスは逆の分析に乗り出した。イデアから出発する代わりに、すなわち、どんな具体的存在にも純粋なイデアが対応して存在に実在性と規定性を与える、と仮定する代わりに、アリストテレスは具体的なものから出発する。すなわち、誰でも今ここで見て触れることができ、記憶にとどめて反省に付すことができるものから、である。それゆえ、アリストテレスを経験論の父とみなすことは完全に正当である。経験論についてはあとで問題にしよう。

具体的事物を分析することで、アリストテレスはそれらが無限に多様であり、互いに区別されていることを発見した。しかし同時に、それらの実在である存在を通して（実在は存在の第一の意味である）、具体的事物は形相ではなく特個的様相を提示するということ、それら様相は事物に共通していることを発見する。量、質、時間、空間、場所、持続、等々である。すなわち存在の別の意味だ。これら様相についてアリストテレスは、プラトンとは反対に、数が有限であることを発見して驚く。カントはのちにこの有限個のものについて再論し[*6]、ヘーゲルを驚かせることになるだろう。アリストテレスはそれらをカテゴリーと呼んだ[*7]（我々とは異なる意味で。しかし似てはいる）。実在の存在と、カテゴリーの様相——存在にかんする様相でもある——の結合とを連結させ、存在にかんする哲学的カテゴリーと言語的カテゴリー（語尾変化と活用の様相）を同一視することで、アリストテレスはプラトンが捉えそこなった結果に到達できると主張した。存在する主体の特個性に達することができる、と。

＊3　プラトン『パルメニデス』129 a - 133 c、同『パイドロス』100 c - e。

＊4　プラトン『ソフィスト』249 d 以下。

＊5　アリストテレス『形而上学』第一巻九章 (992 b 18-24, 993 a 7-10)、第七巻一二－一六章 (1037 b 8-1041 a 5)。

＊6　カント『純粋理性批判』(B 102-116/A 76-84)、同『実践理性批判』第一部第一編二章。

＊7　アリストテレス『オルガノン』第一巻「カテゴリー」四 (1 b 25-2 a 4)。アリストテレスは一〇個のカテゴリーを数え上げている。実体、能動、受動、時間、場所、体位、量、質、関係、所持（あるいは所有）である。『形而上学』第六巻二章 (1026 a 35-1026 b 2) も参照。

とはいえ彼もまた、一般性を抽出するレベルにとどまっている。自分が「個体の学をもっていない」[*8]と認めている。ある主体が存在するとしよう。よろしい、主体には存在が与えられており、それは存在を通じて思考されている。さらに、その主体は量、質、場所、等々の様相をもって実在している、と付言されたとしよう。よろしい、この存在の様相は特定された。しかし、今なされたカテゴリー結合を備える複数の主体は存在しない、と、なにが保証してくれるだろうか。さらに、これらないしこの主体の内奥の本質に達した、と、なにが保証してくれるだろうか。主体が太陽（太陽系という種のなかに一つしかない）やソクラテス（置き換え不可能である。彼はもう死んでおり、思い出と哀惜の念しか残っていないのだから）のような特個的主体である場合には。

アリストテレスは、自分が引き起こしたこの矛盾を、奇妙な理論によって切り抜けようとする。同時に実体、本質、個体性の理論である理論によってである。彼はまず実体の理論を作り上げる。様々なカテゴリーは特定の規定された存在に働きかけ、それに属性を与えるが、それらの属性のもとには一つの主体、一つのヒュポケイメノン（底にあるもの）[*9]があることを保証する理論である。ヒュポケイメノンとは字義通りには下に横たわるものの意であるが、マルクスは『資本論』においてそれを「支え」と呼んでいる。[*10]しかし、これはまだ一般的な立言にとどまっている。おそらく、諸規定を実体としての主体に割り振ることは、これでできたであろう。つまりたんに語ることであれば、もうできるだろう（アリストテレスの論敵が繰り出す詭弁は、たんに語るという操作さえ人間に禁じた。アリストテレスは全著作を通じて彼らを批判している）。たんに語るだけでなく、語によって、現実的属性を現実的存在に割り振ることができるだろう。

しかしここには、主体としての実体を特徴づけるものはなにもない。実体の理論にはそれゆえに、本質の理論を付け加えねばならない。おそらくもっとも興味深いのは、このときアリストテレスが同じカテゴリー、同じ語を援用する点である。ウーシアである。本質の理論に移行するや、彼はその語を本質かつ実体を指して用いる。ウーシアはもはやヒュポケイメノン、「下に横たわるもの」、「土台」、「支え」ではない。ウーシアの語はまた別の意図を表す。ある特定の存在を適切な意味で構成するもの、「それの個別的本質であって、他のものの本質ではない」ものを語る、という意図である。アリストテレスの本質の理論はつまり、目標は達成された、主体は本質により定義されるのだ、と考えさせるための理論なのである。しかしこれはあまりに単純であろう。本質はいまだ一般的な観念であり、あらゆる存在に適用可能である。本質とはある存在の個別的本質であるという要請は、一般的な要請にすぎない。

引き裂かれたアリストテレス、そのことに自覚的であったアリストテレスは、仕事をやり直す。なにが主体を個別化するのか、と問うのである（ここでは、存在における個別化と、主体の定義にかんする

＊8　アリストテレス『形而上学』第三巻六章（1003 a 12-17）、第一三巻一〇章（1086 b 33）。
＊9　同第七巻三章（1028 b 34-1029 a 8）。
＊10　マルクス『資本論』ドイツ語初版「序文」。「私は資本家と土地所有者を、血肉をもった人間として描くことはしなかった。ここで問題となるのは、経済的カテゴリーの人格化であるかぎりの人物である。利害と規定された階級関係の支えとしての人物である」。

個別化の両方であると理解しよう。存在と定義の二つの理論はアリストテレスにおいて、つねに結びついている)。そして、袋小路に陥っていた彼は当然のことのように、複数の答えを与える。[*11] 個体化するものは、あるときには質料=物質(しかしアリストテレスにおいてなにが物質であるかは曖昧である。彼はときおり唯物論者であろうとするが、唯物論者ではない)であり、あるときには偶発事であり、あるときには形相である。

こうした表現を普通の言語に翻訳するとどうなるだろうか。物質が個別化するのだとすると、それはこういう意味だろう。物質のある変種が、この石なりこの動物なりこの人間なりを定義する。それらのものは物質の特個的配置であり(この犬は赤毛をしている、この人間の鼻は長い、等々)、実在する場所と時間でもある(私の尻軽ガールフレンドが飼っている犬、パン屋の女房、私の子どもたちの母親、一九七六年の共和国大統領)。偶発事が個別化するのだとすると、人間の例だけを挙げると、こういう意味だろう。やぶにらみであることがデカルト好みの女を作り、どもることがジューヴェを、びっこであることがルサージュの野郎を、好きなときに寝ることがナポレオンを、いつも寝ていることがクトゥーゾフを作る、等々。最後に、形相(アリストテレスの裏切られた期待を一身に体現する。というのも、形相は彼の対象にかんしては最高かつもっとも検討された原因であるのだから)が個別化するのだとすると、それは、主体の個別性を定義するのは目的、目標、行き先であり、個別の目的である、という意味だろう。個々の状況において、また「すべての墓地は置き換え不可能な人で埋まっている」とはいえ、人は完璧に、個人が取り替え可能でないことを承知している。私は君ではなく、私の女は幸いなことに私ではなく、アリストテレスの代わりはおらず、ましてアレキサンダー大王の代わりはおらず、世界は「二度と会うことのない」存在からできており、だからこそそれらを愛したり、抹消したりしなければならない、と。

アリストテレスがこのように形相 - 目的を語るとき、彼が言いたいのは機能のことではない。というのも、どんな機能 fonction でも、役人 foncitonnaire を雇いさえすれば果たされるのだから。彼が言いたいのは合目的性、置き換え不可能な合目的性である。世界は一つの席が二人によっては占められないようにできている。一つの椅子に二人で腰掛けることはできない。無理に座ろうとすれば、先に座っている者の席を奪い、その者をそとに追い出す必要があるが、それは自然に、ピュシスに反することである。ピュシスの概念は最終的には、隙間のある配置を理論的に溶接するために働く。

そう、自然がある（この世、我々の世俗世界がある。回転しているだけの月と星は生成を免れているが、動物と人間は回転できない宿命にあり、それゆえに死すべき存在である）。そう、自然があり、この自然は秩序であり、秩序中の秩序であり、それがそれぞれの個別存在に、組織された全体のなかにおける場所と機能を割り振るのである。この自然が、「本性により奴隷である[*12]」人間がいるようにしている。「杼が独りで行ったり来たりするようにならない[*13]」かぎり、奴隷は奴隷であるようにしている。本性

*11 アリストテレス『形而上学』第七巻四 - 六章 (1029 b 13-1032 a 10)、同一〇 - 一二章 (1034 b 20-1038 b 34)。第八巻一章 (1042 a 5-33) にまとめがある。

*12 アリストテレス『政治学』第一巻二章 (1252 a 2-3)。

*13 同第一巻四章 (1253 b 3)、五章 sq. (1254 a 2 sq.)。

により国家の指導者である者、本性により哲学者である者がいるようにしている。自然が、哲学者にその自然の理論を作らせている。自然は寡黙であっても恐ろしく政治的であり、さいわい哲学者が代わりに語ってくれる。哲学者が語るのは、すべての人間が、すべて丸く収まるよう彼らに課された場所を受け入れるという目的のためである。そう、すべては丸く収まっている。勘定を支払う段になって丸く収まらない〔円運動しない〕運動と生成でも、勘定書が丸く収まっていることに気づく。というのも、勘定書はいつも同じなのだ。その証拠が政体の歴史である。政体はつねに、君主政、共和政、専政、と同じ相貌を見せて移行する。アリストテレスはこの円環の半径を知っており、王と国家指導者には、出来事が一、二の例外を除いてつねに証明してくれる理論に沿ってアドバイスしていた。例外の一つが、彼にとっては、アテナイを去らねば追放されるという憂き目をもたらした。つまり自然には例外があるということだ。とはいえ自然は「なにも無駄には」作らず、「飛躍をしない」ので、これら例外はまさに怪物である。誠実な人であり、誠実さを失わなかったアリストテレスは〔失ったこともあったが、たまたまであり、彼は偶然の機会についての理論も作った〕、怪物の理論も作っている。

存在の理論と本質の理論に支えられた主体の理論のなかでなんとかうまくやろう、と知性ある人間が試みたわけである。彼は、ヘーゲルが皮肉を込めて語った「個人という種」の理論をついに形式化することができなかった。「個人という種」を主体にする理論を作りそこねた。そう考えねばならない。それほど、彼の作品には多くの「悪しき主体」が溢れているのである。奴隷であることを受け入れたがらない奴隷、「ほどよいところ」にとどまろうとしない情念、野心に身を任せ、本性が定める運命を受け入れない国家指導者たち。そしてソフィストという悪しき哲学者たちである。彼らは人が猫を猫と呼ぶことを嫌う。存在の理論と本質の理論を理論的基礎にしては、主体の理論を作ることは不可能だったと考えるべきである。

しかしアリストテレスは、すぐれて個体である大文字の存在がどこかに実在すると考えて、自分を慰めていた。どんな質料、どんな偶発事にも汚されない存在、純粋な形相である存在、太陽の上にある存在である――太陽という個体は質料でしかない（繊細な火）不都合を示す。この存在は純粋知性、すなわち神である。アリストテレスが捕まった厄介に捕まらないよう、この神は世界のことなど考えず（そんなことを考えるのは火遊びであろう）、自分についてだけ考える。自分について思考する思考、《*noèsis noèseos*》[*14]、であろうとする。そのようなものとして、神は心安らかである。思考であるものとして、神は自然を遠くから眺めるだけにする。天上世界と地上世界の両方を眺めつつ、よき哲学者のように距離を置いて（すでに！）、そこに働きかけようとする。彼自身がよき哲学者である。自然に対し、有益な引力を行使しようとする（すでに！）。たしかに、これは神を棚上げにするやり方であるには違いなく、アリストテレスに唯物論者という評判を与えた。アラブ人哲学者たちのなかでもアヴェロエス[*15]がスペインで体系化した評判である。大打撃を受けた聖トマスは、アヴェロエスと絶えず闘わねばならなかった。しかしまた、神をどんな異議申し立ても受けない離れたところに据えるやり

＊14　アリストテレス『形而上学』第一二巻九章 sq.（1074 b 15 sq.）。
＊15　アヴェロエス（イブン・ルシュド）『アリストテレス形而上学注解』、トマス・アクィナス『アヴェロエス論駁』。

方でもある。哲学がその思考対象を思考するため、とにかく必要とする最高のカテゴリーとして神を据えるのである。このとき哲学の思考対象とは、世界に加えて、自分自身の見間違えである。しかしまた、恐ろしく具体的なことに、既成秩序を「自然」として保証するやり方でもある。既成秩序とは、獲得され発展させねばならない知識の秩序であるだけでなく（アリストテレスは史上初のＣＮＲＳ〔国立科学研究センター〕を創設した）、社会的かつ政治的な秩序でもある。この秩序は、階級闘争がいつなんどき予測不可能なかたちでクーデタと社会的転覆にいたるかもしれない時代にあって、神を渇望していたのである。

ここでついでにちょっとした指摘をしておきたい。アリストテレスのようなほんものの哲学者は、自らの哲学的前提を基礎に一貫したやり方で思考する。哲学者とは、通りすがりに目にしたものを捉まえる人間ではない。彼は自然ではなく自分に固有の問いを、自分なりのやり方で「問いに付す」。そしてそれらの問いを結論にまでもっていく。彼が観念論者であれば、問いを結論にまでもっていく際、たえず困難に遭遇する。彼の前提と問いに備わる想像的性格から生まれる困難であり、経験的事実と相反するという困難である。彼はそれらの困難に理論を整えることで応えるのだが、それらの理論は前方への逃走であり、そのときまで解決できなかった問いを新しい問いに移し替えるにすぎず、新しい問いもまた解決不可能である。最終的にどうなるかと言えば、すべての矛盾を宙づり状態にするため、矛盾した理論を宙づりにして解決するため、哲学者は家に帰るのである。自らの出発点に、もちろんそれと知ることなく、戻るのである。彼が問うふりをした存在の観念に、である。とはいえ彼はそこに、自分が払ったとてつもない思考努力を属性として付加している。存在はそれによって思考になるのである。自らを考える思考、すなわち哲学者自身の化肉に。自分が読者――影響を及ぼすことのできる人間――に保証すべく口にした、手間暇かかった言説の全体を発したのは存在であった、ということになる。彼が保証しようとしたのは、自然の秩序すなわち既成秩序、社会的かつ政治的秩序は「自然に適って」いる、つまりよい、だからそれに手を触れることは犯罪である、ということだ。

それを存在自身が述べたことになる。

彼のとてつもない努力は同語反復的であるゆえに無駄である、と言われるかもしれない。だがそれは正しくない。問いを発しつつ道を進むことで、哲学者はそれと知らずに現実的問題とかかわっていたのである。より正確に言えば、彼はカテゴリーと理論的概念を作り上げることで、科学的問題を提起して解決する手助けをした。哲学史はそれを印象的な証拠でもって証明している。アリストテレスはニュートンよりも二〇世紀早く遠隔作用のカテゴリーを考えたし、フロイトより二二世紀早く不動の動者のカテゴリーを考えた。不動の動者とは、分析家の立場を近似的に要約するものである。アリストテレスの例は、我々の言う手助けを鮮烈に示していよう。最近、チェコの数学者が主張したところでは、アリストテレスには非ユークリッド幾何学を先取りするものがあるという（それ自体としては驚くべきことではない。アリストテレスの場所の理論は存在に結びついているのであって、ユークリッド幾何学の空間に結びついているのではない）。もう少し地味な例にかぎっても、彼が観念論哲学のなかにもち込み、比較的安定した場所を与えた実体と本質のカテゴリーは、一八世紀の終わりまで、哲学のみならず科学においても考察を支配した。

この点を指摘しておくのは、想像的思弁としての哲学が完全に無用のものでありながら、同時に具体的に非常に有用である、という逆説を示すためである（逆説は社会的で政治的な領域においてまず明らかであるが、哲学と科学においても見られる）。私はここで、観念論というもっとも難しいケースを想定して言っている。唯物論の場合、機能ははるかに自覚的であるため、ことはもっと分かりやすい。この逆説が説明するのはとりわけ次のことである。科学者は（数学者さえ）一見して哲学を軽んじ、哲学なしですましている。彼らは哲学を賭金なしのゲームとみなしている。ところが実際には、自分では気づいていないものの、彼らは哲学を免れていないのである。哲学は科学者にとって、障害物にも、それと気づかぬ救援策にもなることができる。いずれにしても、哲学は科学者の理論的実践領域に存在しており、そこで状況に応じ多かれ少なかれ、重要な役割を演じている。彼らがそんな事態を露ほども疑ってみなくとも、明らかになにも変わらない。人間と学者が必然性によって動かされるのはありふれた事態であるだろう。自由に生きているつもりが、現実には必然性に盲従しているだけ、という例である。どこまで、いかにして、盲従が続くのかはまたの機会に見ることにしよう。

アリストテレスから主体のブルジョワ的で観念論的な理論に話を移すまえに、高度に重要な哲学的出来事にしばし足を止めねばならない。観念論の伝統にはそぐわない出来事であり、ストア派とエピクロスがそれをなした。

彼らにおいて、ある哲学的革命が起きたのである。唯物論の骨の折れる構築に直接かかわりをもつ革命である。ストア派は実際（私は歴史的順序には従わない）、驚くべき論理学を作り上げた。存在の論理の諸前提に終止符を打ち、それにより現代の論理学者（彼らが新実証主義者であるかどうかは当面重要ではない）を熱狂させた論理学である。彼らは諸存在と諸事実をあらかじめ存在するカテゴリーのもとに包摂する（それらに従属させる）ことを諦めた。彼らは起源と存在からはじめることを拒否したのである。そして大胆にも、無からはじめた。要するに、諸事実そのものである、意味の無から。

彼らの歩み全体は、「もし……であれば、そのときには……」という短い一文に要約されうる。もし人間が死すべきものであれば、そのときにはあの世の生はなく、そのときには幸福はこの世で探し求められねばならず、そのときには幸福のため可能なかたちで闘わねばならない（彼らにとって、可能なかたちとは心の平静、無感動である。それは、階級闘争と恐ろしい戦争が支配する世界において一定の意味をもつ）、等々。要するに、彼らは事実から出発し、事実を研究し、そこから結論を引き出したのである。結論は事実のなかに含まれており、彼らはそこになにも加えない。我々は実験科学において、この理論とこの実践に慣れ親しんでいる。しかしその革命的射程を測らねばならない。世界のモデルとして世界に先行する理念、世界をその権力によって支配し、強いられた目的へと導く理念と手を切ったのである。実体と本質によって個別主体を定義する試みが終わった。

世界は一つしかなく（しかし無限個の世界は可能である。この無限性仮説の意味は一つしかない。あらゆる世界の偶然性を、したがってこの世界の偶然性を現出させることである）、その世界には起源も目的もない。人間はこの世界で、自分が知覚するものごとをなすことがらに囲まれて生きている。彼らはこの惨めな境遇に甘んじるほかなく、神や主人が困惑と有限性からいつか救ってくれるなどと期待することはできない。とはいえ彼らは生きることができる。知識を増やすことができる。それを可能にするのが「もし……であれば、そのときには……」という原理である。彼らはこの結論部のおかげで活動することができるのである。しかし、存在する自然や、存在するなら完璧に無感動である神々にはなにも期待することができない。ストア派はそのように神々と折り合いをつける。神々を追放するわけだ。新しい僭主が敵対者に対してするように。血を流さないみごとな政治である。ただし、敵対者が再び権力に襲いかかる力をもっていれば、話は別である。弱い神々であれば、ことは容易である。こんな単純な考えが、ときが来ればやがて、驚嘆すべき展開を科学と政治において見せることになる。宗教と専政に対する武器にもなる。

エピクロスははるかに遠くまで進む。[*1] 彼は世界の複数性仮説によりこの世界の偶然性を指示するだ

＊1　エピクロス『教説と手紙』「ヘロドトス宛の手紙」、出隆他訳、岩波文庫、一九五九年。

けではあきたらず、細部に分け入り、動いている偶然性を、思考しつつ見せる。彼もまた起源からは出発しない（起源とはつねに意味と目的の起源である。起源にはものごとの真理全体が丸ごと含まれている。ものごとの真理や強いられた目的、すなわち行き着く先とならんで、存在における各個人の役割も起源には含まれている）。彼はデモクリトスからヒントを得て、奇妙な「事実」から出発する。その事実とは、世界は永遠の昔から原子でできている、という事実である（世界が永遠であるというのはすぐれて唯物論的なテーゼである）。空虚のなかを平行に、雨粒のように落下する物体的で分割不可能な粒子から、である（分割不可能であるゆえに完全な個体。この点は主体の問いを部分的に解決する）。雨のイメージはルクレチウスのエピクロス的詩、『事物の本性について』[*2]に見いだせる。この仮説においては、もちろん、なにも起きない。重要であるのは、はじまり以前にはなにも起きず、したがって、出来事の無が支配しているという点である。物質の無があるのではないのだ。この物質が不定形ではなく、非常に限定されているという点、どれも似た原子から構成され、空虚のなかで重力に従うという点も重要である。そして原子は、機会が訪れさえすれば、出来事を迎える用意がある。つまり世界があるためには、はじまり以前にはなにも起きず、世界を形成するに適した物質すべてが実在していなければならない。それ以外であっては、我々は完全な観念論に陥るであろう。では世界はいかにしてはじまるのか。原子の特性のおかげである。偏り（「クリナメン」）である。それが、落下の直線から原子をほんの少し（わずかな距離だけ）逸れさせる。それが起きると、逸れる原子は必然的に隣の原子と出会う。この出会いにより、エピクロスによれば、逸脱、逸れることが世界のはじまりであると分かる。逸れることであって、規範ではない。この点はあらゆる——論理的、法的、道徳的、政治的、あるいは宗教的な——規範に対する根底的な批判をなす。世界の劇場からあらゆる偏見を一掃し、ものごとの生起を、逸れて凝集する必然性に委ねる。

実際、異なる原子が出会い、凝集して、我々の知っている特個的存在を生みだす。我々の世界、我々が知っている唯一の世界を形成する特個的存在を。凝集の仕方が異なれば、形態と見た目を構成する仕方も異なる。これが個別主体の問いを単純なやり方で解決するのである。この理論の本質的な点は、逸脱‐逸れのテーゼ以上に、出会いにかかわっている。出会いとは発展した偶然性概念にほかならない。ある原子がある原子と出会うようあらかじめ定めているものはなにもなく、物質のなかで起こり、物質を原理とする偶然の出会いから、すべては生まれる。出会いのテーゼにより、エピクロスは哲学のなかに驚嘆すべき射程をもつ思考を導入したのである。その思想を今日まで意識的に看取したのは、ほとんどマキァヴェッリ、スピノザ、マルクスだけである。すべては出会いであること、基礎的粒子、合成された物体ないし主体の出会いであること、あらゆる出会いは時間と空間と、両者の中身——それが状況と呼ばれる——との出会いのもとで生起すること（状況を一言で表現すれば、出会いである。ただし結合の形式でそれを述べている）、あらゆる出会いは、こうした条件のもと、偶然であり、必然的に偶然であること。これが出来事を、したがって歴史と時間を開くのである。前代未聞の洞察である。

＊2　ルクレチウス『物の本質について』第二巻二一六‐二九三、第五巻四三二‐四九四、樋口勝彦訳、岩波文庫、一九六一年。

というのも、出会いは、生起したとしても、失敗する可能性がある。[*3] 出会いはまったく単純に、出会いそこねること、起こらないこともある（一六世紀イタリアのブルジョワジーと資本主義的生産様式は出会いそこねた）。短い出会いに終わることもある（男と女）（ルイ一四世とトルコ皇帝、アメリカと中国）し、持続する出会いになることもある（うまくいった恋愛、マルクスとエンゲルス、等々）。出会いはまた早すぎる出会いのこともある（アリストテレスと非ユークリッド幾何学）し、気づかれないことも、事後的出会いであることもある（マルクスとスピノザ）。彼らの場合には豊かな出会いとなったが、別の場合（レオン・ブルムとマルクス）には無駄な出会いとなった。

とはいえ、出会いの概念にかんする考察をさらに進め、その成功と失敗の条件を考えてみれば、こう言えるはずである。出会いが起きるのは、なにかが「凝固する」場合のみである。[*4] 原子が互いに引っかかるためには、原子自体に鉤がついていなければならないのである。出会いが「凝固する」ときに、出会いは起きる。もちろん、「凝固」の条件を定義することはできるものの、それが確実にできるのは事後のことにすぎない（*nachträglich*〔事後性〕とフロイトは言うだろう。[*5]それと知らずにエピクロスの観念を繰り返して）。事前に定義することは不可能ではないものの、その可能性は相対的に不確実であり、すでに生起した出来事の規則的反復をコントロールできるかぎりで確実であるにすぎない。反復の諸条件が見せる多様性を認識することができれば、コントロールは保証されるだろう。

出会いはつまり、水が「凝固」して氷になるよう、マヨネーズが「凝固」するよう、国家権力が人々の意識において「凝固」するよう、ある生産様式が「凝固」するよう、「凝固」する。そしてこの「凝固 prise」は驚愕 surprise や誤解 méprise や反復 reprise や解脱 déprise や支配 emprise、等々を引き起こす。ドイツ語で「着想する」ないし「捉える」(*begreifen*、*Begriff*)に由来するすべてのことを引き起こす。この点は注意と検証に値するだろう。しかし私が言いたいのは、逸れ‐出会い‐凝固のテーゼにより、エピクロスは我々に、観念論者が目指し、かつ捉えそこねたものを理解する鍵をくれた、ということである。すなわち、ある主体の生起である。彼であって他の人ではない主体の生起である。

---

*3 アルチュセールの一九六九年三月一五日付のマッチオッキ宛書簡を参照。本書前出(一七頁)『イタリア共産党内部からルイ・アルチュセールに宛てた手紙』(イタリア語版)に収録。この手紙のフランス語原テキストはフランスでは未刊であるが、IMECで読むことができる。「出会いは生まれることも生まれないこともある。相対的に事故のような『短い出会い』に終わることもある。そのような出会いは融合にはいたらない。〔…〕真に長い出会いである、あるいはそうなるためには、必ず融合のかたちを取らねばならない」。

*4 アルチュセールは生前未刊の一九六六年のテキストで、「凝固」の概念について語っている。「言説理論に関する三つのノート」、『フロイトとラカン——精神分析論集』(本書一七頁)、一五九頁。「私はここで、マヨネーズが『凝固』すると言われる際の意味で『凝固』という語を用いる」。

*5 例えば、フロイト「神経症の病因論における性」(一八九八年)を参照(新宮一成訳、『フロイト全集』第三巻、岩波書店、二〇一〇年)。「人間において、性衝動の諸力は蓄えられるように思える〔…〕。衝動が生じた時期にそれらの作用が発現することはきわめてまれであり、もっとも意味をもつのは、後の成人期になってはじめて生起するそれらの事後的作用である」。

17[*1]

単純さにおいて大胆な、かつほとんど理解されなかったこうした考え方は、資本主義の開始とともに、まったく別の観念に覆い隠されてしまった（観念が覆い隠される、とはフッサール的な言い方かもしれない）。この別の観念はブルジョワ的権利概念に突き動かされつつ、状況のなかではローマ法の再現となった。この観念が「凝固」あるいは「再凝固」しえたのは状況のおかげである。主体のモデルが変わり、権利主体となり、このモデルがほとんどあらゆる戦線で勝利を収めることになる。哲学の世界から古いカテゴリーが一掃されたわけではなく、それらのカテゴリー（実体、本質、等々）も機能し続けるのだが、新しいモデルはそれらにほとんど同じ仕事をさせつつ、その仕事を監督する。

権利主体とはなにか。それは哲学にそのままのかたちで直接介入することはなく、介入するときには法的イデオロギーの代替物という形式を取る。つまり、起源－所有者－著者－俳優という主体の形式、主体としての人間である。さらに言い換えれば、人間的人格である。しかし、人間一般が主体として思考されていることを理解するためには、権利主体に遡って考えねばならない。

ブルジョワ的法権利にとり、あらゆる人間的個人は権利主体である。「～の主体」であるとは、規定された法的諸能力をもつことを意味する。なにより、財を所有し、それを商品交換において譲渡する能力である。権利主体はつまり財の所有者である。しかし、そうであるためには、彼はまず自分自身とその意志の所有者でなければならない。それらの所有者であることにより、彼の意志は自由である。彼はまったき自由の状態で財を所有し、自由な交換契約を第三者と結び、自由にその財を譲渡する。法的自由は全員の自由であり、すべての人間が権利主体として相互に平等である。この条件には、そう信じられてきたのとは違って、ユートピア的夢想はまったく含まれていない。それは商品交換の諸条件そのものの事実性を定義しているにすぎないのである。一般化されていく商品交換の事実性である。権利とは事実に属し、事実しか語らないのである。それが語る事実は疑いなく、売買する権利の事実性であり、そこでは権利と事実が一致している。観念論哲学はこの特性を自らの夢想で無駄に追いかけてきた。

　権利という事実が法的イデオロギーに摑み直されるわけだが、なぜそんなことが行われるかという理由はなかなか興味深い。というのも、こう問うていけない理由はないからである。なぜ、自己充足しているように思える権利が、法的イデオロギーにより裏打ちされたり補われたりするのか。理由はしかし単純であろう。権利は商品交換の操作を形式的に裁可しても、そこに制限を加えたり（国家と警察の領分である）、それを強制したり（道徳の領分である）はしない。つまり権利は、国家と道徳的イデオロギーによって二重に補われる必要があるのである。そして道徳的イデオロギーのほうは、少なくとも宗教が存在しているあいだは、宗教的イデオロギーと無関係ではいられない。法的イデオロギーと呼ばれるものは、純粋な権利と道徳－宗教的イデオロギーのあいだを媒介するイデオロギーで

＊1　この章は『再生産について』第九章「生産諸関係の再生産について」で素描される諸テーゼを再論している。

あり、権利のカテゴリーに道徳と宗教が受け入れられる形式を与えることで、それらのカテゴリーを裏書きするのである。この転移と変容の操作が、主体のカテゴリーの移動によって行われる。たんなる権利主体ではなく人間的主体になることで、主体は法的カテゴリーばかりか道徳的カテゴリーと宗教的カテゴリーまで担うことができるようになる。かくして新しい主体は、所有権、自由、平等のカテゴリーに、友愛、寛容、道徳意識、善意、良心といった道徳的カテゴリーと、罪と贖いを通じて救済されるべく創造された有限の生物という宗教的カテゴリーを付け加える。そしてこの主体は贖いにより永遠の生を保証される。そうした法的・道徳的・宗教的イデオロギーは当然、自然に対する実践のイデオロギー、人間に対する人間の実践（生産と政治）のイデオロギーに影響を与えるので、この新しい主体はさらに、能動的で活動的な主体、自らの行為に責任をもち、自らの企図を意識し、自らの行動の主人である（もしくはそうではない）主体である。彼は目的を果たしたあと、神の前においてではなく歴史の法廷において、勘定を支払うことになる。とはいえそこは、頑迷な観念論者にとってでなければ、裁くところではない。彼らは世界が世俗的かつ資本主義的であっても、世界には意味があってほしいと思っている。

　マルクスが明らかにしたように、ブルジョワ哲学の全体が法的イデオロギーを土台に構築されている。その完璧な代表例が、ブルジョワジーが権力を渇望した時代におけるカントであると言えるだろう。カントはブルジョワジーの視点から見た真の唯物論哲学者である。彼はロックとヒュームによってライプニッツに向けられた批判——存在と実体への批判——を継承し、存在論に終止符を打った。宗教を実践理性の公準の片隅に追いやり、科学と道徳の領域から追い払った。それにより、道徳は宗教なしでやっていけるようになった。この道徳はカントが道徳的行為の純粋性から作り上げた観念にすぎず、彼の言うには、そうした行為の例を世界のなかに見いだすことはできない。しかしどこかにそれらが存在していると保証することができなければ（またしても保証である）、彼が間違って経験論とみなしたものに陥ってしまうとされる。カントはキリストが寺院から商人を追い出したように、科学的認識から偽の科学を追い出した。対象なき科学である（存在の形而上学、心理学的存在論、存在論的心理学、存在論的神学）。彼の作り出した認識の理論（『純粋理性批判』と『判断力批判』）は、その一切が、存在を一掃して、人間の認識に与えられるのは存在ではなく現象であるという観念を擁護することに捧げられている。そこにおける認識は部分的には、純粋な形式性においてアプリオリである。すなわち、いかなる経験からも独立している。形式が知覚の形式であるか、悟性と理性の形式であるかも問わない。彼はコギトが存在論的（デカルトの「我思う」のように）ではなく、いわんや心理学的すなわち経験的ではなく、「超越論的」であること（すなわち、いかなる経験も超えていること）を示した。それによると、コギトはアプリオリでしかありえない統一性を提供する。知覚の諸要素であろうと科学的判断の諸要素であろうと、すべての要素を結びつける統一性である。このときの科学的判断も、アプリオリ（数学、物理学の純粋な部分）であっても経験的（物理学の実験的な部分）であってもかまわない。

カントは純粋主体でもって認識に対し行ったことを、純粋認識でもって道徳に対し行う。いかなる道徳的行為も、善意というアプリオリなしには考えられない、と示すのである。[*2] 善意とはいかなる経験的動機ももたずに善をなそうとする純粋な意志である。そして、サルトルではない彼がそういうことをするのは驚くべきことであるのだが、カントは、この純粋な善意が実践理性すなわち道徳的理性の構造全体を牽引する、と示す。この理性もまた純粋なカテゴリー、純粋な判断、純粋な理由、純粋な目的をもつのである。道徳においてはすべてが純粋であるのだから、これは不思議なことではない。しかし、道徳は現実生活においてけっして純粋ではなく、そこにおける純粋なものはむしろ不純なものの条件と見るべきであるのだから、善意による道徳の牽引は同時に必要なことでもある。人間の情念と利害に見られる不純なものは、むしろ「病理」であると見なされねばならない。人間がおそらく永遠の昔から一種の原罪として「自由に」選んでしまった「病理」である、と。人間は純粋理性の純粋さに抗うこの不純なものに、生の全体を支配されるぐらい執着しているわけである。

周知のことであるので強調はしないものの、この純粋主体の概念はカントにおいて、芸術の理論と社会や歴史の理論をも支配している。こうした領域すべてにおいて、カントはさしたる革新を成し遂げなかった。彼はヒューム、ロック、その後継者たち（ヒュームの一党）といった一八世紀の哲学者たちに、主体の概念において先立たれていた。

この主体概念は、世界に存在するものはすぐれて主体である、ということを保証する大きな利点をもっていた。一方では純粋であり、他方では経験的である主体が、認識の主体であるのみならず、権利、道徳、政治、趣味、宗教の主体になり、それが世界に存在している。主体は「このようである主体であって、他のようである主体ではない」のかという問いは、したがって、原則的に解決された。ただし、やはり次の差異が宙づりのまま残されている。特にこのようである主体の特個性は、一般的主体形式を保証されても、やはり演繹されていないのである。カントが心理学に対し、歴史同様、科学になる可能性を拒んだ理由の一つがここにはあるだろう。それらの学には量しか適用することができず、そこでは質そのものが抽象的カテゴリーにとどまっている。個体性の特質（種別性）はあいかわらず、取りこぼされるほかなかった。現実の歴史はカントが間違っていたこと、彼の間違いは自らの考え全体を主体の法的イデオロギーに寄りかからせた点にある、ということを示している。

＊2　カント『人倫の形而上学の基礎づけ』。「善意を善意となすのは、その成果や成否ではなく、目指す目的に達しようとする態度でもなく、ただ意志のみである。すなわち、善意はそれ自体として善であるから善意なのである」。

18

とはいえカント以前に、悪魔的に巧みな用心をして、一人の男が別の道を進んだ。唯物論の道である。スピノザである。スピノザはまったく単純に神からはじめる。「他の者は思考からはじめたり（デカルト）、存在からはじめたり（聖トマス）する」。彼は神からはじめる。[*1] これは歴史のなかにほとんど類例を見ない、前代未聞の大胆なやり方であった。というのも、神からはじめるとは、起源と目的の両方からはじめるということである。続く彼の思考から見たときには、哲学におけるあらゆる観念論を構成するこの対を入念に括弧に入れることであった。神からはじめるとは、同時に、世界には神しか存在しないと述べることでもある。それは、神学者全員の鼻先で、すべてとして存在するとすれば神はどこにも存在しない、ゆえに存在しない、と述べることに帰着する。神学者たちはそれをよく分かっていた。しかしスピノザは神を必要ともしていた。すべての可能な属性（数のうえで無限な）を備えさせるためにである。それらの属性は神に固有の本質を表現し、神に固有の本質と一体化している。神の本質と混じり合って、神の本質と絶対的に見分けがつかない。つまり、石であろうが犬であろうが人間であろうが、あらゆる特個的主体の特異な力能を前もって説明するために、彼は神を必要としていたのである。そこでもまた、ものごとは構造なしではやっていけない。属性が無限であるとすれば（人間はそのうち二つのみ知っている。延長——物質——と思惟である）、神から有限様態である（様態とは、属性の変異、様相である）特個的個体に進むには、媒介が必要である。スピノザにとり、それが無限様態であった（例えば、幾何学の空間、知性）。それらの全体としての結合態が、スピノザが奇妙な語で呼ぶ編成を生みだす。*« facies totius universi »*。ゲルー[*2]を除く注釈者たちを戸惑わせてきた語である。全体宇宙の形象。一方において物体の全体、他方において精神の全体を統制する、おそらくもっとも一般的な法則である。

　この考え方においては明らかに、主体と対象の区別は飛んでしまう。権利の問い、真理の問い、真理基準の問いも飛んでしまう。つまり認識の理論が原理からして消えてしまう。代わりに座を占めるのは、「三種の認識」をめぐる奇妙な理論である。事実として与えられ、いかなる権利の問いからも切り離された理論である。そこで語られる第一種の認識とは想像力であるが、スピノザの告げるところでは、想像力を捉えるには能力のカテゴリーを捨てねばならない。第一種の認識つまり偽の能力とはむしろ、一つの世界を指している。直接的世界である。スピノザはイデオロギーの世界とは言わな

＊1　ライプニッツ「スピノザのエチカについて」（未邦訳）。「チルンハウス氏は私にスピノザ氏の書物について多くのことを語ってくれた。〔…〕彼はものごとの論証を神によってなすと主張している。〔…〕普通の哲学者は被造物から、デカルトは心からはじめるが、スピノザは神からはじめる」。〔« Über Spinozas Ethik », dans G. W. Leibniz, *Sämtliche Schriften und Briefe, op. cit.*, VIe série: *Philosophische Schriften*, t. III, Berlin, Akademie, 1980, p. 384-385.〕

＊2　マルシアル・ゲルー『スピノザ Ⅰ 神』（一九六八年、未邦訳）、『スピノザ Ⅱ 心』（一九七四年、未邦訳）。〔*Spinoza I. Dieu (Éthique, I)*, Paris, Aubier-Montaigne, 1968, p. 318 ; *Spinoza II. L'Âme (Éthique, II)*, Paris, Aubier, 1974, p. 169 sq.〕

いが、『神学政治論』を読むかぎり、そうみなしてもよい。同書において、想像的なものとはあらゆる人々が知覚し、信じているものである。あらゆる人々には、想像的なものの前哨である預言者も含まれる。神の告げることを理解せずに聞く人、理解しなくても真実を聞く人である。[*3] 想像力の奇妙なところは、真実の一片を含んでいることである。部分的な真実、非十全な真実。それが十全な真実へと進んでいく。まったき姿で現れ、一切隠されない第二種の認識である。そこにおいて真実は共通真理というあり方をし、科学と哲学がそのなかで仕事をする。

しかし、主体はどうなっているのかと問われるだろう。主体は第一種の認識において想像的である。第二種の共通真理においては、主体はおそらく認識されているが、その認識は抽象的である。スピノザは主体の認識にかんして驚きを用意している。第三種の認識である。それは、まさに特個的本質の認識を与えるというのである。比例関係の第四項を認識するための様々なやり方の例を挙げるスピノザ[*4]が、その背後で、まったく異なる射程をもった別の例を考えていたことは間違いない。人間的個人を認識する／彼らの歴史の特個性を認識する／歴史なるものの特個性を認識することの例である。『神学政治論』におけるユダヤ人の例に見られるような、ある民族の歴史における様々な契機や瞬間の特個性の認識ですらあるだろう。スピノザにとっては逆風の吹く時代であったことを知らねばならない。彼はすべてを公然と語ることができなかったのである。

事情はとにかく、この驚くべき理論構成には唯物論を思わせるところがあると主張してよいだろう。とりわけ、批判的かつ否定的なやり方をする唯物論については疑いの余地がない。マルクス以前の哲学者には超えることができなかったやり方である。しかしスピノザの哲学には唯物論的な拒否以上のものがある（この側面は明らかであるので、これ以上は繰り返さない）。驚くべき豊かさをもったテーゼもあるのだ。例えば、属性の無限性という観念は将来の発見に大きく扉を開いている（当時はまだ、代数学、幾何学、解析学、物理学ぐらいしか真の認識ははじまっていなかった。歴史の理論はまだ彷徨っていた）。既知の二つの属性についての認識（数学と物理学）のかたわらで、『神学政治論』のスピノザは、二つだけ例を挙げれば、すでに歴史の大陸を開拓しているばかりか、形式的には、もう一つ別の大陸の扉を開いている。形式的には、という点を強調しておきたい。歴史の大陸のなかではマルクスがその後決然と前進していった。扉が開かれただけの大陸には、フロイトがその後足を踏み入れることになるだろう。さらに例えば、平行論の観念である。これはたしかにある側面において観念論的であるのだが、思惟に対する物質の優位という問いに事実上の扉を開いている。最後に例えば、因果性[*5]

＊3　スピノザ『神学政治論』第二章、「ゼカリヤが見た光景はあまりに曖昧すぎて、説明なしではとうてい理解することができないようなものだった。これはゼカリヤ自身がそれについて言ったことから明らかである。ダニエルにいたっては、説明されても預言の内容を理解できなかった」。

＊4　スピノザ『知性改善論』二四節、『エチカ』第二部・命題四〇・注解二。

＊5　スピノザ『エチカ』第一部・定義六。アルチュセールはスピノザの属性をモデルに、認識生産に用いられる科学的「一般理論」を考えている。例えば、「一般理論とは〔…〕我々の属性である」（前出「言説理論に関する三つのノート」）。またポール・リクールと交わされた論争においても、属性の無限性テーゼを、相互に結びついていない科学的「大陸」の実在というテーゼを正当化するために用いている（『レーニンと哲学』第三章）。

をめぐる強力な観念である。結果において働き、結果のなかにしか実在しない因果性である。マルクスがやがて取り上げ直すことになる観念を、遠くから告げている。関係を関係として構成する諸要素に、その関係が原因として作用する因果性（生産関係を想起せよ）、諸要素に対し構造が原因として作用する因果性（構造的因果性）の観念である。もちろん、スピノザには彼の天才的直観に意味を与えてくれるはずの弁証法の観念が欠けていた。しかしその問いにほんとうの意味で答えることになるのは、ヘーゲルではなかった。スピノザにおいて沈黙したままになっている問いに答えたのは、スピノザをその点で正しく非難したヘーゲル、問いを立てただけのヘーゲルではなく、マルクスであった。

　とはいえヘーゲルはスピノザの最良の部分を受け継いだように見える。あらゆる認識の理論に対する批判、権利に対する批判、法的・道徳的・政治的主体に対する批判、社会契約に対する批判、道徳性に対する批判、道徳の補遺としての宗教に対する批判である。それによりヘーゲルは、スピノザがデカルトを批判したように、カントを批判することができた。二つの批判はほとんど正確に同じ仕方で行われている。おまけに、ヘーゲルは哲学のなかに、スピノザに欠けていた当のもの、弁証法あるいは「否定的なものの労働」を導入した。それによってはじめて、世界に実在するそれぞれの特個的存在は、「この主体であって他の主体ではないもの」として同定されうるようになった。特個的個体性の形式を問わずに、である（知覚された世界の変異であっても、個人的意識の形象であっても、歴史的個体性であっても、その歴史が一人の人間の歴史であっても一つの民族の歴史であっても）。さらに、存在をめぐる観念論的な問い、空虚な問いが、別様に立てられることによってようやく答えを受け取ったように見える。しかしなんたることか、我らが哲学者は観念論を一掃せず、閉じ込めただけであった……弁証法そのもののなかに。

というのもヘーゲルにおいては、古いアリストテレス的な思考すなわち、終わり、目的 *télos* による決定、目的論が完全に作用しているのである。満天下にそう告げられている。それぞれの存在は自らのうちに本質をもつのではなく、自らの終わりに本質が成就されるのを目撃する。[*6] この終わりは当の存在とは異なる存在である。存在の発展であり、存在の本質をその存在に代わって実現する。存在は、最初は「即自的」にすぎなかったのに「対自的」になる、とされる。このようにして、ヘーゲルは物質的・知的・社会的本性の目的論的秩序を再建する。そこではすべての存在が、世界の目的＝終わりによって指定された場所／本質を、占め／所有する。本質は場所に対し割り振られ、存在が目的＝終わりに到達するまでのあいだ、存在の真理として過渡的媒介の役目を果たす。世界の目的＝終わりは世界の精神であり、ものごとの歩みをそのはじまりから統制している。統制は歴史に「無駄な費用」があっても働いており、その「無駄な費用」もまた統制の一部である。資本主義的生産のよき理論家として、ヘーゲルはためらうことなくそんな費用を承認し、計算しようとした。「雨はなぜ砂地に、街道に、海に降り注ぐのか」とマルブランシュは訝しんだが、彼はまた、神が渓谷を創ったのは山々から流れ落ちる水を流すためである、とも述べていた。ところがヘーゲルは、そうした歴史のゴミまで引き受け、それらはなにも生産しなくとも生産に必要なのだと語る。悪や戦争とともに、そんな無も肯定的弁証法のなかには入り込む。神学者の目にスキャンダルと映るものすべてが、入り込む。[*7]

＊6　最初の原稿では「本質が自分から遠ざかっていくのを目撃する」となっている。

しかし会計係は必要である。それが彼、ヘーゲルであり、神ではない。神は哲学の人員名簿から抹消されており、会計を担うのはヘーゲルである。つまり、すべてを知る人、絶対知をもつ人というアリストテレス的哲学者像が復活しているのである。ヘーゲルが誰よりも勇気をもってその名を口にする哲学者ないし絶対知の所有者は、神ではなく、神の意識である。君主ではなく、君主の意識である。君主とは地上における神の形象にすぎない。そうしたことがフランス革命下において、また復古王政下において生起した。出来事と反省に溢れた時代であり、ヘーゲルはそこから、歴史は終わったという教訓を引き出した。権力を手にしたばかりのブルジョワジーは、自身が永遠であると信じているではないか。歴史が終わると、概念は概念の形式で具体的に実在することになる。言い換えの必要な謎めいた表現であろう。真理がとうとう人間にまじって暮らすようになるのである。あらゆる人間がどこかの国家の自由で、自由かつ平等な市民であり、彼らは真っ正直であり、語るときにはけっして嘘を言わない。そのことは彼らの顔に明らかであり、隠そうとしても、よき警察が彼らに語らせるであろう。ブランシュヴィック以来知られていることだが、警官とは「理性の代表者」なのである。ブランシュヴィックは不幸にして、警官から逃げなくてはならなくなるまえに、そう述べている。

歴史が終わったという主張は、誤解されてきた。それは時間が停止したという意味ではなく、政治的出来事の時代が過ぎたという意味である。もはやなにも起こらないであろう。あなたは家に帰って自分の仕事をしていればいい。仕事とは「金持ちになる」ことだ。なにごともうまく行くだろう。あなたの所有権が保証されているのだから。保証をめぐる歴史全体、保証を求める長く苦しみに満ちた概念史は、馬鹿馬鹿しくも、私的所有権を保証して終わるわけである。それと同時に、ものごとの特性、諸特性、事物と各人の固有性の保証を求めてきた長い歴史もまた、同じように終わる。主体がつねに清潔な手をしていて、悪しき主体ではない保証を求めてきた歴史である。今や、主体が悪しき主体であるときには、法廷があり、彼らを迎え入れ、再教育する癲狂院がある。誰もが静かに眠っていられる。正直な人は自分の家で、泥棒は刑務所で、狂人は病院で。理性国家が彼らを見張っている。この国家は、グラムシが某人の表現を借りて述べたように「夜警」[*8]である。昼間、国家は姿を消す。市民が見張ってくれるので。すばらしきエコノミーだ。ブルジョワジー的搾取エコノミーである。絶世の美女のように、ブルジョワジーは自分がもっているものしか与えない。それだけで十分である。

＊7　ヘーゲル『歴史哲学講義』、「悪意を含め、世界に存在する悪一般が認識されねばならないだろう。思惟する精神は否定的なものと和解しなければならない。〔…〕世界史から引き出せる絶対的教訓は、そうした和解的認識である」。「諸民族の幸福、国家の英知、個人の徳が引き立てられ、犠牲に供される屠殺場が歴史なのだと思えるようなときでも、もっとも恐ろしい犠牲はいったい誰のため、どんな最終目的のためなのか、という問いが思惟には必然的に生まれる」。

＊8　グラムシ「マキァヴェッリ、政治、現代の君主にかんするノート」(『獄中ノート』)。

19

プロレタリアがうっすらと考えていることをはっきり大声で述べているのがマルクスの見解である、というわけにはいかなかった。

私なりに言い換えると、マルクスは哲学の書物を残さず、いくつかの示唆を与えただけだった。エンゲルスは『反デューリング論』という論争的な著作を残しただけだった。レーニンは『唯物論と経験批判論』を別にすれば、ヘーゲルにかんする読書ノートしか残さなかった。彼らにはほかにやることがあり、その理由はやがて分かるが、彼らは完全に正しかった。歴史の動力は哲学ではないのである。しかし事実として、彼らは我々を当惑のなかに置き去りにした。マルクスにも人並みに若かったころがあるだけに、我々の当惑は深まる。「若きマルクスの」と言われるいくつかの著作を残しているのだが、それらは、支配的な観念論哲学の首領たちに人並みに影響されて書かれた借り物にすぎなかった。なかでもヘーゲルとフォイエルバッハの影響は著しい。そこから生じているかもしれない混乱に、私もまた「青年期」(なんと遅い青年期であったことか)の著作で、少し篩《ふるい》をかけようと試みた。それらの混乱がマルクスを裏切ろうとする者たちにうまく利用されていたからである。彼の思想にかんしてマルクス主義者とプロレタリアを騙そうとする者たちに。しかし『経済学批判への序説』(一八五九)と『資本論』(一八六七)、さらにレーニン、グラムシ、毛沢東の著作を読めば、疑いの余地はない。マルクス主義的な唯物論哲学は実在している。ただし、いくつかの例外を除き、そこに含まれるテーゼはマルクスによって練り上げられたものではないため、それらを組み立て直すには多大なる労力を要する。そこには、致し方ないと思える事情もあった。マルクスのテキストには断絶と「切断」がはっきり認められるにもかかわらず、彼は支配的ブルジョワ・イデオロギーと一度できっぱり縁を切ったわけではないのである。支配的であったこのイデオロギーは、彼のこともやはり支配し続けたのであり、いまだ観念論の匂いを残した古い言い回しを、彼の努力にもかかわらず、いくつか彼の筆に残した。そうした残骸とニュアンスを精算するためには、一仕事が必要になるだろう。しかし、それはまだ企てられていない。*1

結局のところ、ほぼ次のように言えるだろう。スピノザのように、またヘーゲルが彼から受け継いだものを守るために、観念論的問題設定を根底的に捨てたマルクスにとって、唯物論の第一の要請は、哲学を現にそうであるところものに適合させることである。すなわち、哲学自身のなかで、理論に対する実践の優位を確実にすること。それを確実にするテーゼを唯物論的哲学理論のなかで立てるという考え自体は、その哲学が唯物論である以上、単純な考えである。しかし実際に成し遂げられたなら、

*1 アルチュセールは最初、「ヘーゲルとマルクスのあいだには真の切断があり、それは一八四五年に位置づけられる」とする「あまりにきっぱりとした」切断テーゼをもっていた（一九六九年の「資本論第一巻の読者へ」における回想〔«Avertissement aux lecteurs du Livre I...», *op. cit.*, p. 21〕による）が、一九六七年以降は（「ヒューマニズム論争」や『自己批判』を参照）、それを「持続的切断」テーゼに置き換える。一八四五年には、「後戻り」不可能とはいえ、切断はただはじまったにすぎない、というテーゼである。

それは革命的である。

　実践の優位を確実にするとは、哲学をありのままに扱うということである。理論において言っていること（これはすでに見たように、両極に振れる）ではなく、実践において行っていることを問題にしなければならない。しかし実践において、哲学とはなんであろうか。闘争である。普遍的であるがゆえに永遠の、かつ予防的な戦闘である。哲学とはこの永遠の戦争が繰り広げられる戦場であり、そこには数多の戦士がいる。とはいえ彼らは、利用可能な物資、頼りにする援軍、抱く目標にしたがって、最終的には、この世の哲学者全員を分ける二大陣営のどちらかに属す。観念論陣営と唯物論陣営である。両陣営のあいだには、メッセンジャーや、空想的であったり利害絡みであったりする調停者がいることもある。彼らは妥協を提案して、彼らの定式を差し出す。カントのように、ブルジョワ的視点から見ると唯物論者と言ってとおる者でも、プロレタリア的視点から見ると、まったく「恥ずべき唯物論者」、「不可知論者」（レーニン）[*2]であるような人間もいる。ほんとうのところ、中立的哲学者などいないのである。たとえ自分ではそうだと信じていようと、たとえ哲学的治外法権地帯を自分で作って、自由に両替したり勝手に免税措置を施したりして、あたかも争いごとのそとにいるかのような、疲れた兵士や追われる兵士に自分の領土を安全地帯として提供するかのようなふうを装っても、哲学者は中立ではない。哲学の戦場においては、多様な戦士がどんな名前で分類されようと、その名前（経験論、唯名論、実在論、感覚主義、等々）は闘いの帰趨次第で客観的な意味を変えうる。この戦場では中立など可能ではないのだ。あらゆる哲学者が、直接的ないし間接的に、自白があろうとなかろうと、観念論陣営か唯物論陣営に属している。

唯物論がそこから引き出す結論は、陣営を選ばねばならないということである（観念論も選んでいるのだが、選んでいるとは言わず、自分は選ばなかったし、選ぶようなものはない、とみなしている）。結論はさらに、あらゆる哲学はつねに自分の陣営を選んでおり、唯物論者は唯物論者であるために唯物論陣営を選ばねばならない、ということである（さもなければ、彼は唯物論者を自称しているだけで、観念論陣営ないしその属地にとどまっている）。これがレーニンの言う、哲学における「立場設定」[*3]である。この立場設定には重大な帰結がともなう。それは単なる宣言であってはならず、実際のものでなければならないのである。すなわち、自覚的に唯物論陣営を選ぶ者は、自分がいかなる立場を占めているのか正確に知るため、自陣営の領土を知り直さねばならず、敵の陣営、観念論陣営についても同様の態度で臨まねばならない。敵の立場を知るため、敵陣営を詳細に知り直さねばならない（「おまえの敵を知りたければ、敵の国に行かねばならない」――ゲーテ。レーニンが引用している）[*4]。そしてこの忠告は

＊2　レーニン『唯物論と経験批判論』、『哲学ノート』「アベル・レイの『現代哲学』にかんするノート」を参照。後者には「不可知論＝恥ずべき唯物論」とある。またエンゲルス『ルートヴィヒ・フォイエルバッハとドイツ古典哲学の終結』も参照。「〔…〕唯物論を後ろの扉から招き入れ、公式には否認する恥ずべきやり方」とある。

＊3　レーニン『唯物論と経験批判論』第六章四節「哲学における党派と無頭の哲学者たち」。アルチュセール『レーニンと哲学』第三章三節、エンゲルス『ルートヴィヒ・フォイエルバッハとドイツ古典哲学の終結』も参照。後者には次のようにある。「現代の哲学は党派精神に満ちている。唯物論と観念論は二千年来〔…〕闘ってきた党派であったと思えるほどである」。

けっして形式的なものではない。陣営は一度構成されればそれでおしまいではなく、立場もまた一度設定されればそれでおしまいというわけにいかない。哲学は千年におよぶ塹壕戦なのであり、塹壕にこもった敵どうしは、つねに相まみえるわけではないのに、けっして接点を失うことなく対峙している。距離を置いて射撃や爆撃を繰り返している。戦闘の帰趨にしたがい、前線は移動する。前線はまた、歴史と戦争の展開に応じて変化する戦闘目標によっても移動する。あるときは丘を、またあるときは峡谷を奪わねばならない。敵によって築かれ、今は捨てられている古い堡塁を占拠して使い直そうというときもあるだろう。そのようにして、戦闘の展開につれて、唯名論は陣営を移った。経験論や実在論も同様である。観念論や唯物論という呼称すら同様である。この戦争にはあらゆる戦争と同じく、敵を欺くための奸計と偽装がつきものなのである。そのようにして、スピノザは神に電撃的に襲いかかり、神の高みから戦場全体を支配したため、もはや誰も彼を立ち退かせることができなくなった。そのようにして、ハイデッガーは、彼もまた電撃的に、とはいえ彼が遠くからやってくるのは見えていたのだが、「もの」に襲いかかり、それをヘーゲルに歯向かわせた。そのようにして、マルクスは観念論に対抗して思惟を奪取し、それを物質の優位に従わせた。あるいは、現実の対象と思惟の対象の（唯名論的）差異の優位に。等々。

哲学史は長期戦の歴史に似ている。前線が移動すると、小さな村や陣地の名前が、兵士の記憶に深く刻まれて残る。しかし今日、誰がトマスのインペトゥスを覚えているだろうか。そこは、ガリレオ物理学の誕生にかかわる血なまぐさい戦場だった。誰が松果体を覚えているだろうか。それは、デカルト的心理学の命運が決せられた土地の名前だった。誰がギリシャ人とアリストテレスの地球を覚えているだろうか。世界の中心で動かなかった地球のことを、ケプラーとガリレオが太陽の周りを回っているると証明して以来、誰が覚えているだろうか。しかしフッサールはそれを思い出し、うち捨てられた場所を再占拠し、彼流のやり方と彼流の武器を用いて再武装させ、宣言した。「地球とは起源の原理であり、動かない」[*5]。もう一度言っておけば、テーゼとカテゴリーには決定版的意味がない。それらの意味は、ある哲学のカテゴリー体系のなかで割り当てられた役割から委任されたものでしかない。そしてその哲学自身は、闘争の現在的状況に統べられているのである。

＊4　レーニンは『唯物論と経験批判論』でこのフレーズをツルゲーネフから引いているが、ツルゲーネフの表現はゲーテの箴言（「詩人を理解したければ、詩人の生まれ故郷に行かねばなりません」）の転用。

＊5　フッサール「自然の空間性の現象学的起源に関する基礎研究――コペルニクス説の転覆」、木田元他編『講座・現象学3　現象学と現代思想』、弘文堂、一九八〇年、所収。フランスでは『地球は動かない』というタイトルの書籍として刊行されている。〔*La terre ne se meut pas*, trad. D. Franck, Paris, Minuit, coll. « Philosophie », 1989 (1934).〕

20

それゆえ、唯物論のテーゼを余すところなく数え上げることは難しい（おまけに結局のところ、それらのテーゼは観念論のテーゼと同じく無限個ある）。定式化の仕方が敵と状況次第で代わるからである。とはいえ、唯物論のテーゼを言えないということではなく、定式化は状況とその賭金次第で代わると知っておくべき、ということだ。これまで以上にテーゼを立場として、立場の集合として、解さねばならない。

理論に対する実践の優位（テーゼ一）に加えて、第二の本質的テーゼ（テーゼ二）に触れておくべきだろう。思惟や意識に対する物質や存在の優位である。このテーゼは、観念論が認識の理論と呼ぶものに取って代わる史的唯物論の分析を根拠づけてくれる。もちろんこのテーゼは、そうした分析を正当化するために求められる派生的な哲学的形式をあらかじめ定めるものではない（正当化はここでは道徳的な意味をもたない。（より）きっちり合わせる、という意味に解さねばならない）。派生的形式はほとんどの場合、状況の進展に依存するからである。だが重要な点は、テーゼ二は二次的にしか介入しないということである。テーゼ一に軍隊用語で言うところの「カバー」をされている。このカバーがテーゼ二の観念論への横滑りを禁じるのである。それを禁じることで、物質／思惟の対というかたちで古い観念論的な対、すなわち存在／思惟もしくは主体／対象が復活することが阻止される。レーニンの短い文章のなかで機能しているのが認められる「反映」のカテゴリーさえ不要になる。このカテゴリーは多くのレーニン注釈者たちにおいても、彼らの言うことが曖昧でなければ機能していよう。テーゼ二の内部には、認識の対象に対する現実の対象の優位と言い表すことのできるテーゼ三がある。このテーゼ三は、絶対的認識と相対的認識にかんするテーゼ四を導くだろう。レーニンが直接言及しているテーゼであり、相対的真理に対する絶対的真理の優位を主張する。[*1] あらゆる歴史主義の拒否である。このように無限に続けていくことができるだろう。読者が自分でやってみるのが有益かと思われる。

しかしこれら唯物論的テーゼを相互の関係のなかで考察してみると、ある別のタイプのテーゼ群がそこに含まれていることが分かる。弁証法的と言っていいテーゼ群である。とはいえ、弁証法をどう理解すべきかという問いは、マルクス主義的唯物論においてつねに争われてきた微妙な問いである。誰しも進んで、マルクスは唯物論者であると語るし、私がここまで挙げてきたテーゼもさして違和感を生じさせるものではないだろう。しかしヘーゲルとの関係は曖昧で断ち切りがたく、エンゲルスにはっきり見て取れるような考え[*2]を生じさせてきたように思える。すなわち、マルクスがヘーゲルに

＊1　アルチュセール「アミアンの提説」がレーニン『唯物論と経験批判論』における二つの真理の区別について論じている（『マキャヴェリの孤独』二八九頁）。
＊2　エンゲルス『ルートヴィヒ・フォイエルバッハとドイツ古典哲学の終結』。「ヘーゲルの体系を強調する者は、二つの領域（宗教と政治）において相当保守的であったろう。反対に、ヘーゲルから弁証法的方法を本質的なものとして受け取る者は、宗教と政治において、もっとも強力な反対派に属していたろう」。同『自然弁証法』も参照のこと。

負っているのは弁証法のみであり、マルクスはそれを〔ヘーゲルの〕悪しき反動的「体系」から分離させた、と考えるのである。これはさらにこう考えさせる。マルクスにはそうする権利があった。なぜなら弁証法とは畢竟、一つの方法、普遍的方法であるから。

　これほど間違った考えはない。いかなる哲学的方法も、観念論的な認識の理論の不可避的副産物なのである。ヘーゲルの体系のような悪しき体系がいったいいかなる奇跡により、すぐれた革命的方法、おまけに普遍的である方法と対になることができたというのだろうか。にもかかわらず、弁証法は唯物論とは別ものであるという考え方、唯物論は存在の理論すなわち存在論であり、弁証法は「その」方法であるという考え方は、ソヴィエトの哲学者の大部分と彼らの西欧のライバルたちのあいだでいまだに戯画的に広まっている。不幸にしてエンゲルスが『自然弁証法』のなかで表明した[3]、弁証法の本質は運動であり、運動はすぐれて物質の特性であり、したがって存在とは運動する物質である、という考え方までである。これでは存在の法則（唯物論）と運動の法則（弁証法）を同時に語ることさえできてしまう！　弁証法の法則という観念はレーニンの口からも一、二度漏れたことがあったが（それを修正することを恐れてはならない）、「法則」を科学のカテゴリーと捉えてしまうと、文字どおり常軌を逸している。観念論的存在論に応答する唯物論的存在論が存在するはずであるという観念を、基礎づけるつもりで復活させてしまう。存在の法則（唯物論理論）とその運動の法則、すなわちその生成の法則、客観的かつ主観的な弁証法の法則（リュシアン・セーヴ[4]）を提供してくれる存在論だというわけである。一連の問いをそのように包括するのが唯物論的存在論だということになるのだが、それらの問いそのものが想像上の困難にすぎず、私に言わせれば敵の困難である。

ここにこそ今日、マルクス主義哲学の中心部においてマルクス主義哲学の発展を阻んでいる主要な障害がある（あくまで今日のことである。前線は明日には移動しているかもしれない）。弁証法の法則は存在しないのである。存在するのは弁証法的テーゼだ。弁証法は哲学に属しており、対象について疑似法則であれ認識させてくれたりはしない。弁証法はあくまでテーゼを表明する。弁証法の法則が実在すると主張することの馬鹿らしさは、法則を数え上げる困難さを見れば分かるだろう。一般的には、三つか四つあると言われる。諸現象の相互依存、質的飛躍、否定の否定、矛盾である。しかしリュシアン・セーヴ自身、弁証法の法則という観念を彼なりに正しいと判断しているのに、著作のなかでは、他の補足的法則を開示しており、我々の知るとおり、その数は事実上無限である。この無限性はテーゼの性格に起因するものであり、法則から生まれるのではない。

そこでこう主張しなければならないだろう。弁証法はテーゼを生産するが、それを言い換えると、あるテーゼを表明する権利をもつが他のテーゼを表明する権利はもたない特別な審級など存在しない以上、弁証法的テーゼはあるということ、より正確に言えば、あらゆるテーゼは同時に唯物論的でありかつ弁証法的であるということにほかならない。その証拠は、これまでに数え上げられた唯物論的

＊3　エンゲルス『自然弁証法』、『ルートヴィヒ・フォイエルバッハとドイツ古典哲学の終結』。後者には次のようにある。「弁証法は（『足で立たされた』あと）運動の一般法則の科学に還元された」。

＊4　アルチュセール『未来は長く続く』、宮林寛訳、河出書房新社、二〇〇二年、三〇〇頁。〔*L'avenir dure longtemps*, dans *L'avenir dure longtemps* suivi de *Les Faits*, Paris, Flammarion, coll. « Champs essais », rééd. 2013, p. 255.〕

テーゼすべてに共通する性格である。それらはすべて、～に対する～の優位という関係を語っていた。この関係になにが見て取れるだろうか。差異であり、ヒエラルキーであり、したがって矛盾である。矛盾一般ではなく、つねに種別化されている矛盾であり、主要な側面をもつ矛盾である。相互に矛盾した一連のテーゼのあいだには、つねに主要矛盾と副次矛盾があると言ってもいい。これは、唯物論哲学のただなかに観念論哲学との敵対的関係が反映される、ということだ。観念論哲学に支配されている（いつかそれを支配する）という関係である。哲学が最終審級において理論における闘争であるとすれば、これは必然である。

レーニンが、弁証法の特性は「事物の内奥の本性にある矛盾を把握するのを助ける（そう、助ける、である――アルチュセール補）」ことであると述べるとき、彼はこうした性格を要約しているにすぎない。この性格は、テーゼのかたちで述べられているのであるから、普遍的なものとして提示されている（どんなテーゼも備える特性である）。そして、「事物の内奥の本性」について語っても存在論に陥っていないゆえに、彼は完全に正しい。彼はスターリンとは異なり、弁証法のテーゼを、矛盾の「把握を助ける」ことができるものと定義する唯物論的慎重さをもっていた（この点については、ドミニク・ルクールの『ルイセンコ』におけるみごとな証明を参照されたい）。スターリンのようには、矛盾とは反対物の発展法則であると言わなかったのである。そのことによっても、レーニンはマルクス主義にとって絶対的に本質的なテーゼを提出した。階級と階級闘争の理論である史的唯物論にとって本質的な、反対物に対する矛盾の優位というテーゼである。我々が先ほど数え上げた一連の唯物論的テーゼによって、このテーゼは「正当化」される。

このとき、こうした点を土台として、存在と思惟の観念論的区別が消滅する。一つの世界、一つの現実しかない、ということが明らかとなる。この世界の認識過程は相対的自律性を備えているが、最終審級においては自然過程に従属するのである。その点は生産と科学史のあいだの関係に見て取れるだろう。弁証法のほうは、ヘーゲルにおいてそうだったように、認識過程が固定的概念において停止すること、つまり認識過程自身が認識過程を止めてしまうことを禁止する機能を担う。弁証法は、認識過程が自然と人間の歴史に発見する法則の代わりをしたりはしないのである。観念論的な偏見に抗って認識の空間を開くことにより、弁証法は道を空ける。さらに、唯物論的テーゼ同様、認識過程に対し、それが構成され、更新され、継続されるのに不可欠のカテゴリーを提供する。この点についてはしかし、あとで見ることにしよう。

＊5　レーニン『哲学ノート』。「適切な意味において、弁証法とは対象の本質そのものにおける矛盾の研究である」。

＊6　ドミニク・ルクール『ルイセンコ（「プロレタリア科学」の現実的歴史）』（未邦訳）を参照。同書について、アルチュセールは「終わった歴史、終わらざる歴史」というテキストを書いている（『マキャヴェリの孤独』収録）。〔D. Lecourt, *Lyssenko.* (Note de L. Althusser). (*Histoire réelle d'une « science prolétarienne »*, Paris, Puf, « Quadrige », rééd. 1995 (1975), p. 134-135.)〕

21

ことここにいたるや、一つの本質的な問いを避けて通ることができない。たしかに、我々は哲学的戦場の実在を目の当たりにしている。たしかに、哲学は永遠の戦争である。たしかに、最終審級において、哲学には二つの陣営、観念論の（かつ支配的な）陣営と唯物論の陣営が存在している。たしかに、陣営間の戦闘が繰り広げられる前線は変化し、状況次第では、捨てられた古い立場を征服者が再利用する、等々の驚くべき事態に人は遭遇する。しかし、哲学において闘うという事態そのものはなぜ生まれたのか。変化しうる状況、前線の移動を生みだしうる状況とはなんなのか。我々が先ほど語った情勢の劇的転換にいたるほどの移動を生みだしうる状況とはなんなのか。ことここにいたるや、この根本問題に話を進めねばならない。哲学についての科学的理論の素描を試みる必要がある。

　そんな科学的理論は原理的に不可能であるという異論を差し挟まないでいただきたい。哲学は科学ではないと言ったではないか、と。我々が提出する科学は哲学とはならないであろう。それは哲学についての一つの科学であるだろう。とはいえそれでも、哲学は戦場であるのだから、そこに足を踏み入れてその理論を作ろうという者は十字砲火を浴び、自分でも立場を決めねばならなくなるし、立場選択を欠くと戦場のそとに放り出され、対象を捉える射程外に出てしまう、という異論は可能かもしれない。しかしこの異論は成立しない。哲学と科学を混同しているように見えるのは、この異論が自分でそう見ているだけのことにすぎない。哲学の科学を哲学の一変異に還元してしまいたいわけである。人間的事象について、哲学についての理論について、客観性は不可能であると信じたいわけである。とはいえこの異論は、階級闘争の法則についての科学（これが史的唯物論のもっとも簡潔にしてもっとも正しい定義であろう）が存在しなかったころに定置された。だからマルクス以前には、異論を克服しえた哲学者はいなかった。当時は実際、哲学について可能な理論としては哲学的理論しか存在せず、誰も地獄の円環を抜け出ることができなかったのである。科学を欠いた哲学か、それとも哲学にとどまる科学――哲学についての――か。

プロレタリアとその同盟軍の階級闘争に、科学的理論が可能であるばかりか必然となる出発点をなす原理とはいかなるものであろうか。

マルクスはそれらの原理を、史的唯物論のよく知られた理論を通じて述べた。社会に生きる人間は、彼らがそのなかで暮らし、自らを再生産している社会形成体の階級構造によって決定されている（もちろん、社会が階級社会である場合には、である）、と彼は証明した。あらゆる社会形成体は「規定された生産様式」にしたがって編成され、この生産様式は人間の物質的生存の生産様式であり、物質的財の生産に、上部構造の効果一切を最終審級において決定させる機能を割り振っている、と証明した。だとすれば、社会形成体には土台（生産関係のもとで遂行される生産において自らを再生産する生産力）と上部構造が結合して存在することになる。上部構造とは一方において法と国家を、他方において様々なイデオロギーを結びつける構造である。

あらゆる階級的社会形成体はつまり、搾取関係である生産関係に依存している、とマルクスは証明した。そして、この搾取関係は生産関係とともに変化するが、どのように変化しようと、直接的生産者からの剰余労働の強奪を保証しており、直接的生産者は生産手段の所有者によって搾取されている、と証明した。彼はまた、資本主義的生産様式のみが直接的労働者（プロレタリア）と生産手段の所有者（資本家）に対し同じように自由と法的平等を認める生産関係をもっている、と証明した。プロレタリアは賃金と引き換えに彼らの労働力を資本家に売るということ、賃金は彼らと彼らの家族の再生産を可能にするよう計算されており、彼らの生産物の価値、賃金を上回るこの価値の超過分を彼らに渡すレベルにはないということ、この超過分は資本家階級が法を偽装した力によって我が物にする剰余価値を表すということを証明した。ここでは個人間関係、間主体的関係、「人間」関係は問題にならず、階級関係、したがって階級闘争の関係が問題になるのである。プロレタリアも資本家も、マルクスが述べるところでは、自らの種を、すなわち自らの階級を代表しており[*1]、個人に降りかかる状況は階級から出発して理解しなければならず、階級は階級闘争から出発して理解しなければならない。対立物に対する矛盾の優位という唯物論的テーゼが、階級闘争による階級の決定という科学的概念に反響している。

しかしマルクスはそこにとどまらなかった。彼は、社会形成体が存在する（これは事実である）とは、それがそのときまで存続してきたということであり、それが存続しえたということは、それが生産される諸条件の一部をそれ自身が再生産しえたということである、と示した。人間的社会の特性は実際、直接的自然から社会の存続可能性を引き出すところにあるが、それは直接的自然に働きかけてそれを「開墾－育成 cultiver」するという条件のもとで行われ、人間的生存手段の生産過程は次第に粗野な自然から独立するようになる。働きかけられた自然に依存するようになり、生産を行うためにはこの自然を再生産しなければならなくなる。社会形成体が存在するためには、社会形成体が自らを再生産しなければならないのである。社会形成体にとって、歴史のなかに存在するとは、自らを再生産した、再生産している、ということである。なんらかの理由(自然災害や戦争など)でこの再生産手段を保証できなくなった社会形成体は、純粋かつ単純に死んでしまう。この条件のもと、「我々文明は、文明が死すべきものであることを知っている」(ヴァレリー)[*2]。

もちろん、生産諸条件の再生産は生産を通して行われる。このとき生産は広義に理解されねばならない。物的・直接的な生産と、法的・政治的・イデオロギー的諸条件の生産の両方である。生産のなかで使われ、費消された原材料や機械を置き換えるのに必要なそれらの再生産は、物的生産を通して保証される。生産を通して保証される点では、労働力の再生産も同様である(賃金と、賃金の近代的で「間接的」な社会的形式により)。とはいえ、これが再生産過程のすべてではない。土台から上部構造に目を移すと、用語を若干変えて、再生産よりもむしろ永続化ないし保守を語るべきであろう。有効期限が土台と上部構造では異なるからである。土台にかんしては、再生産は非常に短いサイクルで

＊1 『ドイツ・イデオロギー』におけるシュティルナー批判を参照。「聖サンチョ(マックス・シュティルナー)にしばしば見受けられる文によれば、人間はみな、国家のおかげで人間であるのだが、これは、ブルジョワジーとはブルジョワ種の範例にすぎないと言っているのと根本的には同じである。すなわち、ブルジョワ階級はそれを構成している諸個人以前に存在する、と想定しているのである」。

＊2 ポール・ヴァレリー『精神の危機』、恒川邦夫訳、岩波文庫、二〇一〇年。「我々文明は今や、文明が死すべきものであることを知っている」。

行われねばならない。一日単位のこともあるだろう（日払い賃金の場合）。一般的には「年度」を基礎に測られる。上部構造にかんしては、再生産サイクルはもっと長期にわたる。ある種の場合（哲学）にはほぼ無限定であり、「永遠」であるとさえ経験される。

つまり、上部構造の機能は全般的な生産諸条件の永続化を保証することである。言い換えれば、搾取の永続化、階級闘争の永続化、したがって、搾取階級による支配と被搾取階級の隷属の永続化を保証することである。この任務は明らかに、経済的下部構造におけるのとまったく異なる持続期間をもち、まったく異なるサイクルで果たされる。

まず、国家、国家装置が据えられねばならないが、そのためには国家権力が勃興階級により奪取されるだけでは足りない。その階級が国家、国家装置を、自分たちによる搾取と抑圧に適合するよう変容させねばならない。そのこと自体が、経済、政治、イデオロギーにおける長期にわたる階級闘争なしでは行われえない。次に、法権利が確立されるか、少なくとも機能する状態に置かれねばならない（資本主義の場合には、それが先に起こった）。法権利が、流通する貨幣の価値同様に承認されるためには、国家が裁判と治安の制約を保証しなければならない。法権利が資本主義的取引関係を裁可し、通貨が商品価値それぞれの等価性を裁可する。この国家はまた軍隊をもたねばならない。資本主義的ブルジョワジーが自身の発展のため必要とする国内市場の一体性を保証するために。最後に、国家は国家のイデオロギー装置を備えねばならない。支配階級のイデオロギー的統一性と、被搾取階級に対する彼らのヘゲモニーを保証するのに適したイデオロギー装置を、である。歴史の示すところでは、この全般的任務（再生産と生産の法的・政治的・イデオロギー的諸条件を保証する）がどうにか達成されるまでには、新しい階級は数世紀をかけねばならない。ブルジョワジーはこの任務に一八世紀末、イギリスにおいて手をつけはじめたが、世界にはまだブルジョワ革命が成し遂げられていない多くの国が存在する。大半の国がそうであると言うべきかもしれない。[*3]

私はかつて、イデオロギーがなにに存するのか、それはなぜ、①階級闘争、②社会的実践、③国家装置、の外部では把握されえないかを示そうとしたことがある。[*4] 国家装置とはイデオロギーに国家の身体と力を与えるものであり、「装置」がたとえ法的には私的なもの（教会やある種の学校のように）であっても、そうである。

この点に関連して、一つの問いがしばしば私の頭をよぎった。グラムシはたしかに私と非常に近い見解を表明したが、私は彼と正確に同じ見解をもっているのだろうか（論文の第一草稿を書いたとき、私は彼の見解を知らなかった）。凄惨な条件下で仕事をし、なにをどう書くかにかんして、ファシスト体制から行使される検閲の圧力を考慮せざるをえなかったグラムシについて、とやかく述べることは

＊3　「第三世界の諸国だけでなく、イタリアやソ連の名を挙げることもできよう」というフレーズが抹消されている。

＊4　「イデオロギーと国家のイデオロギー諸装置（ＡＩＥ）」であるが、同テキストは一九六九年に「生産諸関係の再生産について」というタイトルで起草された草稿群のなかから、『パンセ』誌に発表する論文（一九七〇年刊行）を作成するために抽出された複数の断章からなっている。後に、草稿群と『パンセ』誌掲載論文、さらに一九七六年に書かれた「ＡＩＥについてのノート」が合わせて『再生産について』に収録された。

やりにくい。グラムシはさらに、酷い政治的・イデオロギー的条件のもとで省察していた。トリノの評議会革命が失敗に終わり、ムッソリーニのファシズムとスターリンの偏向がはじまり、世界で起きていることの直接的情報を欠いた状態で、彼の省察は行われたのである。にもかかわらず私のほうがグラムシほど正確に問いにアプローチしていない、ということもありうる。私はグラムシ以上に、イデオロギー装置をめぐって国家の役割を強調し、それらの装置が支配階級に客観的に結びついている点を強調し、国家の抑圧装置と国家のイデオロギー装置の装置ブロックが表現する――支配階級の利害という視点から見たとき――コンパクトな力を強調した。

この微妙な差異はアクチュアリティという点で無意味ではない。プロレタリア独裁に関連するからである。[*5] 実際、イデオロギー装置を国家に緊密に結びついたものとして、また国家に性格づけられるものとして表象することにより（それに対しグラムシは、偶然ではないだろうが、ヘゲモニー装置を語っている）、力点は国家を使って保証される階級独裁の力に置かれ、その結果、階級闘争における力関係の評価が変わってこざるをえない。敵を過小評価せずにいられるのである。イデオロギー装置をグラムシのように、彼がヘーゲルにならって「市民社会」と呼ぶものに結びつけようとすると、たとえその意味が異なっていようと（グラムシにとって「市民社会」とはイデオロギー装置と政治的装置の領域である）、イデオロギー装置に現実の力を超える自律性を与えることになってしまう。これは翻って国家の力を、したがって権力を握った階級がもつ支配力を過小評価する傾向を招くだろう。そうした傾向からは、イタリアやスペインで見られる戦略が帰結する（だがスペインの戦略のほうが興味深い）。イデオロギー装置の内部に働きかけようとする戦略である。それらの装置が非常に強力というわけでなければ、それは可能である。そして政治的装置とイデオロギー装置が内側から占拠されれば、プロレタリアは言わば国家を、つまり国家権力を所有したことになる。先にこの権力を奪取せずとも、それを所有することができる。この戦略的考え方について私の思うところを述べれば、現実の力関係に見合っていないということだ。たとえイタリアのような国におけるブルジョワ国家とそのイデオロギー装置の弱さをそれなりに反映した戦略であっても、である。グラムシはつまり、有機的なブルジョワ国家をもつことのできないイタリア・ブルジョワジーの現実的弱さに惑わされていたのであろう。この弱さから、一般理論にかんしてのみならず、イタリア史にかんしても誤った結論を引き出したのであろう。ブルジョワジーは、たとえ弱くとも、けっして一人ではない。欠けた力を帝国主義が与えてくれる。帝国主義が、必要とあらば直接介入して、ブルジョワジーには解決できない問題を調整してくれる。

＊5　一九七六年から七七年にかけて、アルチュセールはフランス共産党によるプロレタリア独裁概念の放棄に反対するキャンペーンを公に展開する。そのために二〇〇頁に及ぶ論争的な書物も用意した（一九七六年秋に完成したが、今日未刊のままである。『黒牛——自己インタビュー』、PUF社より二〇一六年九月刊行予定）。七〇年代には、リュシアン・セーヴ、クリスティーン・ビュシ＝グリュックスマン、ニコス・プーランツァス、B・ド・ジョヴァンニといった理論家たちが、アルチュセール的「正統教義」に対抗してしばしばグラムシの名前をもちだした。

したがってイデオロギーに戻ることにしよう。イデオロギーにかんして明快な視点をもたなければ、哲学についての理論を作ることはできない。よく理解しなければならないのは、①イデオロギーの普遍的性格、②イデオロギーの実践的性格、③イデオロギーの政治的性格、④あらゆるイデオロギー理論の再帰的性格（事後的性格）、である。

我々は「心はつねに考える」（デカルト[*1]）ということを知っている。フロイトは我々に、心はいかなる場合でも無意識に考えるということを示した。少なくとも社会のなかで暮らすようになり、言語を備えるようになって以来（エンゲルス）、人間はつねに観念をもってきた、とフロイトは示した。しかし、民族学者たちの仕事のおかげで、我々は次第に、我々の知るもっとも原始的な人間の観念が、その根底において、個人的ないし心理学的観念ではないということ、自然や同類にかんする純粋かつ直接的な知覚ではないということを知るようになっている。それらの観念は、既知の存在すべてを包括する表象体系のなかで徹底的に構造化されている。天上の存在、地上の存在、動物、植物、人間、他なるもの（神々）は途方もない秩序のなかに包括されており、そこには一カテゴリーの存在から別のカテゴリーの存在への移行、一つの言説（自然、政治、家族、性、宗教、等々にかんする）から別の言説への翻訳を保証する循環規則があり、それらの可能性一切を保証する内的同型性（形式の類似性）がある。そこには直接的なものや経験的操作の帰結はまるで存在せず、心理学的であったり主観的であったりするものもまるで存在せず、途方もなく規定された表象秩序が存在し、それが統制的役割をこれ見よがしに演じている。生産の実践（自然への関係）においても、いわゆる原始的社会の社会的実践においても、認識の役割を統制的に演じている。

したがって、イデオロギーとは観念にすぎないという観念、すなわちブルジョワ的イデオロギー観をすっぱり断念する必要がある。どんなイデオロギーのなかにも見いだせる観念は、一方において、程度はともあれ厳密であったり（階級なき原始社会において）緩かったり（階級社会において。そこでは階級闘争がこの「ゲーム」と、極端なこともあるその柔軟性を導入する）する体系を構成する。しかしそれらの観念は、他方において、実践的観念であったり、実践と直接間接に関係する観念であったりする。その際、実践の形態が、言語的、生産的、社会的、宗教的、美的、道徳的、家族的、性的等々であるかどうかは問わない。

原始社会には階級が存在せず、社会的区別が存在する。社会的区別は生産手段の所有者による住民の一部の搾取には由来しない。そんな原始社会における観念と実践の関係は、実践そのものがいかに想像的性格を帯びていようと、ほんとうのところ想像的ではない。すべては現実界において、現実的なものとして実践され、経験されるのである。ビーバーをトーテムとする部族においては、部族の全

＊1　デカルト『省察』「第五答弁」。「心は思惟実体であるのだから、つねに考えているはずではないのか。母親の胎内にあるとき、あるいは昏睡状態にあるとき、心が考えていたことを我々が覚えていないのはすばらしいことであろうか」。

成員が現実的にビーバーである、等々。それらの表象がすべて現実的である証拠は、それらの効果にある。魔術、イニシエーション儀式、外婚制、等々の効果である。それらは人間と自然、人間相互の複雑な関係を肯定的に、かつ余すところなく保証する。こうした社会については「原始共産制」が語られてきた。マルクスとエンゲルスがこの表現を用いたのは、共産主義が社会のそんな存在形式とはなんの関係もないと述べるためであった。原始社会は実際には非常に代償の大きい社会である。自然が「社会」を押しつぶすほど支配しているばかりか、社会的均衡を保証するため人間の生命を相当犠牲にしなければならない。均衡が実現されるために、戦争や儀式的殺人が行われる。一見平和に見えるそうした社会は、人類史においてもっとも残酷な部類の社会である。

もちろん、階級の出現、したがって階級闘争の出現が、イデオロギーの存在形式を根底から覆す。階級社会においては、階級なき社会にも存在した分業――ただし共同体内分業であった――が、階級闘争とその効果に従属して多様化する。その結果、諸実践の社会的分業が生まれ、それが階級的意味合いをもち、イデオロギーを一見して細分化し、イデオロギーにも階級的意味合いをもたせるようになる。実践はイデオロギーのもと、イデオロギーによって(部分的にはその実践固有のイデオロギーによって)のみ存在する、という原理が一般化される。一般化されることにより、またあくまでも、進行するイデオロギーの階級的分割に従属しつつ、この原理は、様々なイデオロギーに対応して区別される諸実践を構成するようになる。我々はそうした実践的イデオロギーを、局所的で部分的なイデオロギーと呼ぶことができるだろう。煎じ詰めれば、あらゆる職人が自分に固有のイデオロギーをもっている。というのも、そこには素材に対する一定の関係があり、労働と休息の一定のリズムがあり、それらが人間の思考を特徴づけるからである。ヘシオドスよりはるかに以前から、「仕事」がいかに人間の思考を規定するか、人は気づいていた。農民は水夫のようには思考せず、水夫は商人のようには、商人は政治家のようには思考しない、と。しかし、イデオロギーと実践の関係にとって基盤をなすかに見えるこうした細分化は、イデオロギーの政治的で階級的な分割を覆い隠すことはできないだろう。仕事別の精妙なイデオロギーは、労働の社会的分業なしに存在することはないだろう。この社会的分業は仕事ごとの小イデオロギーから独立した固有のイデオロギーを生みだす。階級分裂、階級闘争から出発して、固有のイデオロギーを生成する。

この二重性を確認することにより、我々は、イデオロギーが二つないし三つの分割形式のもとで存在する、と認めることができる。①諸実践の多様性によるイデオロギーの分割。科学的実践はやがてそこに介入することになるだろう。②階級闘争に作用して、生産関係の永続化を保証しようとする実践的イデオロギーへのイデオロギーの分割。そこではイデオロギーは部分に分割され（経済的生産のイデオロギー、法的イデオロギー、道徳的、政治的、宗教的、美的、哲学的、家族的、等々のイデオロギー）、国家のイデオロギー装置のもとで存在する。③政治的かつ経済的な階級闘争の傾向に対応した、イデオロギーの分割。

これら三つの分割を実体的区別と解してはならないし、それらは三つの契機――第一の契機が保証されると、第二の契機が出てくる、といった具合の――をなすものでもない。区別それ自体が歴史的過程の結果なのである。例えば、ある実践に特有のイデオロギーは、異なる／対立する実践との区別により構成されて、自らを認知する。部分的イデオロギーのどれかに自らを帰属させ、対立する政治的傾向のどこかに自らを位置づける。そこには分割と統一の一大プロセスが関与しており、このプロセス自体がつねに手直しされており、けっして決定的なかたちに達することがない。いったんできあがった結果を、階級闘争がつねに再審に付すのである。

とはいえプロセスの全体は、支配階級の利害に奉仕する一つの精密な配置を実現する。プロセスはすべての既存のイデオロギー要素を、それらの多様性にもかかわらず、かつそれらの多様性を通して(なんでも利用して)、支配的イデオロギーへとまとめ上げようとするのである。すなわち、その内容と占める位置により、階級闘争において支配階級に奉仕することのできるイデオロギーへと。支配階級(階級独裁を実現すべく国家権力を奪取した階級、と定義される)はなぜ支配的イデオロギーを必要とするのであろうか。支配される階級の観念を支配するためばかりではない。なによりも、自らのイデオロギー的一体性を確保するためである。彼らの政治的一体性にはそれが不可欠であり、それを欠いては、彼らは被搾取者たちの反乱に翻弄されることになるだろう。つまり、支配階級は原理的には統一されていないのである。彼らは反対に、自分たちの内的分裂を克服するために膨大な労力を注いでいる。というのも、彼らは旧支配階級の諸要素からなる——旧支配階級に属すことが彼らを結びつける——と同時に、問題となる新しい生産様式内の異なる経済的機能に対応した固有の部分集団も内部に抱えているからである(資本主義的ブルジョワジー内には、工業資本、商業資本、金融資本の部分集団が存在する。封建的生産様式が解体されて出現する中産階層も存在する。都市小ブルジョワジー層、農業ブルジョワジー、知識人、自由業、小商人、等々も)。支配階級を一つの階級へとイデオロギー的(かつ政治的)にまとめ上げる作業は、宣言を発したからといって果たされるものではないし、刊行物を出し、宣伝し、扇動するだけでも成し遂げられない。その作業は長く続く階級闘争によって果たされるのである。ブルジョワジーは支配階級としての自らの一体性と同一性を、旧支配階級と新しい被支配階級に同時に抗いながら獲得する。

この長い闘争のなかで、支配的イデオロギー（支配階級のイデオロギー）は、つねに階級闘争のかたち（経済、政治、イデオロギーにおける階級闘争）を取りつつ、被支配階級のイデオロギーと闘わねばならない。というのも被支配階級のイデオロギーは、たとえ自らを認知し、一体のものとなり、強化されることが難しくとも、存在するのである。被支配階級のイデオロギーは、搾取される工業・農業労働の具体的実践のなかから生まれる。労働者がその対象となる搾取と抑圧の形式のなかから、彼らのイデオロギーは生まれる。そしてそうした具体的実践は、我々が先に見た要素的イデオロギーと分かちがたい。この自然発生的イデオロギーは当然のことながら、資本主義的階級闘争における搾取と抑圧の経験や試練によって育まれる。資本主義的生産における労働の組織化と労働規律が、プロレタリア・イデオロギーにとってイデオロギー教育の役目を果たすことをマルクスが強調したのはゆえなきことではない。資本主義的生産が労働者に課す規律形式は、大工場に大量の労働者を集め、彼らに組織化と規律の習慣を――現実の認識以上に――たたき込むが、それはプロレタリア・イデオロギーにとって有利にも働くのである。この点はマルクス主義哲学の弁証法的テーゼを説得的に例証していよう。ものごとの本質そのものにおける対立物の同一性を示す例である。資本主義的階級闘争の形式、まさに搾取を組織する形式が、労働者階級のイデオロギーを階級的イデオロギーへと構成することに寄与する。そして労働者階級を労働組合へと、さらに政治組織へと組織することに直接的に寄与する。

この政治組織が労働者階級のイデオロギーを実践状態に置く。つまりブルジョワジーは「自らの墓堀人」[*2]を生産するのである。

*2 マルクス=エンゲルス『共産党宣言』。

こうした点は特に困難を惹起するものではないだろう。しかし、科学の存在と哲学の存在を総体として説明しようというときには、ことは厄介になる。その点をもう少しはっきり見ることにしよう。科学はつねに存在したわけではない。反対に、実践的認識はつねに存在し、きわめて巧みな経験的手続きにより結果を生みだしてきた。それらの手続きは、天体の運行、動物、植物、海、風などのたんなる観察であることもあれば、物質の特性にかかわって火と鉄が本質的役割を果たす操作であることもある。実践的認識はつねに生産諸力とその発展に結びついてきた（まず道具、次に単純な機械。例えば水を汲み上げるための）。はじめは個々の生産者によって生みだされた実践的認識は、ゆっくりと、特定の技術をもつ種別的労働者のものになっていく。少し発展した原始社会においては、鍛冶屋が決定的役割を果たしたろう。呪術師や祈禱師もそうであったろう。彼らは然るべき魔術的記号に依拠して、労働や狩猟のリズムを調整した。実践的認識と道具の生産技術にかんする分業は、種と社会秩序の生物学的再生産の認識にかんする分業と同様、少しずつ目立ってくるが、それでも経験的次元を出ることはない。

こうした状況が、最初の科学である数と図形の科学、すなわち代数学と幾何学の出現まで続く。この科学のありうべき起源について、我々はすでに一言述べた。ひとたび生まれるや、それは自らとその前史を分ける「切断」のようなものになったのだ。それはもはや同じ対象には働きかけないし、結果を生産するのに同じ技術を用いることもない。それは抽象的対象（数、空間、図形）に働きかけ、純粋な証明によって作動するのである。このときあらゆる具体的規定は捨象されてしまう。それゆえ、得られた結果は、それが適用される具体的対象いかんにかかわらず、客観的すなわち普遍的に妥当する。これは認識の領域全体における革命であった。既存の認識に結びついたすべての実践にかかわる革命であった。

哲学は最初の科学が世界に出現すると同時に生まれた。プラトンが自身の学校の入り口に「幾何学者にあらずんば入るべからず」[*1]と掲げたとき、彼はこの事実を確認したのである。哲学者になろうという者に、あらかじめ数学者たれと要求した。数学を認識することで知っているはずのことを、教えようとしたわけである。

哲学は数学になにを負っているのだろうか。まさに対象と証明の観念である。純粋であり、それゆえ抽象的、厳密、徹底的、客観的つまり普遍的である対象と証明である。そして、実践的認識と科学の純粋な認識のあいだには、先ほど述べた「切断」があるという観念である。この「切断」は哲学が思考すべき問いを提出する。現に「見えているものを救い」、いまだ実践的認識のなかにいる人々だけでなく、国家を統治する人々にも耳を傾けてもらおうとするかぎり、哲学はそれらの問いに答えねばならない。プラトンの著作全体がこの土台のうえにある。イデアだけではない。イデアと感覚世界の対立、見解（ドクサ）と数学的知性（ディアノイア）の区別、認識のこれら二つの次元と哲学的認識の区別もまた「切断」を土台とする。土台のうえでは哲学的認識があらゆる認識の上位にあり、こうした差異を思考し、それを乗り越えることができる。上向／下降する弁証法、分有、本質とその彼方の理論、等々もまた「切断」を土台とする。

この視点にとどまれば、哲学は最初の科学が出現したことの効果として生まれた、と結論づけておしまいにしてもいいだろう。しかしもう少し詳細に眺めてみると、ことは込み入っている。数学の到来はニュートラルな事態ではなかったのである。数学は危機に陥った世界における危機の解決として出現した。しかしこの世界には、数学を「消化する」用意がなかったのである。より正確に言えば、数学は世界からイデオロギー的抵抗を受け、そこを痛点に世界を分裂させてしまった。哲学とはこの脅威に対する応答、この脅威からの救済策であったと考えてよいだろう。数学の出現により裂けてしまった支配的イデオロギーの一枚布を「繕う」ものであった、と。緊急事態に備えて数学を奪取し、コントロールして、数学が揺るがしかねない秩序に数学を復帰させる必要があった。そのようにプラトンを解釈することができるだろう。あらゆる哲学者に数学者たれと要求した哲学者当人が、自らの哲学においては、数学を奇妙な扱いに従わせているのである。認識における第二位の地位に数学を格下げし、哲学に従属させている。哲学は数学を保証しつつ、コントロールしている。善の名、すなわち政治の名（国家の善）によりコントロールしている。

＊1　おそらくヨハネス・ピロポノス（六世紀）に由来すると思われる後代の伝説である。アリストテレスの『魂について』にかんする彼の注釈（Jean Philopon, *Commentaria in Aristotelem graeca*, t. XV, éd. M. Hayduck, Berlin, Reimer, 1897, p. 117, l. 29）を参照のこと。

24[*1]

このように、科学の壊乱的出現によって支配的イデオロギーに生じた裂開――つねにどこかで無神論と唯物論に通じる――を哲学が「繕い」、「縫合」しようとするのであれば、つまり、謎めいた危険に突如襲われたと感じるイデオロギー――いかに支配的であれ――のなかに、哲学が哲学的に秩序を回復しようとするのであれば、哲学には支配的イデオロギーと結びついたところがあることになる。哲学は、隅から隅までイデオロギー的であるのではないにしても、少なくとも、その点では間違いなくイデオロギー的な機能をもっていることになる。

哲学はつまり奇妙な資格を備えて出現する。哲学は一方において、科学の見た目をもち、見た目以上の理論的武器として科学を我が物にしている。しかし他方、哲学は少なくともある種の目立つ重要なケースにおいて、イデオロギー的機能を果たす。危険をなすかに見える科学を、哲学こそが厄介払いしなければならないのである。自分の仕えるイデオロギーに統一と平穏を取り戻させるために。ここで注意すべきは、このように見かけは対照的で対立するものが、同等ではないという点である。哲学はその形式にかんして科学に依拠する。そのカテゴリーは抽象的であり、推論は証明可能性をもつ。その推論は、抽象的であるがゆえに純粋な「対象」を対象とする純粋推論である。すなわち、あらゆる経験的内容を捨象されている。ところが哲学はイデオロギーに、形式にかんしてはまったく依拠しない。哲学はその機能にかんして、つまり、形式が演じさせる役割にかんして、イデオロギーに依拠するのである。形式を支配的イデオロギーに仕えさせようとするのである。イデオロギーの最終的（最終審級における）機能が階級闘争に仕えることにあり、支配的イデオロギーの同じく最終的（最終審級における）機能が、支配階級の階級闘争に仕える（支配されるイデオロギーが構成されれば、被支配階級の階級闘争に仕える）ことにあり、したがって、イデオロギーの最終的機能が政治的であるとすれば、同じことを哲学について認めることを恐れてはならない。毛沢東、レーニン、グラムシとともに、こう述べることを恐れてはならない。そう、哲学はその機能においてイデオロギー的かつ政治的である。

こうした条件のもと、哲学は二重であるように思える。その機能にかんして政治的、その形式にかんして理論-科学的。しかしこの二重の相貌のもと、哲学の本質的規定は政治的機能が代表する。

この点が、哲学ははじまりをもつということを理解させてくれるだろう。哲学のはじまりは、その

＊1　続く三つの章は「哲学の変容」というテキストで展開される考え方の再論である。同テキストは一九七六年の春にグラナダとマドリードで行われたアルチュセールの講演原稿。スペイン語版は一九七六年に刊行されたが、フランス語版はアルチュセールの死の四年後に『哲学について』（一九九四年、本書前出一五頁）にはじめて収録された。以下の三つの章に見られる他の要素は、アルチュセールが一九七六年七月にバルセロナで行ったプロレタリア独裁にかんする講演テキストに由来する。このバルセロナ講演のオリジナルのフランス語テキストは二〇一四年に『ピリオド』誌に掲載された。以下で読める。« Un inédit de Louis Althusser. Conférence sur la dictature du prolétariat à Barcelone», http:// revueperiode.net/un-texte-inedit-de-louis-althusser-conference-sur-la-dictature-du-proletariat-a-barcelone/

種別性をなす理論–科学的形式にこそ印づけられる、ということを。というのも、哲学の内容（機能）は哲学者の哲学が生まれる以前から広範に存在していたのである。この内容は支配的イデオロギーの内容であり、階級社会に支配的イデオロギーが存在するようになるや、認められるものである。そのときこの内容は、哲学の合理性と証明可能性をまだ備えていなかったものの、ある種の論理性を示す形式のなかに存在していた（その点は、国家にかんする宗教的な問いをめぐって認められてきた）。それゆえ、哲学の誕生にはるかに先行して、宗教的かつ政治的に大きな問い（たいていの場合、宗教的な問いを偽装していた）があり、哲学の誕生後もそれらは生き残ったと考えるべきである。哲学はつまり、新しい階級的利害を代表するものの、長期にわたって宗教的な問いの支配に服さねばならなかったのである。最初の科学もまた社会的利害に結びついてこの支配のなかに到来し、哲学の誕生を招来した。純粋な抽象、合理性、証明という形式を哲学に提供し、それらが哲学を特徴づけることになっていった。

しかし、次のこともまた同時に理解される。この形式の採用は哲学のイデオロギー的・政治的機能には影響しなかった。この機能はむしろ、議論と証明の新しい形式に支えられて強化された。この特殊な状況が、数学の「二重の位置」を理解させてくれるだろう。すなわち、科学の位置にあるときには、最初の大観念論哲学者プラトンにおけるように、哲学者になるためには幾何学者でなければならない。ゆえに科学はトップの座にある。しかしいったん哲学者が口を開くと、哲学の後塵を拝して第二位の位置に降格される。これは、哲学そのものにおける、科学的合理性の形式に対する政治の優位を証言していよう。哲学はその実践においてこの優位を追認している。

だとすればしかし、一つの問題が提起されざるをえない。支配的な合理性／科学性の形式を借りてくることで、哲学にはどんな益があるのか。そうした合理性を自らに付随させることで、支配的イデオロギーはなにを得るのか。合理性を付随させても、支配的イデオロギーの機能、目標、賭金にはなんの変化もないではないか。この問題を解かねばならない。

それを解くためには、支配的イデオロギーと、その国家への関係に話を戻さねばならない。我々は、イデオロギーは国家装置（イデオロギー装置）のなかに存在するという点を強調した。我々はまた、勃興し、やがて支配するようになる階級のイデオロギーが支配的イデオロギーとして構成されるためには、長期にわたる階級闘争が不可欠であるという点も強調した。このとき、階級闘争にかんする観念論に陥ってはならない。経済的階級闘争、政治的階級闘争、イデオロギー的階級闘争のすべてが楽しみのため、威信のため、ただ勝利のためだけに行われると考えてはならない。これらの闘争は賭金をもつ。賭金は国家権力（最大の賭金である）や国家装置にとどまらない。諸装置（抑圧装置ないしイデオロギー装置）のどれか一つや、さらに搾取や、搾取と同時に、生産関係さえ、賭金のすべてではない。言い換えれば、階級闘争の賭金は、階級闘争が遂行される形式を構成する諸関係や諸装置にとどまるものではない。階級闘争は、搾取がそのなかで押しつけられ耐え忍ばれる諸実践もまた賭金とし、さらに言えば基本的賭金とするのである。それらの実践のなかには、科学と技術の実践も含まれる。階級闘争の頂点では国家権力と国家装置の保持や奪取が問題となり、下部では、社会を諸階級へと分割する階級的敵対関係にしたがって諸実践をコントロールし、方向づけることが問題となる。

実践はイデオロギーのもとでしか存在しない、と私は述べた。私は同時に、個々の実践からは微細に異なる様々なイデオロギーが生まれ、その実践を統制する、ということも述べた。そして私は、支配的イデオロギーの構成はあらゆる局所的、部分的イデオロギーを自らに従属させつつ包括しようとすること、とはいえもちろん、この包括は階級的諸観念の統一性のもとへの包括であって、支配的イデオロギーは、もし構成されるのであれば、それら諸観念の周りに構成される、ということを示した。哲学者の哲学が存在するまえに、政治的任務があるわけである。イデオロギーにおける階級闘争の任務であり、それは完璧に定義することができる。なによりまず、支配階級の立場にかんするいくつかの大きな観念の周りに、極度に多様な局所的、部分的なイデオロギーを集めねばならない。それをもとに、支配的イデオロギーの統一性を構成するのである。この支配的イデオロギーは二重の役割をもっている。支配階級が一体性をもつことを助け、被支配階級を彼らに従属させることである。そしてこの従属化は、被支配階級に固有のイデオロギーに含まれる危険な要素を吸収することで果たされる。歴史の示すところでは、このイデオロギー的・政治的任務は、哲学の到来以前、重要な部分的イデオロギーによって果たされていた。その他の部分的イデオロギーには、その重要なイデオロギーが被さるかっこうになっていた。宗教的イデオロギーないし政治的イデオロギーである。哲学の到来とともに、この任務は相対的に新しい展開を見せるようになる。

　とはいえ私は、哲学が部分的イデオロギーの位置を占めるようになったと言いたいわけではない。哲学に先立ってイデオロギーの領域全体を支配階級のためどうにかこうにか統一していた部分的イデオロギーに、哲学が取って代わったと言いたいわけではない。正反対である。歴史の示すところでは、ブルジョワ・イデオロギーを統一するにあたって本質的役割を演じたのは、実質的には哲学ではなく、法的イデオロギーである。だからこそ、ブルジョワ哲学はブルジョワジーの法的イデオロギーを基礎に自らを構成した。このイデオロギーから主体のカテゴリーを借り、あらゆる存在するものに――この世の諸存在と諸認識ばかりか、世界そのものと神についても――権利の問いを立てるという観念を借りたのである。とはいえ哲学は、この協働作業において、非常に特殊かつ限定された役割を果たした。この役割はまたしても、哲学を既存の科学の合理性に結びつける関係へと我々を連れ戻す。

ブルジョワ哲学を例に取れば、おおむね次のように言えるだろう。ブルジョワジーの支配的イデオロギーを構成し、統一する百年単位の仕事においては、法的イデオロギーが決定的であり、哲学が支配的であった。法的イデオロギーは、少なくとも一九世紀前半まで、リベラルなブルジョワ・イデオロギーの構成に欠かせない主要な観念を供給した。それらを中心に、統一の作業は行われた。このとき哲学は独自の役割を果たすことができた。一方において法的イデオロギーを表現し、他方において、既存のイデオロギーの諸観念に働きかける――統一に向けてそれらを変容させる――ことのできる様々な問い、答え、テーゼ、カテゴリーを練り上げる役割である。この目標を達成するためには、必然的に抽象的観念を生産する必要があった。さもなければ、局所的、部分的イデオロギーの統一はかなわず、極度の多様性を見せる敵の立場を占領することはできなかった。

哲学者の哲学が抽象を、このタイプの抽象を、歴史上独占したと想像してはならない。哲学が存在する以前から、支配的な部分的イデオロギーは特殊なタイプの抽象を生産し、実践してきた。それによって、イデオロギーを統一するという任務を果たしてきた。唯一の違いは、哲学的抽象が科学的抽象の借り物であるという点である。これは一つの事実であり、おそらくここでこそ、科学の到来によって文化的世界に持ち込まれた「裂開」を語るべきだろう。イデオロギー的・政治的均衡がそもそも不安定であった世界に持ち込まれた「裂開」を。事実は次のとおりであり、そこにはおそらく、とてつもなく大きな利害が賭けられている（しかし我々にはこの点にかんする仕事があまりに欠けている）。歴史上のあるときから、支配的イデオロギーの統一は、哲学の働きなくして不可能になってしまった。哲学がたとえ神学に仕えるものであったとしても（先の指摘を例証してくれるだろう。すなわち、支配的イデオロギーを決定するのは必ずしも哲学ではないし、そのときまでは、けっして哲学ではなかった）。

25

支配的イデオロギーの構成過程全体が階級闘争の一形式にすぎず、階級闘争の基本的賭金は国家の諸形態の背後にあり、生産手段の所有とそれに結びついた様々な実践であり、そこには科学的実践も含まれる。こうみなせば、哲学についての理解をもう少し深めることができる。

我々はこう述べた。哲学は、科学が対象をもつという意味では、対象をもたない。探求の途上、こうも指摘した。反対に、哲学は階級闘争における目標をもち、理論において哲学的な敵と対立する。いまやこう述べることができる。哲学が目標をもつのは、哲学が賭金をもつからである。観念的闘争ではないどんな闘争も、賭金をもつ。理論における階級闘争すなわち哲学の賭金は、かなり特殊である。それは手の届くところにはなく、遠くにあるのだ。哲学的階級闘争の実践から遠く離れているため、哲学にどうしてそれが達成できるのかと問うのも当然である。あれこれの哲学的テーゼを論駁することを別にすれば、この賭金とはなにか（哲学は科学ではないので、哲学には割り当て可能な誤りがない。つまり間違ったテーゼ、擁護しえないテーゼはない）。まさに実践である。実践において起きていることである。なにより階級闘争（経済的、政治的、イデオロギー的な）の実践において起きていることであり、他のすべての物質的実践――自然科学はそこに緊密に結びつく――において起きていることでもあり、最大限に多様な社会的実践（性、家族、法、文化、等々）において起きていることでもある。支配階級にとっては、それらの実践およびその担い手となる人間をコントロールすること、それらの実践を自らの階級的利害に沿って方向づけることが課題となる。それらの実践のコントロールは生産手段、交換手段、研究手段の所有によってのみ追求されるわけではなく、それらの実践を拠点かつ対象とするイデオロギーによっても追求される。こうした要請が、支配的イデオロギーが統一されることの意味を教えてくれるだろう。様々なイデオロギーを統一し、そこに支配的観念を浸透させることによって、支配階級による実践およびその担い手に対するコントロールと支配は果たされるのである。哲学はそこで役割を果たす。哲学は、まるで実験室におけるかのように、法的イデオロギーの指令にもとづいて仕事をする。問い、テーゼ、カテゴリーを練り上げ、支配的イデオロギーがそれらを、実践とその担い手を支配するイデオロギー諸形態のただなかに浸透させることができるようにするのである。

その点を見ることによってようやく、これまで哲学史における謎のようなものとして残ってきた事実に照明が当てられる。様々な哲学が体系の形式で存在する、という事実である。すべての哲学がそうだというわけではない。しかし大部分の哲学は体系として存在している。エンゲルスはこの点について少々軽はずみなことを述べた。唯物論者がいつでも観念論から守られているわけではないことの証明であろう。彼は『ルートヴィヒ・フォイエルバッハ』のなかで、哲学的体系は「人間精神の永遠の欲求を満たす」ために存在する、と書いた。「あらゆる矛盾を乗り越えたいという欲求」である。矛盾についてなら彼は真実を述べているかもしれないが、「人間精神の矛盾」を云々することは観念論である。ここで言う矛盾は非常に現実的なものであり、支配階級が自らの支配的イデオロギーを構成する際に出会う矛盾である。それはつまり最終審級において、階級矛盾にほかならない。もちろん、他の矛盾も存在するとしたうえでのことである。人間と自然の関係や、個人が自己にかかわる無意識の関係にも、矛盾はある。支配階級がそれらの矛盾を解消しようとしていることは、完全に真実である。彼らの階級支配にとって、矛盾は許容しがたいからである。イデオロギーを支配的イデオロギーへと統一することは、まさに階級矛盾を解消する手段なのである。大部分の哲学が体系的形式をもっているのは、この要請に応えているからである。プラトンからヘーゲル、コント等々にいたる観念論の伝統が哲学に提出する「対象」は、この要請に応えているのである。すなわち、「すべてを考えること」。哲学が「すべてを考えること」を目標に定めるとき、哲学は自分が支配的イデオロギーを統一する仕事に理論的に、つまり抽象のレベルで、参加していることを自白している。キルケゴールやニーチェといった非体系的哲学の存在に惑わされてはいけない。それらの哲学は、批判の対象である体系に依存して「反応」しているにすぎず、支配的イデオロギーのなかで、悪魔の弁護士よろしく、反対者を代表しようとしているのである。黙ったまま、知られないままでいると危険なものになりかねない反対者の代弁を買って出ているわけである。もちろん、こんな指摘には限界がある。しかしそれは、すでに見たように、支配的イデオロギーの構成における哲学の役割に限界があるのと同じことだ。

　これらすべてはみごとであるし、一定の仕方でうまく行っている。しかし、最終審級において階級闘争がこの解決を支えているのだとすれば、科学はどうなるのだろうか。この素朴な問いの地平から、諸科学の階級的本性の亡霊が、科学的客観性の亡霊が立ち現れる。後者については、ドミニク・ルクールの著作を参照されたい[*1]。とはいえ原理的なことがらについては、説明しておかねばならない。

科学的実践はあくまで一つの実践であり、そうであるかぎり、ある規定されたイデオロギーのもとで遂行される。そしてそのイデオロギーは、あらゆる実践における自然発生的イデオロギー同様、その実践のなにがしかの真理を映し出している。私はかつて、「学者の自然発生的イデオロギー」には二つの要素を区別しうるだろうと考えた。[*2] 唯物論的傾向をもった科学内的な要素一と、外部すなわち最終審級においては支配的イデオロギーに由来する観念論的傾向をもった要素二である。要素二における哲学の役割については周知のとおりである。とにかく、あらゆる研究者は、具体的であれ抽象的であれ物質性をもった対象に、一定のイデオロギーのもとで働きかける。そのイデオロギーには哲学的カテゴリーも含まれているが、それらは活動のなかにすでに浸透しているので、もはや哲学的なものとしては現れない。哲学の残響に充ち満ちているようには、かつそれに重層決定されているように見えない。そうしたカテゴリーは既存の、あるいは過去の哲学に由来し、探求にとっては、つまり研究者の理論的実践にとっては、障害になることもあれば支えになることもある。ところが一般的には、研究者はそのことを知らない。彼は対象の本性が提出する問題を、実験装置に依拠して解くだけである。この仕事の全体が、研究者の仕事につきまとうカテゴリーや観念の観念論的内容を、唯物論的に縮減し、唯物論的に批判することをあっさり現実的にやってのける。この縮減が客観的認識の生産につながるのである。そして客観的認識が、プロセスをときおり逸らせたり支配したりした誤った観念や部分的に誤った観念を、なかったも同然にする。学者はなにも言わず、一言のコメントも差し挟まず、そうした観念を厄介払いするのである。彼にとって、間違いは実在していない。彼は間違いのなかにいて間違いを考えないか、それとも彼はすでに間違いを除去してしまっており、彼の精神から間違いが消えているか、そのどちらかである。彼はそれゆえに、まるごとイデオロギーでできた観念に対する耐性を欠く。そうした観念は、彼が他のできあいの観念から——中身を吟味することなく——解放されたばかりのときに、再び彼のまえに現れる。そして彼はそのことに気がつかない。

学者が捕まるこの悪魔的な罠に対する真剣な闘争が、なぜまったく試みられてこなかったかと問うてみれば、益を得ているのがブルジョワ・イデオロギーであることは明白だ。このイデオロギーは学者を彼の知らないうちに操り、彼が生みだす認識の敷居のところまで彼を連れていき、そこであらためて道を誤らせる。ブルジョワジーにとっては、表向きになにがどう言われようと、研究の生産性よりも学者のイデオロギー的従属のほうが重要なのである。唯物論哲学は学者に警告し、学者が受けている目眩ましと搾取のメカニズムを学者に教えさえするけれども、唯物論哲学自身が支配される位置にあるため、イデオロギー的階級支配の恐るべき壁に阻まれてしまう。

一七世紀と一八世紀の哲学者たちは人類の知性を、特に王と学者の知性を改善しようとした。しかし彼らは臍《ほぞ》を噛むことになった。人間の知性は決定的階級闘争の先を行くことはなく、後ろからついていく。人間の観念が変わるためには、「国家を変えねばならない」（マルクス）。

とはいえ、哲学についていま述べたこと、さらに、哲学が、局所的イデオロギーのレベルで作用す

＊1　ドミニク・ルクール『ルイセンコ』（前出二三七頁注6）。

＊2　アルチュセール『科学者のための哲学講義』一一六－一一七頁、さらに同書「付論　ジャック・モノーについて」。

る支配的イデオロギーに仲立ちされながら支配的イデオロギーの統一において果たす役割についていま述べたことは、我々の出発点をなした命題を説明してくれる。すなわち、すべての人間は哲学者である。たしかにすべての人間は、哲学者の哲学という意味では哲学者ではない。彼らはそんな哲学を知らない。しかし彼らは、哲学的カテゴリーのなかでも思考しているかぎり、哲学者なのである。哲学的カテゴリーは、学者たちの哲学実験室で支配的イデオロギーの指令に沿って練り上げられたあと、人間の実践を支配するイデオロギーのなかに浸透していく。自分たちがそうして哲学者になることを、人間はふつう知らない。しかし民衆的な知恵は、そうではなかろうかと疑っている。グラムシが記したのはそのことである。哲学者であるという人間の特性は、階級闘争の実践という視点からはきわめて重要である。階級闘争における哲学の必要性を理解させてくれるからだ。活動家も広範な大衆も、哲学的言語のなかに入ることができる。そのなかで自分を再発見することができる。

　我々はいまや哲学についての理論を作るのに十分な要素を手にしている。マルクス主義哲学とはなにでありうるのか、という問題に答えることができる。我々の定義を振り返りつつ答えよう。マルクス主義哲学は哲学の本性とメカニズムをラディカルに引き受けることによってのみ、存在しうる。哲学は立場選択を含意しており、マルクス主義哲学は哲学的階級闘争において立場を取る。それは最終審級において理論における階級闘争であり、自分が代表する階級利害を自覚しつつ、プロレタリアの立場に立って唯物論陣営を選ぶ。その結果、マルクス主義哲学は闘う。哲学者とは理論において闘う人間である。誰に対しても闘うのではないし、いかなるときも闘うわけでも、いかなる闘い方でも闘うわけではなく、そのときの主要な敵を見定め、敵の矛盾、力、弱さを認識し、攻撃のための「もっとも弱い環」を見分け、最良の支点と最良の同盟者（良きテーゼ、良きカテゴリー）を選び、それらのコントロールをけっして失うことなく、等々、闘う。

マルクス主義哲学者はどのように闘うのか。あらゆる哲学者と同じように闘う。哲学を実践することで闘い、ただし、哲学の新しい実践により闘う。[*3] 観念論の罠を逃れさせてくれる実践である。とりわけ、自らの陣営に観念論が紛れ込んでいるときに、その罠を免れさせてくれる実践である。マルクス主義哲学者は、階級闘争の歴史が敵に占領させている立場を攻撃する武器になる新しいテーゼを定式化することで闘う。それらのテーゼはカテゴリーからなっており、マルクス主義哲学者はカテゴリーを、かつてなかった問いに答えるべく作りだす。彼は知っている。それらのカテゴリーは、うまく「調整された」とき、科学的実践にも政治的実践にも役立ちうる、と。すなわち、哲学的理論という後背地で仕事をしている彼からは遠く離れた実践にも役立ちうる、と。とはいえ、彼は同時にマルクス－レーニン主義的階級闘争の組織のなかでも闘っている。彼は唯物論と弁証法の愚かしい区別にも、認識の理論にも、存在論にも陥らない。彼はまた、ブルジョワ・イデオロギーの理論的形成物にすぎないいわゆる人文科学を、科学だと捉えることもない。彼はこの領域が敵に占領されていることを知っており、階級闘争の法則の科学である史的唯物論の原理と概念により、科学的認識に取り戻されねばならないと知っている。

＊3　アルチュセール『レーニンと哲学』八二頁、「マルクス主義は（新しい）実践の哲学ではなく、哲学の（新しい）実践である」。

彼はブルジョワジー最後の幻想にも陥らない。その幻想は、「マルクス主義哲学」なるものが存在するという信念である。この信念は多くのマルクス主義者のあいだにも広まっている。しかし、向こう見ずな考えに依拠している。彼らによれば、マルクスは新しい科学と同時に、新しい「哲学」も創設したのである（私も何年かのあいだこの間違った観念を共有していた）[*4]。詳細に検討してみれば、この観念は成立しない。科学史には「切断」があるとしても、哲学は歴史をほんとうのところもたないようにできているからである。その偽の歴史は、様々な形式のもと、たった一つの同じ機能を繰り返し露呈させているだけである。

つまりマルクスは既存の哲学のなかで思考しており、新しい哲学を創設しなかった。彼は既存の哲学を革命的なやり方で実践したにすぎない。プロレタリアの革命的な階級的立場を表現するテーゼを採用することが、そのやり方だった。だとすれば、こう言えるだろう。マルクス主義哲学は存在しないし、存在しえない。古代哲学であろうと中世哲学であろうとブルジョワ哲学であろうと、哲学は体系性という特殊な存在形式を要求するのであるから。なぜ体系性なのか、我々にはすでに分かっている。支配的イデオロギーの統一を助けるためのカテゴリーを統一する作業を支えるためだ。つまり、決定的なところで階級的理由が働いているのである。階級社会であるがゆえの理由である。

マルクスが実際的には哲学について沈黙した、という点は注目に値する。根本的なところで、この沈黙は正しかった。前面に押し立てるべきは、他の形式の階級闘争だったのである。マルクスは科学的かつ政治的な著作のなかでのみ哲学を実践した。そして本質的な点で、レーニンも同じようにした。つまり黙って、しかし現実的かつ効果的に。しかし私は、それ以上のものがあったと考える。支配的イデオロギーの構成は、あたりまえのことだが、国家と国家権力に結びついているのだから、国家と哲学のあいだには密接な関係がある。哲学史の全体がそれを証言している。国家と統一された支配的イデオロギーのあいだ、国家と搾取階級の哲学の体系性のあいだには、密接な関係があるのである。運動する物質にかんするエンゲルスの不幸な企てや、他のいつまでも繰り返される例がよく示しているように、体系性という形式もまた、支配される階級にとってはイデオロギー的な罠である。プロレタリアートの哲学が、ブルジョワ哲学から体系の形式を借りてブルジョワ哲学を模倣しなければならないとすれば、この哲学は廃れてしまうだろう。現にそうなっている。プロレタリアートのイデオロギーが統一される条件は、いまだ戯画的なかたちでしか実現されていない。そして、プロレタリアートが権力を握り、そうした条件が実現されたとしても、彼らに提起される歴史的な任務はブルジョワ国家とその諸装置を破壊することであり、ついで、国家を死滅へと導くことである。この第二段階においては、体系的哲学を実践することはもはや時宜に適っていないだろう。そんなことをすれば、国

＊4　例えば、アルチュセール「史的唯物論と弁証法的唯物論」、『マルクス－レーニン主義手帖』一一号、一九六六年四月、には次のようにある。「この新しい科学（歴史の科学）を創設することで、マルクスは同時に、もう一つの理論的分野を創設した。弁証法的唯物論すなわちマルクス主義哲学である。〔…〕弁証法的唯物論の対象は認識としての認識の生産の歴史である。〔…〕マルクスによる哲学革命は〔…〕哲学をイデオロギーの状態から科学の状態へと移行させた」〔« Matérialisme historique et matérialisme dialectique », *Cahiers marxistes-léninistes*, n°11, avril 1966, p. 97, 113.〕。また「ジョン・ルイスへの回答」邦訳七〇頁も参照。

家を強化することにしかならないだろう。それゆえ私にはこう述べることが正しいと思われる。哲学という語の古典的意味においては、マルクス主義哲学は存在しえない。マルクスが哲学にもたらした革命は哲学を新しいやり方で実践することにある。史的唯物論が教えるその真の本性にしたがい、さらに同時に、プロレタリアの階級的立場に立って、実践することにある。

しかし、この分析全体に、一つの重要な細部を加えておかねばならない。

支配的イデオロギーを構成するための階級闘争が哲学を対立する陣営に分けて組み入れるかぎり、あらゆる哲学は、カテゴリーとテーゼを調整して支配的イデオロギーの統一に寄与する本性をもっている。このときあらゆる哲学は、勃興し、やがて支配する階級に本質的なイデオロギーの一地帯により、その機能を決定づけられる。だとすれば、この決定は階級的限界をもつことになるだろう。なにをどうなそうと、次の点は揺るがない。ブルジョワ哲学のような哲学は、ブルジョワ法的なイデオロギーによる決定を基礎に、かつそのイデオロギーに決定されて構築される。ゆえに「最終審級において」、階級闘争におけるその役割によって定義される。だとすれば、哲学は階級による主観的決定を免れることができないだろう。

哲学のほう、あるいは労働者階級が自らの階級闘争を統一するために必要とする哲学の新しい実践のほうに目を向けても、我々の定義が正しいとすれば、同じ決定関係の前に立たされるはずである。「哲学の」新しい「実践」は、望むと望まざるとにかかわらず、またこういう言い方はショッキングであるだろうが、新しい形式のプロレタリア的「政治の下僕」となるのではないか。若きルカーチがそこをどう切り抜けたかはよく知られている[*1]。プロレタリアに「普遍的」本質を与えたのである。プロレタリアの主観性と、この主観性の普遍性が一致して、客観的事実になると期待した。この類の観念論的解決に、マルクス主義は与することができない。

マルクス主義はほんとうのところ、この問題を唯物論的に解決する原理をもっている。マルクスが創設した階級闘争の条件と形式にかんする科学に適合した原理である。マルクスはこの問題に、なにを新しくもたらしたのだろうか。弁証法の理論である。階級闘争の様々なレベルを相互に結合させる理論である。つまり、階級闘争の様々なレベル——経済的、政治的、イデオロギー的、理論的レベル——で、またそれらのあいだで生起することがらの必然性と客観的法則性を考えることを可能にする理論である。彼はわけても、理論的階級闘争における哲学の役割にかんする理論をいかに素描するかを我々に教えた。哲学がイデオロギー的階級闘争に、部分的で局所的なイデオロギーに、そしてそれを通して様々な実践に、どう効果を及ぼし、どう跳ね返るかにかんする理論である。彼はさらに、様々な既存のイデオロギーを支配的イデオロギーへと統一する理論的生成の役割を負った哲学が、自分でその役割を決めないということも我々に理解させた。この役割の諸形式はそとから「指定」される。支配的イデオロギーにより、支配階級の実践と彼らの階級闘争のために「指定」される。

マルクス以前、哲学は自らの役割を決定づける条件についてなにも認識することなく、その役割を果たしていた。「自らの背後で」自らを統制する法則について、いかなる観念ももつことがなかった。哲学は自分に「背中」があるとは考えなかったのである。自分の本性を、自分について抱く意識と同一視していた。自分の「対象」であり、自分の目的地であると自分がみなすものについての意識と自分の本性を同一視していた。真理、意味、起源、そして目的の暴露である。そして哲学は自らの歴史を、この暴露の諸形式の歴史だと考えていた。この暴露は逆説的なことに、つねに達成され、かつつねにやり直すべきものであった。

労働者の階級闘争における活動家に、マルクスは、いかなる階級社会の哲学者も政治家も認識することができなかったものを手に入れさせ、彼らに歴史上はじめて、哲学への批判的手がかりを与えた。哲学的手がかりではなく、科学的な手がかりである。哲学が最終審級においてなんであるか――真理の探求や暴露を偽装して行われる理論における階級闘争――を彼らに知らしめることで、マルクスは彼らに哲学の役割を科学的に認識し、さらに哲学におけるマルクス主義的実践を規定する諸条件を科学的に認識する手段を与えた。それらの諸条件を規定するのはプロレタリアの政治的イデオロギーである。それらが科学的に認識されれば、労働者の階級闘争における戦略目標に合わせて、規定そのものを修正し、調整することができる。

哲学の存在条件と役割を認識しても、哲学をそうした存在条件の科学によって置き換えることにはまったくならない。重力の法則を認識しても重力が消えるわけではないのと同じことである。しかし、物体の落下法則の認識が重力の効果に働きかけることを可能にし、それらの効果を無化する手段を発見させてくれるように、マルクス主義の哲学的実践がプロレタリアの政治的イデオロギーにより決定される際の法則を認識すれば、原理的に、この決定の効果を批判することができるようになり、そうした効果の方向を変えることができる。その結果、階級の主観的決定に盲目的に従うことを避けることができるようになる。

＊1　ルカーチ『歴史と階級意識』城塚登訳、白水社、一九七八年。

とはいえ、哲学はそうした決定の客観的な科学にはならない。それでも哲学は、歴史的試練のただなかにおいて階級の政治的主観性が経験する自閉的企てを避けることができるし、社会的諸実践の解放に向けていっそう寄与することができる。

それゆえ、マルクス主義の危機に彩られた歴史的時代に、階級闘争の科学を再建することなく哲学におけるマルクス主義の実践を再建することはできない。この革命的科学の帰結に頼ることなしに、マルクス主義哲学は自らの政治的性格づけをコントロールすることができない。革命的科学の援助がなければ、マルクス主義哲学は階級の主観主義に陥ってしまう。状況が現在のようにブルジョワ階級に支配されているときには、この主観主義は、たとえマルクス主義的用語系を前面に残していても（スターリンを参照せよ）、つねにブルジョワジーの階級的主観主義の一形式である。今日、こう問うてみれば十分であろう。哲学におけるマルクス主義はどういう状態になっているか。一方にはソヴィエトの哲学者たちの存在論と認識論があり、他方には、様々なプチブル的左翼主義がある。それらのどこにプロレタリア的性格があるか。言葉のうえだけのことにすぎない。

本書を読まれた読者は、唯物論的で弁証法的なマルクス主義哲学の実践が、マルクスとレーニンの理論的かつ政治的著作のなかに見いだせることにお気づきであろう。この実践はまた、労働者階級の勇気ある困難な闘争のなかにも見いだせる。自らの正しい立場を求める闘争である。正しい立場は、練り上げることも守ることも難しい。それでもとにかく、この哲学はこうした書物のなか、こうした闘争のなかに息づいており、闘いの伝統によって我々に伝えられている。我々は世界において一人ではない。

しかし、次の点も知っていただきたい。この伝統を共産党の指導者たちが発してきた公式宣言のなかや、党公認の「マルクス主義哲学者」たちの注釈のなかや、いわんや、ソ連と社会主義国の「マルクス＝レーニン主義の教師」たちの講義や書物のなかに探ろうとしても、そこにはカリカチュアしか見いだせない。私は誰かに向かって石を投げているのではない。帝国主義が支配する時代の巨大な階級闘争こそ、社会主義をスターリン的偏向へとねじ曲げたのである。労働者の国際共産主義運動はこの先例なき危機を脱していない。ファシズムに勝利してもなお脱していない。理論的かつ哲学的な夢想的自閉があるのみである。これは敗北とみなして差し支えない。

しかし、労働運動における敗北は軍事的敗北とは似ていない、ということも知らねばならない。たとえ敗北しても、労働者の階級闘争は止むことがないのである。この階級闘争は新しい形式を経験し、発明し、思ってもみなかったところで復活する。完全に消えたかに見える国々においてさえ、続いている。現在起きていることがそれを証言している。マルクス主義はブルジョワ・イデオロギーによって粉砕され、マルクス主義理論はまさに「消えた」にもかかわらず、それは帝国主義が誘発する階級闘争のなかから復活している。大都市において、「第三世界」の諸国において。少しずつ、新世代の労働者や知識人の闘士たちによって再建されている。彼らはマルクス主義理論に魅せられている。必要だからである。マルクス主義理論を我が物とするために、マルクス主義理論を再発見し加工する仕事に取りかかっている。そこから新しい認識、新しいテーゼを引き出している。彼ら自身の政治的、理論的実践を導くために。

今日、哲学に懐疑的な人々、マルクス主義は哲学に恣意的でも主観的でもなく、正しく効果的に介入できるのか懐疑的な人々に、私はこう言いたい。周りで起きていることを見よ！　事態は急速に進んでいることを見よ！　若者が老人に混じって戦闘に参加し、そこからマルクス主義理論が強化され、若返って出てきている闘争を見よ！　過去の誤りが正されているのを見よ！　我々の目前にいかなる地平が広がっているかを見よ！　そして未来は近いことを見よ！

あなたが労働者人民の階級闘争のなかで闘っているなら、思い出してもらいたい。階級闘争は哲学を必要としている。「理論における階級闘争」を。

あなたが哲学者になりたいと思っているなら、思い出してもらいたい。哲学者とは理論において闘う人間のことだ。この必然的闘いの理由を理解すれば、労働者人民の階級闘争の列に加わることになる。一枚の紙に乱雑な数行を書きつけた一八四五年のマルクスを思い出してもらいたい。一八四八年革命はまだ展望されておらず、暗い抑圧の年であった。マルクス主義理論はまだ土台が据えられていなかった。マルクスはただ、歴史においては、「地盤替え」を行わずして科学的仕事ができないということ、ブルジョワ階級の哲学的立場を捨て、プロレタリア階級の理論的立場に移らなければ、それは不可能であるということを理解していた。かくして「フォイエルバッハ・テーゼ」が書かれた。そこには我々が今も糧とする次の一文が含まれている。

「哲学者はこれまで世界をあれこれ解釈してきただけであった。肝心なことは、世界を変えることである」〔第一〇テーゼ〕。

一九七六年七月

補遺

誰でも哲学することができるか？

ルイ・アルチュセール

一九五七年春、ジュリアール社からジャン＝フランソワ・ルヴェルの『なぜ哲学者か』という小著が出版された。その基本的な主張は、哲学はもはや務めを終えており、科学と精神分析に席を譲って消えるしかない、というものであった。科学と精神分析が登場するまで哲学がどうにかこうにか果たしてきた役割は、もはや失効してしまったというのである。ルヴェルはその証拠として、ハイデッガー、ラカン、レヴィ＝ストロース、サルトルといった著名な人物たちの哲学思想、というか哲学的だと自認している思想を取り上げて言う。難解を気取る仮面の下には甚だしい貧しさが隠されている。彼の語り口は波乱を誘発した。「郊外のマラルメ主義」でもってターゲットを選んでいるとされたラカンは、ゼミで『なぜ哲学者か』をこき下ろすことになるだろう。メルロ＝ポンティは一九五八年二月、マドレーヌ・シャプサルによるインタビューの際、ラカン同様のエレガンスさで非難する（「この本はスターリン全盛時代の研究発表を思い起こさせます」)。サルトルは、どうやら用いられなかった講演原稿で、「哲学者ならぬ」ペリシテ人〔俗物〕が「哲学者は犬にくれてやるがよい」と結論づけた、と食ってかかる。そしてレヴィ＝ストロースは、『構造人類学』において教師然と振る舞い、一頁を割いて、なぜ「ルヴェル氏は私について論じるのを控えるべき」かを説いた。

アルチュセールは同書を別の目で見ていた。「この種の無礼には魅せられる」と、ガールフレンドに宛てた一九五七年の手紙で書いている。ユルム街の「カイマン」〔復習教師の俗称〕は、たしかにこうした挑発行為が好みだった。おまけにルヴェルは当時、アルチュセールが批評叢書を一緒に立ち上げようとしていた友人だった。しかし、同じ手紙のなかで彼は認めている。ルヴェルの本は「あまり強力ではない」。それが彼の興味を引いたのはあくまで基本理念のゆえであった。彼は独自に、反哲学の直感を共有していたのである。

正確にはどういうやり方だったのだろうか。読者に判断いただくほかない。一九五七年一〇月八日、パリのレンヌ通り四四番地で、『なぜ哲学者か』をめぐる討論会が開かれた。ジャック・ナンテが当時主催していた一連の公開討論会の一つであった。「誰でも哲学することができるか？」と題されたその討論会に参加したのは、フランソワ・シャトレ、モーリス・ド・ガンディヤック、リュシアン・ゴールドマン、ロベール・ミズライ、ジャン・ヴァールである。アルチュセールは壇上討論に続く質疑応答の際に発言した。翌日に書いた手紙によれば、「勝利」であった。二ヶ月後、発言は「オープン・サークル」誌に掲載される。以下に読まれるのはその全文である。

提起されたような主題がかくも長時間の検討に値するものなのか、と私は自問している。誰でも哲学することができるのか。私はミズライの発言を正しいと思う。哲学にどんな定義を与えても、修練なしに哲学することができないのは明らかだ。哲学することを学ぶことは、歩き方を学ぶのと同じように難しい。とはいえ私は、いくつかの重要な問題が我々の聞いた発表から引き出され、論じられたと信ずる。

* * *

最初の問題は哲学言語の問題である。あるいは、マルクスの言い方によれば、「哲学のジャーゴン」と呼べるものの問題である。重要な問題である。しかし目眩ましの問題であり、どちらかと言えば偽の問題である。というのも、哲学にはテクニカルな言語がつきものであると議論しているつもりでも、問題になっているのは、哲学が自らを一つの特別な学問と考えてよいのか、ということだからである。つまり私には、哲学的ジャーゴンの問題はそれ自体として考察されうる問題であるとは思えず、すぐさま、哲学の正当化、正当性を構成するものはなにか、というところにもっていかれるべき問題なのである。哲学は哲学として存在する権利があるのか。それこそが、今回の討論から生起したように思える根本問題である。

今夜の討論では、私にも頷ける多くの発言を耳にしたし、私は私なりにルヴェルの本に対し留保するところをもっている。しかしそれがどのようなものであっても、私は彼の著作の本質的直感を根本的なところで共有している。思うに、ルヴェルは独自のやり方と才能をもって、現代的関心の中心にある問題に、一つの視角からアプローチしたのである。しかしその問題が生まれたのは今日ではない。それが実際に生まれたのは、シャトレとゴールドマンが指摘したように、一八世紀である。

その問題とは、我々は根本的なところで哲学をお払い箱にする必要がないか、ということだ。少なくとも、その根本的本質において捉えられた哲学を、である。哲学が自らそうであると主張しているもの、哲学を他の学問分野、他の諸活動、他の精神的かつ知的態度から区別するものにかんする問題である。そんな哲学から、宗教をお払い箱にしなければならないのと同じように、解放される必要はないのか。

様々な仕方で自らを正当化しているとはいえ、その資格について批判や検証を免れえない一連の精神的態度が世界には存在する。哲学は存在しうるのか、存在しているのか、存在してよいのか、という問いは、一九世紀に宗教にかんして提起されえたのと同じ種類の問いである。宗教は存在してよいのか。すなわち、現在の存在を正当化するだけでなく、将来も存続すべしという主張まで正当化する資格はなんなのか。

今日、この問題を提起することはほぼ歴史的視点からしかできない、と私は信ずる。歴史を一瞥してみれば分かるように、哲学が持ち出しうる資格、哲学が他の諸学と結ぶ関係は時代によって様々である。にもかかわらず、哲学の本質と思えるものは、哲学が一つの同じ根本的主張によって自らを正当化しているということである。

私が問いたいのは、自分がなんでありうるのかを引き出そうとする哲学の努力、哲学が自分自身に与える資格である。ルヴェルがこの批判的試みを助けてくれるのは確実である。彼は哲学がそとから来る問題を奪ってしまうこと、哲学は解決された問題の科学にすぎないということを示す。哲学が自分とは異質な起源をもつものすべてを除去して自分と向き合うとき、哲学は自らをいかに正当化し、定義するのだろうか。哲学は自己弁護のため、どんな資格を提示するのだろうか。

問題を扱うには二つのやり方がある。哲学者に語らせるか、哲学者の言説がいかに出現するのかを見るか。哲学者に対し、いかなる資格があなたの意図を正当化するかと尋ね、彼に語らせたとすると、哲学者はなによりこう答えるだろう。哲学者とはものごとの起源にある意味を問う者のことです。これはプラトン、デカルト、カント、ヘーゲル、フッサール、ハイデッガーをつなぐ大いなる伝統の答えである。哲学者とは、ものごとの根源的起源がどんなものか知っている。哲学者とは、既存の意味のすべての手前に反省によって遡り、あらゆる可能的意味の起源、あらゆる既存の意味の起源を所有している者のことだ。根本的には、他の人々が知らないもの／ことを知っている者、他の人々が知っているもの／ことのほんとうの意味を知っている者、人間が行う動作の意味、人間が取り組む活動の意味を知っている者である。真理の出生証書をものごとの起源そのものにおいて所有していると主張する者である。彼がプラトン主義者であろうと、歴史的な例の多い百科全書派であろうと、あるいは、人間の経験を全体化する必要をさほど感じていなかろうと、哲学者はつねに、意味をもつすべてのもの／ことの意味を起源において発見しようと試みる者である。哲学者が哲学について提示する擁護論は、根本的にはこうしたものであろう。

そこで私としては、別のやり方で問いを立ててみたい。哲学者による哲学者の正当化はどのように出現するのかを問うてみたい。そしてその問いをより歴史的な射程で考えてみたい。私がこれから述べることは非常に一般的であり、細部にかんする正当化を必要とする類のものである。みなさんの感性に抵触しないことを期待する。

プラトンであれデカルトであれ、カントであれヘーゲルであれ、フッサールであれハイデッガーであれ、哲学者が先のような主張によって自身を定義するとき、私には彼らは実際には曖昧かつ矛盾した立場に身を置いているように見える。ジャン・ヴァール氏は先ほどマルローの言として、芸術家は他の芸術家との、詩人は他の詩人との関係において自身を定義する、と述べられた。ならば哲学者の場合に際立つのは、少なくとも大哲学者の場合には、彼らは自身が拒絶する哲学者との関係において自身を定義する、という点であろう。彼らはそれを一定意識さえしていよう。言い換えると、我々がまさに今なしつつある、哲学をお払い箱にしようという努力は、歴史上の大哲学者がみな行ってきた努力なのである。プラトンは彼の目に脅威と映る哲学を一掃することを試みている。当時の主観主義者であるソフィストの哲学だ。デカルトは彼が偽の形而上学と呼ぶもの、すなわちスコラ哲学の形而上学をお払い箱にしようとしている。カントは形而上学なるものの批判を展開せんとしている。そのかぎりにおいて、我々は彼らの継承者なのである。我々は同じ直感を追いかけ、引き延ばしている。

哲学者はなぜ既存の哲学をお払い箱にする必要を感じるのだろうか。なんらかの点で脅威であるとみなすからである。現に重大事であるなんらかの大義、歴史的に重要ななんらかの大義を危うくする、とみなすからである。プラトンの時代には、客観的な反省を構成することがその大義であった。カントの場合には、ニュートン物理学を防衛し、自然科学が展開される客観性領域を構成することが大義であった。フッサールの場合には、一九世紀末に(物理学の危機に続いて)自然科学と人文科学の総体を脅かしていた主観主義と闘うことが大義であった。いずれの場合も、哲学者は人類の未来にとって危険であると彼らの目に映っている哲学をお払い箱にしようとしている。

哲学的問題の本質的ドラマが演じられるのはここである。偉大な哲学者は、哲学をお払い箱にしようと試みるから、哲学を作るのである。哲学をお払い箱にするために（すなわち、我々にとって重大な関心事である目標に忠実であろうとして）、哲学を作るのである。カントないしフッサールの例を取り上げよう。カントの場合、相関主義的経験論から離れようとする努力は、実際には、彼の目に脅威と映るある形態のイデオロギーとの闘いとなり、彼はその闘いを一つの哲学を創設することによってしか遂行することができなかった。すなわち、あらゆる意味、あらゆる客観性の起源にある――彼が与える意味において――ものへと遡行することによって、である。私には、哲学をお払い箱にしようとする偉大な哲学者の努力は、反面では、我々が哲学と呼んでいるものに頼らざるをえないように見える。この闘いにおいて哲学を破壊しようとする哲学者は、哲学的後背地と呼ぶべきもののなかに言わば避難する。つまり、一つの卵であるこの世界からそとに出るのである。彼はそとから卵を眺める者である。そとに出て、これは卵だと宣言する。自分が脱出したこの卵の意味はこれこれだ、と口にする。私には、自分が基礎づけようとする意味から哲学者がこのように身を引いていることが、哲学の本質そのものを構成しているように見える。

私は基礎という言い方をした。つまりこう考えているわけである。哲学者は自分が擁護したい大義を正当化するため、その大義が出現する領域のそとに出なくてはならないという感情のなかに生きている。その大義が擁護されたり攻撃されたりする世界のそとに、である。彼には、この世界に対し一種の根源的距離を取らねばならないように見えている。それゆえに、偉大な哲学者たちは、破壊と創設の二重の闘いを遂行することになる。

だとすれば、今夜の討論会で立てられた問いは次のとおりである。あらためて哲学を創設することなく、偉大な哲学的伝統、同時代のイデオロギーを破壊する批判的伝統を取り戻すことは可能なのか。ここで哲学とは正確な意味に理解されねばならない。つまり、時間と空間の両方から身を引いたところへ逃げ込むことである。この先なにが言われようとその起源となってくれるもの、この先なにが主張されようとその基礎となってくれるもののなかに逃げ込むことである。正確にそうした意味における一つの哲学を創設することなく、哲学を拒否することは可能なのか。

この点に関連して討論から引き出された見解は、自然科学にかんするかぎり、哲学はその役目を終え、自然科学は哲学から解放された、というものである。人文科学にかんしては、しかし事情は異なる。ゴールドマンが正しく述べたように、既存の社会関係の様態は、二つの科学の比較対照をやらなくてすむ精神を出現させてくれていない。

問題を解いてみせる気はないが、私はここでマルクスの例を取り上げてみたい。彼はまさに哲学を破壊しようした。哲学がもっとも活発であると見える領域、すなわち人文科学において、彼は哲学を破壊しようとした。哲学の終焉にかんするマルクスのテキストは有名である。彼は歴史の領域において、つまりほかならぬ人文科学の基礎的領域において、哲学を終わらせる必要性を説いた。私に重要だと思えるのは、必ずしもこの主張そのものではなく、根本的なところでは、マルクスがそれを主張するにいたった道筋である。周知のとおり、この道筋とは若きマルクスの著作群である。ヘーゲルとフォイエルバッハの影響を脱し、思考の成熟期に入っていこうとする著作群である。

マルクスは人文科学にかんして、哲学という語――つまり歴史の意味を発見するという主張――は哲学者にとって最終的に、ある時代が自らについて抱く幻想に一致する、と了解した。その幻想が支配的イデオロギーである。マルクスにとり、歴史の領域において哲学を終わらせるとは、既存のイデオロギーを批判すること、考察対象となる歴史体全体とそれらが結びつく仕方を批判することにほかならなかった。そしてその批判は、歴史にかんする科学的理論が作られてはじめて可能になるものであった。ゴールドマンがある特定の領域で行った試みを、マルクスはヘーゲルについて企てたのである。彼は自分がそのなかで育った哲学を批判し、そこから解放された。彼にとって、「哲学を終わらせる」というスローガンは非常に正確で具体的な目標をもっている。それは、歴史をめぐる学問領域と意味を等しくしていた。マルクスに哲学についての理論を作ることを可能にしてくれた学問領域である。

哲学がどうなっていくのであろうかという問いについては、いずれにしても、哲学の歴史学になるという任務を哲学に与えればよいと私は思う。古典的哲学者が理解するような哲学史のことではない。マルクスの意味における歴史学である。すなわち、哲学はいつ生まれ、飛躍し、死ぬのかと問うことに存する歴史学である。

あとがきにかえて

危機をまえにした哲学

市田良彦

アルチュセールの生前未刊行であったテキストのなかには、非哲学者向けに書かれた哲学入門書の草稿群が二つある。一つめのグループは、一九六六年二月に書きはじめられた『マルクス主義理論と共産党』（タイプ原稿約二五〇頁）に端を発するもので、およそ二年間、タイトルと中身を変えて書き続けられた。アルチュセールはそれらを「マルクス主義の教本 manuel」プロジェクトと呼んでいた。第二のグループから生まれたのが、本書『哲学においてマルクス主義者であること』（一九七六年）と、それを全面的に書き改め、二〇一四年に死後出版された『非哲学者のための哲学入門』[*1]（七七－七八年）である。

いずれの草稿群ないしプロジェクトも、アルチュセールにとって深いところで、哲学者としての政治実践をなすはずであった。教本プロジェクトの前年一九六五年には、『マルクスのために』（九月）と『資本論を読む』（一一月）が刊行されている。高等師範学校内の学生党員を中心に、アルチュセールの影響力は一挙に高まっていた。彼の「理論的反ヒューマニズム」は党内において、党の公認哲学であったロジェ・ガロディの「マルクス主義ヒューマニズム」に公然と反旗を翻し、それを脅かすものと受け止められはじめていた。六六年三月にアルジャントゥイユで開かれた党中央委員会では、実際、「同志アルチュセール」の名前こそ挙げられなかったものの、あらためてガロディに軍配を上げるかのような決議が採択されている。つまりアルチュセール理論は、党が悠然と無視していればよい学者の仕事ではなくなっていた。チャンスだったわけである。*2「理論」を梃子にすれば党の政治に

*1 Louis Althusser, *Initiation à la philosophie pour les non-philosophes*, PUF, 2014. 未邦訳

*2 チャンスは党内で独特の政治力学が働いた結果であったかもしれない。そもそもこの中央委員会には、権威が大きくなりすぎて専横が目立つようになったガロディを抑え込むという意味もあったからである。彼（の理論）には異論も出ていると言うために、アルチュセールの「理論的反ヒューマニズム」が使われたふしがある。しかし結果は、アルチュセールの弁によれば、「ガロディの誤りに対する批判がアルチュセールと彼の同志たちの誤りに対する批判によって『釣り合う』」ようにされた。理論の内容にかんしてはガロディ流ヒューマニズムを維持しつつ、理論活動の重要性を漠然と認めるという点でアルチュセール派に一定の配慮を示した。事実上、ガロディの勝利であった。アルチュセールは会議の翌日、ガロディからこんな気送管速達（いわゆるエアシューター）を受け取ったという。「昨日は君の負けだった。会いに来てくれ。僕は君に会う必要がある」。詳しくは次を参照。François Matheron, « Louis Althusser et Argenteuil : de la croisée des chemins au chemin de croix », in *Aragon et le Comité central d'Argenteuil, Annales de la société des amis de Louis Aragon et Elsa Triolet*, 2000. なお、アルチュセールは中央委員ではなく、したがって会議にも出席していない。彼の目には、相反する理論のあいだでバランスを保つという態度そのものが、理論から中身を奪いそれを「空席」にする「政治」のように見えたのかもしれない。

介入することができる、と彼は確信したはずだ。「我々はいくつかのはっきりした手段をもっており、それをもつことができるのは我々だけであろう。この過渡的な特権状況に鑑みれば、空いた席を占めることができるのは我々だけであり、我々だけで占めるべきであろう。すなわち、マルクス－レーニン主義理論という席である。とりわけマルクス－レーニン主義哲学という席である。／この席は空いている。党はそこを占めていない。〔…〕党のなかで、この席は空いている」（一九六七年七月）[*3]。もちろん、党はすでにガロディに軍配を上げている。それを覆す現実的可能性はもはやないだろう。しかし空席が「理論」であるとすれば、それは党の危機であると同時に、党内の空席を党のそとからでも埋めることができる、と意味していないか。「理論」さえもっていれば、党のそとからなかの席を占めることができるのでは？「必ずしも党を去ることなく、党のそとでこの席を占めることができる」（同）。若いインテリ活動家からは見向きもされなくなっているガロディ理論よりもまともな、党がもつべきマルクス主義理論を一介の党員として書き、広めればよいのだ。党内への影響力拡大には党の公認など受けないほうがよいだろう。それが目下の政治状況だ。「ユートピア社会主義と科学的社会主義」、「イデオロギー的社会主義と科学的社会主義」とタイトルを変えても、アルチュセールは「マルクス主義理論と共産党」について書く政治的野心を、「六八年五月」が訪れるまで捨てた気配はない。

　第二の入門書プロジェクトもまた党の政治と結びついている。八月に『哲学においてマルクス主義者であること』（本書）が書かれる一九七六年は、二月にフランス共産党が第二二回党大会において「プロレタリア独裁」を放棄した年である。翌三月にはアルチュセールの単行本がはじめて党直属の出版社から刊行される（『ポジション』、エディシオン・ソシアル社）。四月には党の行事として同書をめぐる討論会が催されるが、アルチュセールはそれを自分が「プロ独放棄」への異議を表明する場に変えてしまう。ことは党の内外に大きな反響を呼ぶ「事件」となった。「〔…〕氏は付け加えた。『概念は子どもや犬のようには捨てられるものではない』」――四月二四日付共産党機関紙『ユマニテ』。「プロレタリア独裁の放棄が共産党内部で批判される」――同日付日刊紙『ルモンド』、「アルチュセール氏、『右旋回のリスク』に懸念を表明〔…〕『概念は、それを捨てようとする人々に厳しい生をもたらす』」――四月二五日付同紙。またしても、党の危機と自らのチャンスが結びついたのである。自身の理論偏重を公に自己批判したことがあったとはいえ、*4 史的唯物論が科学であるという立場その

＊3 「グループ・スピノザ」文書（未刊）の一つ。このテキストは無題で日付のみ付されている。「グループ・スピノザ」はアルチュセールが一九六七－六九年に組織した理論・政治集団で、バリバールやマシュレーなどアルチュセール派の主要メンバーが偽名で参加している。理論誌と共著書の刊行を目指したが、実現しなかった。同じテキストでは、党内で力をもてるのであるから毛沢東派の学生と組む必要はない、という議論も展開されている。

＊4 単行本としては一九七四年の『自己批判の要素』（*Éléments d'autocritique*、本書二一頁の注9を参照）があるが、自己批判そのものは一九六七年からはじまっている。詳しくは邦訳『マルクスのために』（河野健二ほか訳、平凡社、一九九四年）に所収の市田良彦「理論主義と真空の概念――『マルクスのために』の頃のルイ・アルチュセール」を参照。同訳書にはアルチュセールによる最初期の自己批判的テキスト「批判的・自己批判的ノート――『マルクスのために』と『資本論を読む』の読者に」（一九六七年一〇月、生前未刊行）も収録されている。

ものは崩したことがなかったアルチュセールにとり、科学の概念を捨てると決定した党大会はガリレオ裁判に等しいものであった。「『放棄』は政治的決定の対象にはなりえない。科学的概念は多面的連関をもつ実在的問題を客観的に反映しているものである以上、その運命が政治的決定の対象たりえないことは、ガリレオ以来、すべての唯物論者が知っている。プロレタリアート独裁を『放棄』するならしてもよい。だが、国家と社会主義が問題になるとき、必ずやまた、それにぶつかることになるだろう」[*5]。イデオロギーが科学の席を奪う、「ヒューマニズム」問題のときと同種の危機が訪れている。しかも、そのときのアルチュセールは、党が書物の刊行を鳴り物入りで宣伝する――刊行記念討論会は大きな会場で総計五回予告されていた(「マルクス主義の思想と書物をめぐる五日間」と題された)――ほどの人物となっていた。討論会前日には、誰もがアルチュセールの同志と認めるエティエンヌ・バリバールが、党の研究教育機関で四時間にわたり「放棄」に反対する講演を行って、いわば反対キャンペーンの前座を盛り上げていた。アルチュセール本人は、登壇して党中央委員の哲学者リュシアン・セーヴと対談することになっていた当日、用意していたビラ――何度も書き直し、推敲を重ねていた――を配布して独演し、企画を潰してしまった。党のなかとそとにおける彼のステータスが、キャンペーンを「事件」にしたのである。一〇年前にやろうとして中途半端な結末を迎えた――「五月」という別の出来事によって事実上吹き飛ばされた――政治的介入が、首尾よく回りはじめた。党のそとからなかの席を占める二度目のチャンスである。そして、入門書プロジェクトである。その意味をよく伝えているのは、同プロジェクトから派生したともそのなかに含まれるとも言える、インタビュー形式によって「プロ独放棄」の愚を訴えるテキスト、「黒牛」[*6]であろう。七六年九月二〇日付でアルチュセールに送られたバリバールの手紙が、テキストのもつべき政治的意味を余すところなく解説している。「これは『ルイ・アルチュセールへの質問』（架空のXによる）ではなく、（ルイ・アルチュセールという）『一人の活動家の問い』であるべきだ〔訳者注――バリバールはその方向をより強調すべく書き直しを求めている〕。専門家の特権や奇跡的な英知をもちあわせず、共産党員として『自分で考える』権利を十全に駆使し、実際に自分で考えようとするワン・オブ・ゼムの活動家。党において二五年の経験をもち、党もその役割を無視しえなかった理論的成果（いわゆる）をあげてきた活動家」。介入を有効にするためには、一般党員に向かって語らねばならないのである。一般党員として？　しかし彼は名の知れた哲学者、党の認める「理論的成果」をあげている特殊な「活動家」である。なにかを「知っていると想定される主体 sujet supposé savoir」と思われることは避けられない。バリバールは手紙のなかで、そんな主体だと思われてはならないと言っているものの、そう思われることが介入の有効性を現実的に担保していよう。この矛盾を解決する方策が、「非哲学者」に向かって哲学の入門書を書くこと、入門書という体裁で「理論における政治／階級闘争」を実践することであったろう。それは、「理論」がそのそと、まったき政治の領域に出て、「政治／階級闘争における理論」になるための形式であったのである。

＊5　ルイ・アルチュセール「第22回大会」、エティエンヌ・バリバール『プロレタリア独裁とはなにか』（加藤晴久訳、新評論、一九七八年）所収、同書二三〇頁。

＊6　本書「序」一九頁注6ならびに「本論」二四五頁注5を参照。

けれども本書のアルチュセールは、この形式を取った介入の難しさもまた最初から承知している。「大衆的哲学の企ては矛盾のなかにある〔…〕。哲学は一方において、考える人間すべてに対し叙述-提示しえなくてはならず、他方において、哲学を裏切らずに哲学をすべての人間の手に届くようにすることは困難なのである」(第1章五八頁)。一〇年前の「教本」に続き、本書が、さらに本書はおろか『非哲学者のための哲学入門』さえ、すべていったん書き終えられていながら刊行されなかったという事実は、「困難」が結局は解消されえず、「理論における政治/階級闘争」が自らのそとに出ていって純粋な政治実践を遂行することができなかったと告げる。少なくとも、そう受け取ることはできる。二度の失敗は、アルチュセールにおいて哲学と政治のあいだに横たわる断層をこそ表現している、と。アルジャントゥイユ党中央委員会から五〇年、第二二回党大会から四〇年のときを隔てた今日、断層はむしろテキストを純粋に理論的に読むことをようやく可能にしていると考える向きもあるだろう。しかし失敗の事実は揺るぎなく、また本書のアルチュセールによれば(第5章)、マルクス主義はカール・ポパーの反証可能性基準を満たす「実験科学」にほかならない。実験が存在しない「哲学」に籠もることはそもそも許されない。さらに、数々の入門書草稿の内容と質についても問うてみるべきである。「非哲学者」向けに成功しているかどうか、つまり叙述-提示の仕方が「考える人間」なら理解可能になっているかどうかは別にして、中身が「哲学を裏切って」いないかどうか。「困難」はその点にも由来するのである。「理論における政治/階級闘争」という哲学の定義は、それをこそ本書が叙述-提示しようとしているように、「哲学として生産された哲学」であろうとなかろうと、どんな哲学に対しても適用される一般的な定義である。それを自覚的に実践しようという哲学はつまり、どんな哲学とも拮抗しうる質、あらゆる哲学者と現に理論的に論争している内容を備えていなければならない。その点から本書を検証してみれば、少なくとも、本書に過去の諸著作に比べて目新しい点はあまりないと言わねばならないだろう。本書は『マルクスのために』や『資本論を読む』以上に、あるいは『レーニンと哲学』以上に、「哲学者としての哲学者」たちの驚きを一九七六年の時点において呼び起こしえたろうか。八〇年代のものとされる「偶然性唯物論」をすでに展開している点は特筆されるべきだろうが、それとて二〇一六年の現在となっては新しくないし、この現在から見たときには、編者による「序」が指摘するとおり、「アルチュセールがいつ偶然性唯物論者になったのかという問いには答えがない」。実際、彼は昔から実は同じことを言っている、とも、本書におけるアルチュセール哲学の新しい意匠は納得させてくれる。すなわち、六〇年代の「構造主義」と「状況」概念はすでにエピクロス的な偶然性と「出会い」を別の言葉＝意匠で語っていたと思わせてくれる。哲学言語上の意匠以外は、一九七六年の時点においてほとんど新しくないのである。死後出版著作物のなかで主著と言うべき『哲学・政治著作集』を編纂しているとき、編者が本書をそこに含めなかったのは理由のないことではなかったろう。いわば、他の多様な未刊行テキストを集めたほうがアルチュセールの思考の幅と射程を浮き彫りにするにはよいという事実上の判断が、「哲学においてマルクス主義者であること」を収録テキストの選からはずした背景にはあったかもしれない。かく言う本書の訳者自身が、その点を編者たちと議論したことがある。これを入れてもいいのでは？という問いに対する彼らの答えは、「けっこう退屈だ」であった。

本書の発掘出版に水を差しているのではない。「退屈」であるだけの書物なら翻訳者の役目を引き受けることはなかったし、訳者は昔も今も、本書はもっと早く刊行されて然るべきだったと考えている。一九六〇年代から七〇年代にかけて提出されたアルチュセールの諸テーゼが、その中心にあった「政治」との関係においてどう関連づけられ、総合されているかを証言するテキストとして。哲学者が哲学者として政治にかかわることの現実的ありようと困難を、「現時点」において考えさせてくれる「過去」の「実験結果」として。哲学書としてよりあえて政治的古文書として読んだほうが、行間に溢れる緊迫感を時代の制約から解放するにはよいのではないか、と訳者はＩＭＥＣにおいてこのテキストをはじめて読んだ九〇年代初頭から考えてきた。時代との距離が解放するのは純粋哲学書としての性格ではなく、状況とのかかわりから生まれる文書の政治性であるべきではないか、それを凝視する、あるいは発見するには、時代からあまり隔たらないほうがいいのではないか。もしここに、六〇年代から七〇年代にかけてはおろか、いまだ訪れていない八〇年代の「アルチュセール哲学」の諸要素がすべて認められるとすれば、本書を読むことでこそ開かれる問いがあるのではないか。それは訳者にとり、たとえば、本書の生前未刊行という事実が、フランカ・マドニアに宛てた手紙の一節と響き合うことにより生まれる問いであった。「進めば進むほど、まったく残念なことだが、僕は自分が一人前の哲学者たりえていないという思いを強くする。〔…〕僕はほとんどなにも知らないし、僕にはもうそれを学ぶ時間がない。僕は哲学における政治的扇動者なのだ」（一九六七年七月）[*7]。そう呟いたすぐあとに提出され、やがて本書に結晶する「理論における政治／階級闘争」[*8]は、落胆とともに引き受けられた定義だったのだろうか。それを実践しようとすればするほど、「理論」のそとに出ていけなくなる――入門書を刊行できなくなる――という予感を、アルチュセールは定義を提出するまえから抱いていたのだろうか。実際、本書が展開する「哲学のはじまり」をめぐる議論は、一九六三年に同じくフランカに書き送った次の一節を思い起こさせずにはいない。

彼女の名を口ずさむときの最初の一言に、彼女はそっくり収まっている。彼女を指す名前は、彼女を呼び出す名前だ。彼女についてのどんな話も、彼女がそこにいるから、彼女の実在にたえず手が加えられるから、休む間もなく作られる作品だ。彼女の名のもとに、僕たちは集う。〔…〕みなの一心の注目から強い存在感が生まれ、それによって彼女が〈哲学〉という名前を僕たちみなに対してもつようになるのを待って、僕たちはなにを待っているのか。〔…〕ひと掬いの海水のなかに海があるように、血の一滴のなかにキリストがまるごといるように、〔…〕どんなはじまりのなかにも、〈哲学〉がある。哲学全体がある。[*9]

本書のアルチュセールは、「はじまり」とはここに書かれたように哲学全体を凝縮する問題である、

＊7　Louis Althusser, *Lettres à Franca*, Stock/IMEC, 1998, p.750. 同書簡集は部分的にのみ邦訳刊行されており（注9を参照）、この部分は未邦訳。

＊8　「理論における政治」という哲学の定義は一九六八年二月に『レーニンと哲学』に登場した。それが一九七三年の『ジョン・ルイスへの回答』において、「理論における階級闘争」と言い直された。

＊9　ルイ・アルチュセール『哲学・政治著作集』Ⅱ（市田良彦ほか訳、藤原書店、一九九九年）のエピグラフとして、テキストの全文が掲載されている。

から、それを問題にすることは観念論だと断じている（第2章）。唯物論者として、コギトに代表される哲学における「はじまり」問題を拒否している。唯物論者は「哲学のはじまり」にかんする権利問題を顧みることなく、「走っている列車」に飛び乗らねばならない（第3章）。「偶然性唯物論」を象徴する比喩である。「はじまり」問題は本書において、八〇年代を先取りしつつ、「哲学として生産される哲学」が仕掛ける罠にほかならないとされる。しかし〈入門書〉に政治実践を賭ける哲学者は、一〇年以上まえに恋人に発した呟きを肯定してもいないだろうか。というのも、あらゆる「考える人間」がそこへ足を踏み入れる「はじまり＝入門」の瞬間に、哲学は真に実現される――「理論における政治／階級闘争」が「政治／階級闘争における理論」になる――とみなすのだから。本書における「哲学」の地位は、本書に登場しないマキァヴェッリの「国家」にアルチュセールが与えたそれと構造的に同じだ。この「国家」が「国民国家」すなわち、あらゆる人間の国家であるからだけではない。「はじまる」ための条件がなにもないところで、はじまらねばならないからである。「理論的観点から見たマキァヴェッリの中心問題は、絶対的に不可欠かつ必然的な新しい国家の、無からのはじまりという問題に集約される」[*10]。「偉大な冒険は既存のもののすべてのそと、したがって未知の人間により未知の土地ではじまる」[*11]。一六世紀イタリアに「新しい国家」を創設する条件がなにもなかったように、既存の哲学、「哲学として生産された哲学」のなかに〈入門書〉の条件はなにもない。〈入門書〉は、それを書けない――哲学として生産されない――という条件のもとで、書かれねばならない。誰もが足を踏み入れるべき哲学とは、未知の「哲学」でなければならないのだ。マキァヴェッリが『君主論』と『ディスコルシ』を書いた仕方で、アルチュセールは『哲学においてマルクス主義者であること』を書かねばならなかった。どんな仕方か？　「新しい国家」を問題として立てるために、マキァヴェッリは政治理論と政治実践のあいだの「空虚」に飛び込まねばならなかった。「マキァヴェッリが、依拠や反対をして古典的理論と『戯れる』のをやめて、自分に属す一つの空間を開くときがきた。彼は空虚のなかへと跳躍しなければならない」[*12]。今度はアルチュセールの番である。哲学と政治のあいだに開けた断層のなかへと跳躍しなければならない。哲学を、「プロ独放棄」が「現実の社会主義」とともに捨ててしまった「新しい国家」にしなければならないのだ。だとすれば、書いたものを未刊にするとは、国家を消滅させる「プロ独国家」の身振りを模倣しているのだろうか。

* * *

断層が危機のさなかに、あるいは危機とともに出現した点に注目してみたい。それに直面してアルチュセールは介入を決意し、その方策を定め、最終的にそれを断念したのだから。そもそも危機とはなんだろうか。なんの危機であるのだろうか。後者についてはさしあたりはっきりしている。本書の最終章（第26章）は「マルクス主義の危機」を宣言する。「マルクス主義の危機に彩られた歴史的時

---

*10　一九六二年九月二九日付のフランカへの手紙。ルイ・アルチュセール『愛と文体』Ⅱ、阿尾安泰ほか訳、藤原書店、二〇〇四年、一七三頁。訳文は変更している。
*11　「マキァヴェッリと私たち」、前出『哲学・政治著作集』Ⅱ、七五一頁。
*12　同七〇八頁。

代に、階級闘争の科学を再建することなく哲学におけるマルクス主義の実践を再建することはできない」。おまけにこの危機は現在にはじまったことではないという。「帝国主義が支配する時代の巨大な階級闘争こそ、社会主義をスターリン的偏向へとねじ曲げたのである。労働者の国際共産主義運動はこの先例なき危機を脱していない。ファシズムに勝利してもなお脱していない。理論的かつ哲学的な夢想的自閉があるのみである。これは敗北とみなして差し支えない」。要は少なくとも二〇世紀に入って以来、マルクス主義はずっと危機であったと診断されている。ずっと続いてきたその危機の現在形が、共産党による「プロレタリア独裁」の放棄、現代のガリレオ裁判であるだろう。しかし、アルチュセールが翌年にイタリアで行った講演「炸裂したマルクス主義の危機[13]」を参照すると、その内容は奇妙である。「〔私は〕マルクス主義の危機という言葉に、破産と死とはまったく別の意味を与え[14]」たい。どんな意味か。危機が「オープンである」ことだ。「オープンとはつまり、誰の目にも見てとれるということである。〔…〕たんに見てとれるというだけでなく、これはたぶんはじめてのことだが、この危機を見きわめることができるということだ[15]」。「見きわめ」た結果はどうだろうか。いろいろと述べられているのだが、最終的には「労働者と人民の運動はいまだかつてないほど強大であるということ、いまだかつてないほど豊かな可能性とイニシアチブをもっているということである。〔…〕肝心なのは、労働者と人民が〔…〕歴史的チャンスを実践のなかで自覚しはじめているということである[16]」。読者を迷宮へと誘う奇妙さは、この最後の点にかかわっている。危機の内実は「破産と死」であるどころか、危機がないことだ、と言っていないか？　アルチュセールが危機に与えようとする「まったく別の意味」は、実のところ、共産党が「プロレタリア独裁」を放棄した理由とまったく同じなのである。「労働者と人民の運動はいまだかつてないほど強大である」から、①もはや暴力革命は必要なく、議会を通じた社会主義への道が開けている、②すでに少数派であるブルジョワジーを相手に、一九世紀末 - 二〇世紀初頭において必要かつ有効であった「プロレタリア独裁」は無用である──これが第二二回大会の論理である。その理論的前提となった「国家独占資本主義」論は、ⓐ危機に陥っているのはブルジョワジーのほうであり、だから彼らは国家に頼らざるをえず、頼りになるほど国家の役割は重大である、ⓑ同時に労働者と人民はすでに絶対的多数派であり国家権力を握る手前にいる、握ればそのまま社会主義に移行できる、ⓒ移行できる理由は現状においてすでに国家が生産過程全体を統括していることである（すなわちⓐ）、と主張していた。こうした論理を集約して、ジョルジュ・マルシェ共産党書記長は「進歩と自由と平和の勢力に有利な方向に大きく変わった力関係」を力説する。[*17] アルチュセールが「国独資」論を内心どう評価していたにせよ、[*18] 階級闘争における敵と味方の力関係の現状について、彼と共産党指導部のあいだに齟齬はないのである。しかしマル

＊13　邦訳は以下に収録されている。ルイ・アルチュセール『共産党のなかでこれ以上続いてはならないこと』加藤晴久訳、新評論、一九七九年。
＊14　同一八六頁。
＊15　同一八六 - 一八七頁。
＊16　同二一〇 - 二一一頁。
＊17　前出『プロレタリア独裁とはなにか』邦訳に「資料」として収録されたジョルジュ・マルシェへのインタビュー。同書二六九頁。

シェは「危機」を語らず、アルチュセールは党が「危機」について沈黙していることもまた「国際共産主義運動の危機」だと言う。彼にとり「危機」にあるのは、いったい「帝国主義」なのか「国際共産主義運動」なのか。まるで、ブルジョワジーと「労働者と人民」の階級闘争において、どちらが勝っているのか分からないことが「危機」の正体であると言っているようだ。実際、彼が第二二回大会を分析したパンフレット（『第二二回大会』）は二つの「危機」を並列している。

今日の政治状況を支配している〔…〕二つの重大な事実、
① 帝国主義の危機の深刻化
② 国際共産主義運動の危機の鮮明化
を背景にするのでなければ、第二二回大会は理解できない。[*19]

それぞれの「危機」にそれなりの中身を与えることは困難ではない。一九七六年という「現時点」は、ニクソン・ショック（一九七一年）と第一次オイルショック（一九七三年）が世界に波及し、フランスでは「栄光の三〇年」――日本の「高度経済成長」に相当する――が終わったとされる年である。経済政策をめぐってジスカール・デスタン大統領とシラク首相が対立し、八月にはついに内閣総辞職――シラク率いるドゴール派の政権離脱――という事態に陥った。ぎくしゃくし続けていたとはいえ、「左翼政府共同綱領」で結ばれた共産党と社会党は、三月に全国一斉に行われた県議会選挙において五〇パーセントを超える票を獲得した。たしかに「国独資」はうまく回らなくなり、「帝国主義勢力」は押されていた。「国際共産主義運動」のほうはといえば、六月の欧州共産党・労働者党会議において「社会主義への多様な道」を宣言する。六〇年代の中ソ対立に続き、ソ連とユーロコミュニズムの分裂ばかりかユーロコミュニズムの空中分解まで露呈していた。アルチュセールは翌年、事態をこう特徴づけている。「労働者および人民の闘争がかつてないほど発展しつつあるまさにそのときに、諸国共産党はてんでばらばらに各自の道を語っている」[20]。たしかに「危機」だろう。『第二二回大会』の分析は「労働者および人民の大衆と、帝国主義のあいだの階級闘争」を「根本矛盾」として措定する[21]。そして、「ある行動形態を必然化するのは結局のところ力関係である」[22]とみなし、「危機」とは階

＊18　アルチュセールは一九六九年に二〇頁の「国家独占資本主義という（イデオロギー的でブルジョワ的な）観念について」という未完かつ未刊のテキストを書いたことがあるものの、タイトルからも窺えるように、現代の資本主義経済を分析した論考ではなく、「国独資」論がいかなるイデオロギー的効果をもっているかを、つまり要するに階級闘争をないがしろにしていることを、ひたすら非難している。『第二二回大会』にも多少の言及はある。「〔国独資論は〕世界的な規模での階級闘争を考慮しつつ搾取と投機を図る〔…〕金融資本の能力を説明する手段をもちえない」（前出『プロレタリア独裁とはなにか』、二二二頁）。

＊19　『プロレタリア独裁とはなにか』二一四頁。

＊20　「炸裂したマルクス主義の危機」、前出『共産党のなかでこれ以上続いてはならないこと』一八七頁。

＊21　「第22回大会」、前出『プロレタリア独裁とはなにか』二一六頁。

＊22　同二四〇頁。

級闘争における力関係の「逆説的形態」[*23]であると規定する。味方の力量はそれ自体として高まっているのに、それを上回る敵の力によって、戦線はかき乱されている。根本的な力関係において負けていることが、負けている側の「危機」として表現されるわけだ。ならば二つの「危機」の併存は、相まみえる二つの階級がともに相手に負けている、という最終審級の状態を表現しているだろう。そのような「力関係」はあるのか？　「力関係」を構成していると言えるのか？　ことはたんなる拮抗ないし均衡ではないのだ。拮抗や均衡が現状であるなら、それは「逆説的形態」を取ることなく、同盟や休戦を「形態」とするだろう（「哲学には休戦も停戦もない」と本書のアルチュセールは言う——一〇一頁）。「力関係」は安定し、「危機」をむしろ遠ざけるだろう。負けが重なり合う二つの「危機」の併存は、「根本的」な「力関係」自体の「危機」、すなわち「根本的」には一つである「危機」を表現しているのではないか。階級闘争が第三者に負けていると言ってもいい。闘争と、闘争に対する闘争が存在しており、最初の闘争において争う者たちは、ほんとうは、第二の闘争を仕掛ける第三者にこそともに負けているのではないか。

もちろん、最終審級／根本矛盾にそんな第三者はいない。いては最終審級が最終審級ではなくなってしまう。ではなにをどう考えるべきか。まずなによりも、「危機」とは客観的に実在する現実的なものではなく、それに向き合う者の態度を巻き込んだ「状態」の概念である、と考えるべきだろう。その点は、今日から当時を振り返ったときに明らかであると思われる。七〇年代半ばは、実際、歴史においてある種の転換点をなした。しかし、「危機」概念がその解決ないし解消としての「革命」概念とセットである——アルチュセールは「危機」を「前革命的」と形容する[*24]——とすれば、転換点は

「危機」を構成していなかったと言わねばならない。「革命」にはつながらなかったのだから（ベルリンの壁の崩壊までまだ一〇年以上ある）。ではそれをどう分析し、規定できるのかはここでの主題ではない。状態を「危機」とみなすことが適当であったかどうかも、別の問題である。実際、アルチュセールは「マルクス主義の危機」をめぐる諸テキストにおいて、そうした分析をまったく行っていない。だから今日の読者には、読み進めるにつれて、いったいなにがそこまで危ないのか、「労働者および人民の大衆」は勝っているのではないか、「チャンス」をものにしつつあるのではないか、党の分析とどこが違うのか、と思えてくる。そして、疑問は実のところ、当時のアルチュセール派の同志からも提出されていた。「黒牛」をめぐって先に引いたバリバールの手紙は、テキストの印象をこんなふうに記している。

①彼（＝架空のインタビューの受け手すなわちアルチュセール）は党の現在の政策とは『別路線』の提唱者かつ潜在的指導者として語っている。そんな手段をもちあわせていないのに。〔…〕②彼はいわゆる『知っていると想定される主体』の立場に身を置いている。そのことにより、君が語りうることがらに含まれる不可避的な矛盾、欠落、アポリアをいっそう際立たせてしまった。具体的分析を、説教するだけで提供しないのだ。〔強調引用者〕

＊23　同二一六頁。
＊24　同二一五頁。

アルチュセールの「危機」概念はレーニンが求める——とアルチュセールがたびたび述べてきた——「具体的状況の具体的分析」とは必ずしも関係しないと見るべきだろう。それなくしても成立し、それとは「別路線」、別種の「政治」に由来すると考えることができるだろう。このとき、出所としては「哲学」しかない。なにしろ彼は、国家を消滅させる「プロ独」国家（という政治）と、哲学として生産されない哲学を照応させようというのだから。この観点から本書を振り返ったとき、「理論における階級闘争」ないし「哲学の戦場／闘技場」において相まみえる二つの陣営、観念論と唯物論は、いずれも相手に対し負けていないだろうか。唯物論が観念論に負けているという点は分かりやすい。哲学そのものが観念論としての出自をそもそももっているというのが、『哲学と学者の自然発生的哲学』[*25]（一九六七年）以来のアルチュセールのテーゼであったから。既存の支配関係をまるごと正当化するために、哲学は、実践的で経験的な認識に対する科学的で普遍的な認識の優位を、真なる認識の条件を定める「認識の理論」によって「保証」してきた。実践と理論のあいだのたんなる差異を、優位と支配‐統制の関係に置き換え、知的労働と観念による肉体労働と物質の支配、哲人王による民の統治を正当化してきた。哲学とはそういうものであり、そういうものとして政治的であるというのが、アルチュセールにおいて変わらぬ哲学論である。そこでは、唯物論は観念論に負ける宿命を担っている。しかし、科学の「保証者」であることにより、観念論としての哲学は唯物論としての科学に負けてもいる。科学は哲学ではないものの、哲学は、哲学に化身する支配的イデオロギーと、支配を揺るがせるイデオロギー的潜勢力をもった科学の代理戦争（の場）であり、本体の戦争における「負け」がそのときどきの哲学＝観念論を更新させてきた。最初の科学である数学が出現して宗教を揺るがせないことにはプラトン哲学は登場しえず、ガリレオが物理学の大陸を開き、「自然の大いなる書物は数学の記号で書かれている」と書いたあとでなければ、デカルトの絶対的懐疑は「方法」として必要なかった。支配に唯物論的に生じた綻びを事後に観念論的に繕おうとして、哲学はつねに科学にいつも遅れるのである。こうした二重の負け試合の歴史を、本書のアルチュセールはこれまでになく丹念に辿ろうとしている。それが本書の見せる一つの顔である。ずっと「危機」にあったのは、史的唯物論を創設したマルクスが弁証法的唯物論を誕生させそこねた——『資本論を読む』のアルチュセールはそれを挽回しようとした——ときから「危機」にあった「マルクス主義」だけでなく、つねに反動であることを強いられ、引き受けてきた哲学そのものでもあったろう。アルチュセールにおいて、プロ独論争における「帝国主義」と「国際共産主義運動」の関係は、本書における観念論と唯物論、哲学と科学の関係に等しいのだ。共産党によるプロ独放棄のあと、アルチュセールにおいて「危機」の概念が政治と哲学をつないでいる。政治と哲学それぞれの土俵において種別的に名指され、政治的ないし哲学的に規定される二つの「危機」が存在するというより、「闘争」なるもの一般、闘争的関係全般に固有の状態概念としての「危機」が、異なる領域において同時に、かつ同じように発見されているると言うべきだろう。「危機」を真理とする、あるいは「危機」の概念を中心に組織される思考のレジームが、この時期のアルチュセールには存在していたのである。

「危機 crise」はいかに定義されるか。辞書において筆頭に来るのは医学的な意味である。「病の突発

＊25　邦訳は『科学者のための哲学講義』西川長夫ほか訳、福村出版、一九七七年。

的変化によって特徴づけられる転機。病が快方に向かうか悪化するかを包括的に決定する」（『ロベール仏語大辞典』）。なるほど、「プロ独放棄」はアルチュセールにとり「突発的変化」として訪れた。そして「帝国主義」と「国際共産主義運動」のどちらにとっても、「快方に向かうか悪化するかを包括的に決定する」転機である。一方の「快方」は他方の「悪化」であるから、どちらにとっても転機である。「病」は「闘争」ではないようにも思えるが、「病」を古くからの定義に則り、「病人の生命を保つために病原性物質を排出しようとする自然の努力[26]」と捉えれば、それは紛う方なき「闘争」である。実際、「帝国主義」にとり「国際共産主義運動」は「病原性物質」にほかならず、逆もまた真であろう。そして「闘争」を「病」と捉えれば、「危機」の意味が「破産と死」に限定されず、健康と死ないし慢性化、自然と病原、つまり闘っている二者ないし二傾向のどちらが勝っているのか分からない不分明な状態こそ「危機」の正しい意味だ、と分かるだろう。アルチュセールは「危機」を医学的な本義に即して把握しているわけである。彼が本義に加えた修正は、実はいつでも「危機」であった、「危機」は自覚されず、表面化しなくともつねに存在していた、とみなす点のみである。しかしそれが修正かどうか疑わしいということを、フーコーの考古学が教えてくれる。「危機は病に内在する特徴であると同時に、つかむべき好機、そこに出来事がすべり込むべき儀礼的リズムでもある[27]」。「危機」は医学用語になる以前、「裁く」という意味の法律用語であり、ヒポクラテスにより医学に導入されて以降も、「危機」とは病が「裁かれる」日のことであった[28]。医師によってである。つまり「危機」は医学的な本義を得て以降、自然と病の闘争に加えて、「医師とこの自然対病の闘争との勝負[29]」を、構図として前提するのである。言い換えれば、「危機」は「二重の闘争[30]」のなかに出来する。

病は「危機」が起こるときに、その「真理において姿を現す[31]」けれども、この「真理」は最初から医師を巻き込んでもいる。病の「真理」が姿を現す以前、「真理へと生成しつつある病の現実[32]」は、病の有害な状態が長く続くか、病を追放しようとする自然の動きが暴力的なものになろうとするか、そのどちらかでもあればどちらでもある。医師の介入以前にすでに、自然対病の闘争は未決状態にあり、「危機」の発現を待っている。その意味において「危機」はすでにあった。「闘争」に「内在」していたのである。ただし、それは医師の介入がなければ現実化しない。より正確には、訪れたかどうか、

＊26　ミシェル・フーコーが一九七三－七四年度講義『精神医学の権力』（慎改康之訳、筑摩書房、二〇〇六年）において参照した、一七世紀の医学者トマス・シデナムによる定義。同書三二一頁の注23、三二三頁の注26を参照。

＊27　同三〇一頁。

＊28　同三〇三頁。さらに言えば、名詞 κρίσις（クリシス）は「分ける／区別する」という意味の動詞 κρίνω（クリーノー）からの派生語である。裁判関連の用例としては、「あなたが裁き judgement の場に座る必要はないだろう」（アンティポン、前五世紀の弁論家）、「エピダムノス（古代ギリシャの都市）の事件に決着をつけるため、彼らは裁判よりも戦争に訴える prosecute their chages ことを選んだ」（トゥキュディデス『歴史』）など。神戸大学国際文化学研究科・山澤孝至氏の教示による。

＊29　同。

＊30　同。

＊31　同三〇一頁。

＊32　同。

現実化したかどうか分からず、裁定されない。

さらに、「危機」が訪れても、正しい効果的な介入は一義的には与えられておらず、闘争は医師のあいだの闘争も含意していた。主要な介入手段は「危機」がはじまりうる日取りを、予測しつつ待つことであり、自然の活力を強化する戦いをはじめるべき日取りの選定について、医師たちは公開の場で争わねばならなかった。そして「危機」が都合のよい日に起こるよう調整することが、介入の実体であった。「医師は危機のテクノロジーにおいて、治療上の介入を行う者としてよりはるかに、危機の運用者、裁定者として現れる」[*33]。裁定そのものを「裁定者」間の勝負に委ねながら。勝負の結果はどのようなものか。フーコーは「勝った」ガレノスの例を引いている。「すべての医師があれこれ予想するのに対し、ガレノスは、病んでいる若者を見てこう言います。彼はその日のうちにcriseを起こすであろう。そのcriseとは、鼻血であり、その血は右の鼻孔から流れ出るであろう。そして実際にそのとおりのことが起こり、ガレノスによれば、自分の周りにいたすべての医師は次々にその場をそっと立ち去りました」[*34]。立ち去ったあと、ガレノスがなにをしたかについては、ガレノスにもフーコーにも言及はない。つまり、本質的でないとすら言える。闘いは最終審級においては、自然と病のあいだの闘いだからである。それでも、鼻血が右の鼻孔から流れ出た瞬間、病の真理は出来事として、二重の試練／闘争を経て出現する。鼻血を真理とする「儀礼的」手続きのなかに、医者と病者、医者たちはいる。

この真理レジームに「具体的状況の具体的分析」は必要だろうか。日取りの予測のために必要であるとは言える。ガレノスはそんな「分析」を病んでいる若者について行ったであろう。けれども、

「分析」が介入方法の決定や日取りの人為的操作／変更を含意するのであれば、必要ないどころか想定すらされていないだろう。「危機」概念は闘争とそこへの介入について、因果関係の論証にもとづく結果の導出やその管理とは異なる真理レジームだったのである。この概念は現に、病の原因を死体に問う病理解剖学と住民の大がかりな健康調査が一八世紀の終わりに医学を刷新すると同時に、姿を消した。フーコーは医学の領域以外で「危機」概念の消滅を跡づけていないけれども、政治的思考の領域では、それは残るどころか、一九世紀から二〇世紀にかけて、それを中心に組織される真理レジームを生んでいる。少なくとも、生んだとアルチュセールの目には映っている。「マルクス－レーニン主義」だ。資本主義の不均等発展と「弱い環」の理論により、「危機」が不可避であること、「危機」は同時に「革命」の好機であること、しかしブルジョワジーに乗り越えられない「危機」は存在しない、ということを同時に主張する教義である。ただ転機の実在とそれが到来する必然性にのみ「真理」を賭け、誰が勝とうと負けようと揺るがない「真理」をもった「理論」である。「マルクスの理論は全能である。なぜなら真理であるから」というレーニンの命題[*35]――アルチュセール派の青年たちが機関誌に銘として掲げた――は、「真理」が論証や認識ではなく試練と出来事であると「我々」はみなす、という宣言であったろう。レーニンの理論主義的 théoriciste 命題と「マルクス主義は実験科学である」という本書のテーゼは、「危機」に両者の「真理」を組織させるかぎりで、矛盾のない

＊33　同三〇二頁。
＊34　同三〇四頁。

一つの「立場」を構成しうる。一見かけ離れた命題とテーゼを、「危機」が共存させている。「危機」概念を捨てた医学に比べれば、とんでもないアナクロニズムである。しかし考えてみれば、アルチュセールにとっては、マキァヴェッリもモンテスキューも、あるいはデカルトさえ、哲学者は「うしろ向きにまえに進む」のだった。[*36]

プロ独放棄をめぐってアルチュセールが試みた介入の賭金は、「危機」があるのかどうか、階級闘争の「具体的状況」はいかなるものか、である以上に、「危機」の概念を維持するのか、いかなる「真理」をマルクス主義はもつべきであるのか、というところにあったと考えるべきだ。革命が起きてもまだ勝敗は決していないと告げるかぎりにおいて、「プロレタリア独裁」は「危機」の概念そのものである。あるいは、革命から革命後へと転機を持続させようとする、同概念の改造である。いずれにしても、それを捨てることは、マルクス主義を近代医学に近寄せ、試練や出来事としての真理概念を捨てることを意味していた。医学とのアナロジーが示唆的であるのは、その後の思考レジームがもはや真理をまったく必要としなくなった事実を想起させてくれるからでもある。調査と論証によって明らかにされる病の原因は、病的現象の管理に手段を提供するだけであって、それを発見して発現させても、あるいは「オープン」にしても、治療的介入方法の決定には結びつかない。「危機」はむしろ発現を押さえ込むべきものになる。病そのものが「自然」化されて、その「真理」は、生命の奥に秘蔵されたまま表に出てこなくてよいものになる。「プロレタリア独裁」の放棄は、政治をそんな厄介な「真理」の管理に縮減することを意味していた、とその後の歴史は証明していないだろうか。だとすればしかし、「プロレタリア独裁」は、第二二回大会において最終的に放棄される以前に、党の政治からすでに半分排除されていたと言うべきかもしれない。それが書き込まれていた党規約は、こう述べていたのである。「プロレタリア独裁は『人間に対する統治から物の管理へ』漸次導いていく途上の新しい段階、すなわち全人民国家の代わりである」[*37]。「物の管理」がもっぱら問題であるなら、

*35　レーニン『マルクス主義の三つの源泉と三つの構成部分』の「序文」にある言葉（高橋勝之・大沼作人訳、新日本出版、一九九一年）。なお邦訳では「マルクスの学説は正しいから、全能である」となっている。この言葉が銘として掲げられたアルチュセール派の雑誌は、『マルクス＝レーニン主義手帖』（一九六四年創刊）。創刊当時は高等師範学校内の同人サークル誌だったが、一九六六年に「青年共産主義者同盟マルクス＝レーニン主義派UJC-ml」が旗揚げされると、同派の機関誌となった。創刊メンバーは、同派立ち上げ後に事実上の指導者となったロベール・リナール、やがてラカンの後継者となるジャック＝アラン・ミレール、六八年を契機にアルチュセールと袂を分かつことになるジャック・ランシエールなどである。レーニンのこの言葉を雑誌の銘として選んだのは、ミレールであった。しかし彼の回想によれば、彼は正確な出典を知らず、「ソ連の教科書」から引いたという（Aliocha Wald Lasowski, *Althusser et nous*, PUF, 2016 ――『アルチュセールと我々』、未邦訳のインタビュー集）。また、同じ回想によれば、選んだ理由は「ラカン的響き」にあり、ラカン自身も翌年のセミネールでこの言葉に言及している（「科学と真理」、『エクリ』所収――邦訳第二巻、佐々木孝次ほか訳、弘文堂、一九七七年）。アルチュセールも「アミアンの提説」（本書四四頁注45参照）のなかでこの言葉を引用して注釈を加えているが、注釈の理論的枠組みはスピノザである。

*36　マキァヴェッリについては前出「マキァヴェッリと私たち」、モンテスキューについては『政治と歴史――モンテスキュー・ヘーゲルとマルクス』（西川長夫ほか訳、紀伊國屋書店、二〇〇四年新訂版）、デカルトについては『哲学について』（今村仁司訳、ちくま学芸文庫、二〇一一年）をそれぞれ参照のこと。

「危機」はひたすら避けるべき「危険」の代名詞でしかない。試練や勝敗は問題にならないどころか、「合意」に席を譲るべきである。「真理」による/「真理」という裁きは、訪れないようにすべきである。「全人民国家」に向かう途上にある「プロレタリア独裁」国家は、国家の領域を市場に譲り渡そうとする新自由主義国家を先取りしていたのである。あるいは、ブルジョワジーは「国家の死滅」さえプロレタリアートから奪いつつあったのか。そのようなときに、いったいいかなる介入や試練が可能であったろうか。「闘争」を「運用」するのではなく、消滅させようとする「闘争」を、「帝国主義」と「国際共産主義運動」の両方の「医者」が、競合しつつ一致して遂行しようとしていたとき、つまり「闘争」戦略にもはや矛盾どころか差異もなくなりつつあったときに、アルチュセールの介入に空転以外の結末はありえたろうか。彼の「敵」はすでに同じ試練、同じ闘争の土俵から去ろうとしていたのである。しかし、彼が自らの「真理」観に殉じたことだけは、私たちも知っている。「闘争」が空転した果てに「真理」を明らかにするかのような出来事が、本書から数年後の一九八〇年、たしかに起きたのである(妻エレーヌ殺害事件)。入門書プロジェクトの中断と入れ替わるように、一九七六年のアルチュセールはもう一つのプロジェクトに手を染めている。第一の自伝、『事実』である。一般党員に向かって「マルクス主義の危機」を語りかけようとしたあと、彼は一般党員としての自己を語ろうとし(「黒牛」)、さらにそのあと、端的に自己を語るところへと「介入」の歩みを進めた。戦う相手が消えようとしていることを知っているかのように、明かすべき「真理」の矛先を自己へと向けた。一九八〇年の事件からこの年を振り返ったとき、アルチュセールが「危機」を自らの身に引き寄せてしまった、あるいは引き寄せようとさえしたことは、たしかだと思われる。

*37　前出『プロレタリア独裁とはなにか』に付された「資料」に引用されている。同書二六四頁。

【著者略歴】

ルイ・アルチュセール
(Louis Althusser)

1918-1990。マルクス主義哲学者。高等師範学校でバシュラールのもとでヘーゲルを研究。48年から同校教員となり、フーコー、ブルデュー、セール、デリダなどを指導。48年にフランス共産党入党。80年に妻を殺害するが、事件当時の心神耗弱により免訴となる。
邦訳書に『終わりなき不安夢——夢話1941-1967』(市田良彦訳、書肆心水)、『政治と歴史:エコール・ノルマル講義1955-1972』(市田良彦・王寺賢太訳、平凡社)、『マルクスのために』(河野健二他訳、平凡社ライブラリー)、『再生産について』(西川長夫他訳、平凡社ライブラリー)、『哲学・政治著作集Ⅰ・Ⅱ』(市田他訳、藤原書店)、『マキャヴェリの孤独』(福井和美訳、藤原書店)、『資本論を読む』『哲学について』(ともに今村仁司訳、ちくま学芸文庫)など。

【訳者略歴】

市　田　良　彦
(いちだ・よしひこ)

神戸大学大学院国際文化学研究科教授。1957年生まれ。著書に『存在論的政治』(航思社)、『現代思想と政治』(共編、平凡社)、『アルチュセール　ある連結の哲学』(平凡社)、『ランシエール　新〈音楽の哲学〉』(白水社)、訳書にアルチュセールの上記書籍のほか、ランシエール『平等の方法』『アルチュセールの教え』(航思社)、フーコー『悪をなし真実を言う』(河出書房新社)など。

革命のアルケオロジー 6

哲学《てつがく》において
マルクス主義者《しゅぎしゃ》であること

著　　者　ルイ・アルチュセール

訳　　者　市田良彦

発 行 者　大村　智

発 行 所　株式会社 航思社
〒113-0033 東京都文京区本郷1-25-28-201
TEL. 03 (6801) 6383 ／ FAX. 03 (3818) 1905
http://www.koshisha.co.jp
振替口座　00100-9-504724

装　　丁　前田晃伸

印刷・製本　倉敷印刷株式会社

2016年 7 月23日 初版第 1 刷発行

(定価はカバーに表示してあります)

ISBN978-4-906738-18-2　C0010
Printed in Japan

革命のアルケオロジー

今こそ読まれるべきマルクス主義、大衆反乱、革命に関する文献。戦後から80年代に発表された、あるいは当時を題材にした未刊行、未邦訳、絶版品切れの必読文献を叢書として刊行していきます。

シリーズ既刊

アルチュセールの教え　（革命のアルケオロジー1）

ジャック・ランシエール 著
市田良彦・伊吹浩一・箱田徹・松本潤一郎・山家歩 訳
四六判 仮フランス装 328頁　本体2800円

大衆反乱へ！　哲学と政治におけるアルチュセール主義は煽動か、独善か、裏切りか——「分け前なき者」の側に立脚し存在の平等と真の解放をめざす思想へ。思想はいかに闘争のなかで紡がれねばならないか。

風景の死滅　（革命のアルケオロジー2）

松田政男 著　平沢 剛 解説
四六判 上製 344頁　本体3200円

風景＝国家を撃て！　あらゆる細部に遍在する権力装置としての〈風景〉にいかに抗い、それを超えうるか。21世紀における革命／蜂起論を予見した風景論が、40年の時を超えて今甦る——死滅せざる国家と資本との終わりなき闘いのために。

68年5月とその後　反乱の記憶・表象・現在

（革命のアルケオロジー3）

クリスティン・ロス 著　箱田 徹 訳
四六判 上製 478頁　本体4300円

ラディカルで行こう！　50年代末のアルジェリア独立戦争から21世紀の反グローバリゼーション運動に至る半世紀、「68年5月」はいかに用意され語られてきたか。現代思想と社会運動を俯瞰しつつ膨大な資料を狩猟して描く「革命」のその後《アフターライフ》。